本书的出版得到西安外国语大学俄语学院及西安外国语大学科研启动项目资金的资助

现代俄语
人称范畴的多维研究

刘珏 著

XIANDAI EYU
RENCHENG FANCHOU DE
DUOWEI YANJIU

陕西新华出版传媒集团
陕 西 人 民 出 版 社

图书在版编目（CIP）数据

现代俄语人称范畴的多维研究 / 刘珏著. —西安：
陕西人民出版社，2022.11
ISBN 978-7-224-14721-6

Ⅰ.①现… Ⅱ.①刘… Ⅲ.①俄语—人称—研究
Ⅳ.①H354

中国版本图书馆 CIP 数据核字(2022)第 191384 号

责任编辑：王　凌
封面设计：赵　帅

现代俄语人称范畴的多维研究

作　　者　刘　珏
出版发行　陕西新华出版传媒集团　陕西人民出版社
（西安市北大街 147 号　邮编：710003）
印　　刷　广东虎彩云印刷有限公司
开　　本　787 毫米×1092 毫米　1/16
印　　张　16.75 印张
字　　数　240 千字
版　　次　2022 年 11 月第 1 版
印　　次　2022 年 11 月第 1 次印刷
书　　号　ISBN 978-7-224-14721-6
定　　价　58.00 元

目录

引　言

0.1 选题动因

人称范畴是一个普遍范畴，为任何语言所有。在人类言语交际中，人称兼载多重功能，离开它，言语交际则会不知所指，不明所云，无法想象。人称范畴在人类交际中可谓“肩负重担”、不可或缺。就作为屈折语的俄语而言，人称兼涉句子形式、语义及交际组织的主要构成成分，在句子的主语和谓语、主体和述体、主题和述题上均可有所体现。不仅如此，人称还可表达于宾语、限定语、插入语、说明语等其他成分中。可见，人称应是语言系统内最基本的一个范畴，然而它却又可谓是其中最饱受争论的一个，围绕人称问题学者们的分歧主要体现在：人称如何界定？人称包含了哪些类型？人称的描写范围是怎样的？人称是否仅为动词和代词所有？人称是否作为句法范畴，是否应视为构成述谓性的基本范畴之一？这些问题一方面反映出人称在语言系统中是一个处境颇为“尴尬”的范畴，它没有找到自身应有的位置，另一方面说明对于人称的本质与特征还亟待揭示和明确。

通过阅读相关文献，我们认为目前有关俄语人称范畴的研究很不充分，且存在诸多局限，概括起来主要有以下几个方面：

1）人称概念界定不清、内部分类不详

对于人称概念，学界没有一个统一而确凿的界定。人称的本质为何，研究者们虽尝试探索，但所得结论大都只呈现出人称复杂现象的一个或若干侧面。此外，俄语人称系统内部分类存疑，与之相关的问题有：人称范畴的边界何在，泛指人称、不定人称，特别是无人称是否应列入人称系统中。而且，泛指人称与不定人称之间还存在划分标准不一，难以清楚归类的情况。

2）研究对象与范围受限

传统语法中人称范畴仅作为动词或代词词法内容的一部分，对于人称的描写主要限定在动词人称变位形式和人称代词，因而人称范畴的研究范围与方向在很大程度上拘囿于此，以动词和代词人称形式的意义与功能描写为主。对于人称语义的多种类型及各种表达手段尚需进一步发掘，特别是泛指人称、不定人称的表达手段不应仅限于泛指人称句和不定人称句的单部句类型。

3）研究视角与方法单一

人称在言语交际中发挥着诸多功能，人称现象看似简单，实为复杂。现有俄语人称范畴的研究大都集中在人称形式的语法描写、某一人称形式的修辞意义、指示功能等，缺少对该范畴多角度、多方面的综合观察。在研究方法上，重描写轻解释，理论基础较为集中单一。

4）研究成果“碎片化”、未形成统一的体系

虽然涉及俄语人称范畴的研究在数量上并不算少，但据笔者以«категория лица русского языка»，« категория персональности »，« личное местоимение»，«неопределённо-личное предложение»，«обобщённо-личное предложение»，«безличное предложение»为关键词在俄罗斯国家图书馆官网上的初步统计，俄罗斯出版及发表的学术专著和博士论文中对俄语人称范畴作出系统性的研究并不多见①，相关研究主要集中在人称代词、不定人称句或无人称句（尤以对俄语无人称句的研究居多），此外还有较之不多的关于俄语动词人称范畴、泛指人称句的研究。在我国，有关俄语人称范畴的系统

①具有代表性的是俄罗斯学者拉夫连季耶夫（В. А. Лаврентьев）的博士学位论文：Лаврентьев В. А. Категория синтаксического лица в современном русском языке. Дис. … доктора филол. наук. М.，2013.

性研究则更少，尚未出版以此为研究对象的专著。已有研究成果中以俄语人称范畴这一整体范畴为研究对象的博士论文仅一篇①。可见，对俄语人称范畴的研究主要集中于单独某一方面，缺乏将该范畴视为一个统一体系而对其进行多角度多方面的研究，对统合为“人称范畴”的各个次范畴的共性及内部间的区别与联系予以揭示。

鉴于以上一些原因，我们希望通过对相关文献的梳理与思考，对俄语人称范畴有一个较为全面的把握和认识，对俄语中一些人称现象给出尝试性的解释。

0.2 研究对象

本文以现代俄语人称范畴为研究对象，对该范畴的描写不是针对单一人称类型及采用单一研究视角，而是将人称范畴视为一个包含多种语义类型及多层次表达手段的统一体，视为一个语法、语义、语用及文学叙事框架下的多维范畴。

（一）人称语义类型

本文对于人称语义的界定分作两个方面：事态人称（лицо диктума）和模态人称（лицо модуса）②。事态人称是所述情景主体相对于说话人的对应关系；模态人称是不同言语主体相对于说话人的对应关系。根据对应关系可相应地将人称分为第一人称（情景主体或言语主体与说话人同一）、第二人称（情景主体或言语主体与听话人同一）、第三人称（情景主体或言语主体是说

①请详见伭知音博士的学位论文：伭知音，《俄语人称范畴的文化认知研究》，上海：上海外国语大学博士学位论文，2006。

②对于人称范畴这两个方面划分的思想源自俄罗斯交际语法学派创始人之一奥尼边科（Н. К. Онипенко），本文采用该学者的俄文术语，该术语的汉译是参考了李勤教授对“диктум”和“модус”的译文“事态”和“模态”（参见李勤 2006）。

话人及听话人之外的确定的第三方）、不定人称（情景主体或言语主体被说话人指示为不定主体）、泛指人称（情景主体或言语主体是包含说话人在内的泛指主体）及无人称（情景主体不存在或具有极大不确定性，某种不明行为主体、某种不可知的力）。

因此，本文所描写的人称语义类型不仅包括第一人称、第二人称、第三人称，还包含了泛指人称、不定人称和无人称。事态人称具有上述全部六种语义类型，模态人称具有除无人称之外的五种语义类型。

（二）人称语义的表达手段

俄语是典型的屈折语，人称范畴不仅表达于人称代词（*я*，*ты*，*он* 等）、物主代词（*мой*，*твой*，*его* 等），也表达于动词的词尾形式中（*читаю*，*читаешь*，*читает* 等）。从功能–语义的角度看，人称范畴（具体说是事态人称）的表达不仅限于上述语言手段，还可以通过句子结构、词汇、上下文成分等方式。但是，人称代词和动词人称形式是该范畴的典型表达手段，而其余语言形式则是该范畴的非典型表达手段，二者构成人称功能–语义场表达层面的核心与边缘，这种人称表达手段的核心及边缘成分划分的依据是“该成分（一些成分的综合）在构成句子的主–述体结构中的作用。核心手段（第一等级成分）表达涉及主体–主语人称的关系，边缘手段（第二等级成分）处于主体–主语外围，这种情况下的人称关系涉及由补语表达的主体、客体以及限定语（Бондарко 1991：21）。

模态人称也可通过人称代词和动词人称形式来表达，但并不仅限于此。而且模态人称的表达方式较为隐晦，有时并不具有外显的人称标记，比如 *Отец*，<u>*конечно*</u>，*прав.* 通过插入语表达第一人称的模态人称，但 *конечно* 不带有人称形式。“信源化的手段可以是多样的：名词的前置词–格的形式（*для него*，*по его мнению*）、双成素的动词–名词模型（*я вижу*，*мы наблюдаем*，*он считает*），或者是‘去人称’（обезличенный）的方式，对人称的修辞或句法上的表意性去除（*представляется*，*считается* 等）”（Золотова 1973：264）。模态人称的典型表达方式是外部句法位（внешнесинтаксическая позиция），包括框架句法位(рамочная позиция)和插入句法位(вводная позиция)(参见 Онипенко 2013a：102-103)。因此，一些说明从句和插入结构是模态人称的典型表达手段。

(三)人称范畴之“种种”

俄语中有一组相关概念均与人称有关，它们的俄文术语分别是：категория лица，категория личности/категория безличности 和 категория персональности，在汉语中没有对等词。通过比较分析，我们得出一个基本结论：категория лица 更多地被用于指作为语法范畴的人称，特别是从词法角度来看动词人称形式和人称代词的使用问题，划分出三种人称类型：第一人称、第二人称和第三人称；категория личности/безличности 主要用于对句子主体与述体(主语与谓语)间联系的描写，从句子主体的所指特征来分类，划分出第一人称、第二人称、第三人称以及不定人称、泛指人称和无人称，这样的分类是俄语单部句描写的基础；категория персональности 是一个功能-语义范畴，категория лица 构成了 категория персональности 的核心，在语义类型上 категория персональности 和 категория личности/безличности 相同，具有全部六种语义类型，但是 категория персональности 在表达手段上要比 категория личности/безличности 更为丰富，且不仅限于句子的主体和述体(主语和谓语)，还可出现在补语、定语等句子的次要成分中。

我们认为上述种种人称范畴都应囊括在“人称”这一概念中，它们都是“人称范畴”这一整体的内部组成，完整的人称范畴应该包含 категория лица，категория личности/безличности 和 категория персональности，不仅如此，模态人称也是人称范畴的一个组成部分。本文旨在对俄语人称范畴进行较为全面的描写，因此，我们的研究对象不仅限于上述某一类型、某一方面，而是涉及了人称范畴的各个方面。

(四)人称范畴研究的不同维度

从不同维度对人称范畴进行观察，因采用的角度不同，人称范畴呈现出的“面貌”亦不同，正所谓“横看成岭侧成峰”，从不同维度观察人称范畴，该范畴的各个“侧面”得到不同程度的凸显。本文从语法、功能-语义、语用及叙事学视角分别对俄语人称范畴进行观察和描写。

1)语法视角

从传统语法视角出发，词法人称以 категория лица 为描写对象，涉及动词人称和代词人称的问题，包含三种人称语义类型：第一人称、第二人称及第三人称，根据单复数的不同会有六种形式。句法人称的研究对象为 категория личности/безличности，描写句子主体与述体(主语与谓语)的人称问题，包含了六种人称语义类型：第一、第二和第三人称的双部句及确定人称句，不定人称句、泛指人称句和无人称句的单部句类型。

2)功能-语义视角

从功能-语义视角来看人称范畴，人称具有的不同语义类型首先“映入眼帘”，就每一种语义类型我们都能找到与之匹配的表达手段，每种语义类型联合其不同表达手段共同构成 категория персональности。因此，从功能-语义视角下观察人称范畴我们面对的是六种人称语义类型及其各种表达手段。

3)语用视角

语用视角下对人称范畴进行观察，更多的是从使用语言的人、说话人的角度出发，突显说话人在言语交际中的主体地位，在人称指示中的核心作用。本文涉及说话人在人称指示中的两方面作用：(1)说话人对所述情景的认知与加工，这部分主要描写了情景转换为语言表达时经过说话人自我意识的“过滤”，从而在表述及语篇片段中可以呈现出不同情景类型的拼接。因“所述情景的核心成分与句子结构的核心成分相对应”，因此，情景中的行为主体及句子的主体-述体结构成为描写的主要对象，категория личности 是这部分的主要研究对象，但是其他情景主体及句子成分的人称也略有涉及。(2)说话人对指示中心的设定，限于篇幅本文只分析了说话人在自我指示时指示参照点转移的问题。指示参照点从以自我为中心转向其他言语主体，这与不同言语主体之间的相互作用有关，因而模态人称是这部分描写的对象。因参照点的转移，情景中的“我”置换为“你”“他”或不定主体等行为主体，

这又与 категория личности 的描写有关，当然也不仅限于主体-述体位，其他句法位的人称也会有所涉及。

4)叙事学视角

从叙事学视角来看，人称范畴的描写不仅限于对文本中所使用的人称形式的分析，人称形式代表着人物及叙述者的身份，但是人物及叙事者的身份又不仅仅只是通过人称形式得以体现，人物与叙述者在叙述声音及叙述视角上的融合与分离是不同言语主体之间相互作用在叙事文本中的表现方式之一。因此，模态人称与叙事学视角下的叙事文本主体结构的分析及其主体成分间的相互作用紧密相关。此外，叙事作品采用第一人称或第三人称的叙述形式也是本文探讨的一个问题。

不同维度下人称范畴的各个“侧面”得到突出呈现，甚至是唯一呈现，比如词法范围内只涉及人称代词、物主代词和动词人称形式，且只有三种人称类型，不涉及 категория личности 和 категория персональности 的问题。而从功能-语义视角来看，категория персональности 得以全面呈现，категория лица 和 категория личности 只构成其中一部分。如果从语用或叙事学视角来看，人称范畴的动态性得到展现，人称语义及其形式均服务于说话人(作者)的交际意图，特别是反映说话人与其他言语主体(在文学叙事交流中主要是叙述者与人物)间相互作用的模态人称被凸显出来。可以说，不同维度下涉及的人称语义类型数量不同，研究对象与范围也有相应的侧重。每一种人称语义类型连同其表达手段服务于该视角下人称范畴所发挥的相应功能。

0.3 研究的目的与任务

本文旨在将人称范畴置于跨学科研究视野下，综合运用语言学分支学科与文学叙事学的理论及方法，对现代俄语人称范畴作出较为系统而全面的描写。为此，我们设列了以下几个方面的主要任务：

1）梳理相关文献，确定研究范围

通过对相关文献综述的梳理，以及对人称范畴相关术语的辨析，将本文的研究对象和范围设定在语法、功能-语义、语用及文学叙事多维视角下的俄语人称范畴。

2）明确人称概念、揭示人称现象的本质

对于“人称”的概念学者们的共同观点是：人称是一种对应关系，但是对于人称的对应关系应该界定在哪两个方面之间存在分歧，其中可以确定的是言语交际的参与者——说话人在人称确定中的核心地位，但是与说话人相对应的另一方面，我们在不同学者那里得到了不同的答案，这些观点概括起来有以下三种：1）源自语言外现实存在：“所述情景参与者”（Бондарко，Востоков）、“行为（过程）及其主体”（Ахманова 1966：220）、“动词行为主体”（Моисеев 1980：214）、“所述事实主体”（Золотова，Онипенко，Сидорова 2004）；2）源自语言自身，语言内部：“句子的主语”（Кустова 2011）、“句子的主体”[①]（Шведова 2005：151；Золотова 1973：158）；3）介于上述二者之间：“句子的内容”（Лекант 1971：44）、“句子（表述）的内容”（Исаченко 1960：407；Лаврентьев 2010：76）、“表述及其成分”（Лекант 2004：8）。

由于人称概念的界定不一，人称范畴在描写范围上自然也不尽相同。对此，拉夫连季耶夫（В. А. Лаврентьев）讲道：“一些语言学家，在本质上，将句法人称归为动词及代词的人称；而另一些语言学家对人称的阐释则十分广泛”（Лаврентьев 2013：8）。什维多娃（Н. Ю. Шведова）指出：“不加区分地将内部差别巨大的现象统合在‘句法人称’名称之下必然导致多义性，并因此导致该名称的不确定性、意义模糊不清，即导致该名称失去作为语法术语的

---

①人称对应关系被视为建立在句子主体与言语情景参与者说话人之间的观点，可以从什维多娃和佐洛托娃的相关论述中看出：“句子中的人称（主体）是句法-语义范畴，该范畴属于已标准化的句子的意义方面、句子的语义结构，并与本身包含活动者或是特征持有者或是状态承受者概念的那个信息组成部分相符合”（Шведова 2005：151-152）。“句子中所报道的主体——行为、状态、特征的持有者与报道的参与者-非参与者的三个类型之一的对应关系”（Золотова 1973：158）。

意义”(Шведова 2005：153)。

对人称语义的对应关系界定不一，这不仅妨碍了对人称概念的理解，而且对人称范畴在表达层面的描写上带来了困扰，随之而来的问题还有：对某现象是否应纳入人称范畴的研究范围、人称类型该如何划分，等等。因此，对人称范畴作出清晰描写的前提首先是要明确人称语义的对应关系如何确定。

对于人称的本质仅从单一视角无以给出全面而清楚的呈现，人称的复杂现象只有置于语言系统内部与外部，综合其静态与动态特征、在单个表述和语篇范围内的多样表现，才有可能对人称的本质作出较为全面的揭示。对于人称本质的思考将贯彻全文始终，每一章从不同视角对人称的特性作出概括总结。

3)对现代俄语人称语义类型及其表达手段的分类整理

传统语法对于人称范畴的描写是从人称形式出发，探讨人称形式可以表达的各种意义。本文以俄罗斯功能语法学派的功能-语义场理论(теория функционально-семантических полей)为指导，在该学派创始人邦达尔科(А. В. Бондарко)有关人称范畴(категория персональности)的论述基础上，将人称视为一个功能-语义范畴，概括同一人称意义在不同语言层面的多重表达手段是本文的研究任务之一。从语义的角度出发，将语义类型的划分视为人称类型的分类基础，因此，对于某一人称语义类型的表达手段的描写，不应仅含传统语法中该人称的典型表达手段，而是力求汇集更多能表达该人称语义的潜在表达手段(词汇的、句法结构的、上下文及情景的等)。对于不定人称(неопределённоличность)和泛指人称(обобщённоличность)的描写不仅限于单部句中的不定人称句(неопределённо-личное предложение)和泛指人称句(обобщённо-личное предложение)，前者是人称语义类型，后者是传统句法中单部句的类型(从句子形态角度出发，将不定人称句及泛指人称句等严格限定在句子单成素结构类型上)，而泛指人称、不定人称语义的表达不仅限于单成素的泛指人称句和不定人称句，也包含了带有泛指人称及不定人称意义的双部句类型，甚至句法手段之外的其他语言表达手段。

此外，依据俄罗斯交际语法学派的主体透视思想（субъектная перспектива）及该学派创始人之一奥尼边科（Н. К. Онипенко）有关人称范畴的研究，本文对于人称语义的界定分作两个方面：事态人称与模态人称。事态人称是对于人称范畴的一般性的普遍理解，功能-语义场的描写原则为事态人称表达手段的系统性描写提供了明确的指导方法，然而邦达尔科虽划分出人称场的基本结构，但并未就各个人称语义类型的多种表达手段作出详细归类。对于模态人称的表达手段奥尼边科给出了大致分类，但还有待进一步挖掘和整理。

4）对人称在语用及文学叙事框架下的特征进行分析和解释

人称是一个语用范畴，对于它的描写离不开从说话人的主观因素这一角度的考察。从人称指示的主观类型看，人称作为实义化范畴的本质在于人称指示的定位是由说话人发起，说话人被确定为言语交际中的核心人物。语言的自我中心性与自我-主体（Я-субъект）在人称指示中的核心地位有关，与相对于说话人的各种人称关系类型有关。因此，有必要就人称指示中说话人的影响作用体现在哪些方面进行深入思考。

人类的交际方式除了言语机制作用下的实义化类型，还包括叙事机制下的非实义化类型，本文以俄罗斯文学叙事类文本为例，探讨文学叙事中的人称范畴问题。文学世界与客观世界不同，有其自身特征。文学文本的说话人也不同于一般言语交际中的说话人，因此，在分析文学叙事文本的人称现象时应当首先明确文学世界中的主体有哪些，叙事文本的说话人是谁，在此基础上观察二者之间的对应关系，尝试揭示文学叙事文本内人称语义的复杂构成及独特的呈现方式。

0.4 研究的理论基础

本文将俄语人称范畴视为一个多功能范畴，以彼得堡功能语法学派及莫斯科交际语法学派的功能思想为理论指导，同时结合了指示理论和叙事学等理论观点。文中参引了诸多中外语言学研究者的相关理论观点，这里仅对各章节涉及的基本理论依据陈列如下：

1)第一章和第二章参照俄语人称范畴的相关理论研究对俄语人称范畴的研究综述、人称概念的基本内涵及语义类型的划分等问题进行了阐述；

2)第三章采用彼得堡功能语法学派的功能-语义场理论对事态人称的六种语义类型及其各种表达手段进行了汇集整理；

3)第四章依据语用学、认知语言学有关人称指示的理论观点以及邦达尔科、加克(В. Г. Гак)等俄罗斯学者有关人称指示及情景的论述，对俄语人称指示与情景类型、人称指示中心的设定问题进行了分析与阐释；

4)第五章结合交际语法的主体透视理论和叙事学理论描写了模态人称的语义类型及其表达方式，探讨了文学叙事框架下模态人称与事态人称的一些相关问题。

0.5 研究方法及语料来源

全书综合运用多种研究方法对俄语人称范畴进行描写：

1)运用对比分析法，对人称范畴相关概念、人称概念的多种定义以及人称语义的多种类型进行分析比较，概括出其本质内涵；

2)运用分类归纳法对俄语人称表达手段作出系统性描写；

3)采用例证分析法，从现实俄语语篇中观察和提取各种人称现象，对要阐明的观点佐以实例论证和解释。

书中所选例证大多出自俄罗斯文学叙事文本。叙事类文学作品故事情节丰富、结构复杂、语言形式灵活多样，可以说，叙事文本为人称范畴的充分体现提供了广阔舞台，各类人称语义类型及多样表达形式在其中都能有所反映，是人称范畴研究的理想语料。文中所选取的实例绝大部分出自俄罗斯国家语料库，个别例句借用其他研究者的相关文献。

0.6 研究的新意与主要观点

1)采用多维视角对俄语人称范畴进行了较为全面的描写

有关俄语人称范畴的现有研究主要是从某一视角或是对某一人称类型的研究，缺乏将该范畴视为一个统一体系而对其进行多角度多方面的观察与探讨。俄语人称范畴是一个复杂系统，不同人称语义类型及其表达手段构成了人称范畴这一整体，而且，在言语交际及文学叙事中人称范畴的实际运用又有着独特而多变的特征。对于学习俄语和以俄语进行交际的人们而言，无论是掌握人称范畴在俄语语言系统中的分布状况，还是运用人称范畴进行言语交际，都须以对该范畴较为全面而整体性的认知为前提。正是从这一研究设想出发，我们将本文的研究对象设定为整个俄语人称范畴系统，并从语法、语义、语用及叙事学不同视角对其进行分析与探讨。

2)对人称语义给出较为全面而明确的界定

通过三个层面(所述情景层面、言语交际层面及语言层面)及其主体(情景主体、言语主体及句子主体)的划分以及对三个主体类型间关系的分析与说明，为人称语义给出了较为明确的界定：人称语义关系产生于所述情景层面和言语交际层面之间以及言语交际层面内部。指出人称范畴的描写包含两个方面：事态人称和模态人称。事态人称反映情景主体与言语主体，首先是与说话人之间的对应关系；模态人称是说话人与其他言语主体之间的对应关系。

3)阐释了句子主体与人称间的关系

分别从“句子主体是人称的主要表达手段”以及“俄语传统语法对单部句类型的划分”两个方面阐述，证明了语言层面只是人称语义对应关系的符号性表达，论证了句子主体不对人称语义界定具有本质性的作用。

4)对俄语人称功能语义-子场的描写

根据俄语人称语义范畴划分出的第一人称、第二人称、第三人称、不定人称、泛指人称及无人称类型，将俄语人称-功能语义场视为一个下辖各个人称功能-语义子场的总系统，以功能-语义场理论为描写原则，依据加克、加尔金娜-费多鲁克(Е. М. Галкина-Федорук)等学者的有关研究，对俄语人称功能-语义子场作出了较为全面的描写。

对于不定人称、泛指人称和无人称范畴的描写并非针对俄语不定人称句、泛指人称句和无人称句的分析，而是将它们分别视为一个包含着核心及边缘表达手段的功能-语义范畴，传统语法中的不定人称句、泛指人称句及无人称句只是构成上述功能-语义子场的核心表达手段。特别是对无人称功能-语义子场，根据 категория личности 和 категория безличности 这组对立范畴所具有的形式及语义特征，本文对俄语无人称功能-语义子场的场状结构分别从形式和内容两个层面进行了描述。

5)将俄语人称指示范畴的描写与情景类型结合起来

以对所述情景在主体、时间及空间三成素的所指确定性/不确定性、在指示坐标中的定位性/非定位性特征为考量，将情景类型大致划分为具体情景和抽象情景。就人称指示而言，根据所述情景主体在确定性/不确定性上的特征，将相关情景类型进一步划分为确定情景、不定情景和泛指情景。举例分析了人称指示与情景类型之间有着密切关联：一方面表现在情景类型在人称类型判断中的作用；另一方面表现在说话人对所述情景的认知加工，对于不同情景类型的拼接，从而带来人称指示的动态变化性。

6)将语言学与叙事学理论相结合，描写了文学叙事框架下的俄语人称范畴

本文不是以俄语人称代词和动词人称形式为研究对象，分析人称形式在文学文本中的具体意义和用法，而是对文学叙事框架下人称语义的复杂构成作出揭示，将对模态人称的描写与叙事文本分析中叙述声音与叙述视角问题的探讨结合起来。

搭建了叙事文本的主体结构。根据叙事学理论，本文首先将叙事文本中的主体划分为故事层面的主体和话语层面的主体，接着指出这些主体处于不同的层次，以“故事—话语—文本”为分界，根据主体所处的位置，划分出若

干交际链，最终绘制出叙事文本的主体结构图。

明确了叙事人称的划分依据。将学者们对叙事人称划分依据的不同观点归为三类，通过例句分析论证了这三种观点不恰当之处，指出叙事人称属于事态人称范畴，叙事人称建立于故事层面与话语层面之间，叙事人称是根据人物相对于叙述者的对应关系来确定的。

0.7 研究思路与结构

本书的主要研究思路为从人称语义到其表达形式，从人称形式再反观人称语义与功能，将语言系统(范畴)的描写与文本分析相结合，将人称系统的静态结构与人称使用的动态语境分析相结合。以对人称概念本质的思索贯穿全篇，以人称的功能描写构建全篇。全文整体上采用“概念的界定→语义类型的划分→语言手段体系的建立→动态语境中的解释→叙事文本分析”的研究路径。

第一章概括和梳理人称范畴的已有研究。介绍了俄罗斯学者以及中国学者对人称概念的理解及有关研究所涉及的学科领域与理论依据。本章着重总结俄语人称范畴的已有研究成果，对学者们的研究视角及基本观点做了概括分类。在已有研究的基础上，总结出俄语人称范畴研究的基本特点和存在的问题，从而对本书的研究提出一些基本设想。

第二章阐述人称范畴的概念及俄语人称范畴的语义及语法类型。本章首先明确相关术语(категория лица, категория личности, категория персональности)的含义，确定本书中人称范畴的研究对象与范围。接着阐述了俄语人称范畴在语义概念上的分类及几组人称语义类型(第一人称、第二人称、第三人称之间、确定人称与不定人称、泛指人称、无人称之间)的对立，为第三章人称功能-语义场及其子场结构的描写打下基础。最后，本章对俄语词法人称和句法人称范畴做了概括性的阐述。

第三章运用功能语法理论对俄语人称范畴的语义及表达手段作出系统性

描写。本章首先对作为功能-语义范畴的俄语人称范畴的性质及特征作出总体概括，对人称功能-语义场的表达层面及内容层面双方面的核心与边缘结构给出描述。在描绘了人称功能-语义场总体场状结构之后，分别对第一、第二人称、第三人称、不定人称、泛指人称和无人称子场的结构，对它们在语言系统中各个层面表达手段分别作出详细描述。

第四章结合动态语境，将人称视为一种指示现象，是人类言语交际活动的体现。人称范畴的分析在这一章被置于人类中心主义、自我中心主义的背景下，说话人在人称指示中的核心作用得到突显。人称指示的表达及理解与作为言语主体的说话人的主观因素密切相关，人称形式的选择是说话人对自我与他人及外部世界之间关系的认知与表征。本章主要从两个方面体现说话人在人称指示中的主观作用：一方面为说话人对于情景的认知和加工，人称形式的选择体现说话人对情景及其主体类型的选择，且与说话人对相关情景的经验体会有关；另一方面为说话人对于人称指示的指示中心的设定。人称指示在言语交际过程中呈现动态性，指示参照点可以由以说话人为中心转向受话人或其他主体为中心。指示中心的设定与语言的主客观性、语体要求及说话人意图等因素有关。

第五章首先阐述了模态人称的概念、模态人称与事态人称间的关系，接着描写了模态人称的类型及其表达手段，最后将语言学与叙事学理论结合起来分析文学叙事框架下的人称问题。本章对于文学叙事框架下人称范畴的描写主要涉及以下几个问题：1)叙事文本中人称语义的构建是怎样的；2)叙事文本中的说话人问题；3)叙事文本中人称范畴具有怎样的特征；4)叙事文本中的模态人称与事态人称问题。

总体来说，第一章是对已有研究的总结梳理，为本文的研究选题作出说明。第二章是对相关基本概念的介绍，为后续第三、第四及第五章的展开提供了概念上的保障。第三章、第四章及第五章分别从三个视角对俄语人称范畴作出描述，每章都有各自的理论依据，并呈现出从语义到语用到文学叙事的研究倾向。其中，第三章从语法语义的角度看人称功能-语义范畴，通过对人称功能-语义场的结构以及人称功能-语义子场结构的描写，对人称范畴在整个语言系统中的分布给出较为全面的呈现；第四、第五章对说话人(叙述者)在人称指示及叙述视角等操作中的主观因素的阐释则超出了纯语言研究范围，将人称范畴的分析扩展到了更广阔的视阈，把对语言系统中范畴的研究与人的因素相结合，探究人称作为多功能范畴的多维表现，试图挖掘人称问题在语言背后更深层的作用机制。

第一章　俄语人称范畴研究综述

本章是对俄罗斯学者及中国学者在俄语人称范畴方面的研究成果作出梳理，对俄罗斯学者相关研究的理论依据及研究视角做了分类，对中国学者就俄语人称范畴的研究对象及研究选题做了归类说明。

1.1 俄罗斯学者对俄语人称范畴的研究

人称范畴在语言系统中是一个不可或缺的成分，但凡以整个语言系统为描写对象的语言学研究都不可避免地涉及人称范畴。不少俄罗斯著名语言学家在自己的论著中对俄语人称范畴有所论述，如：布斯拉耶夫(Ф. И. Буслаев)、波捷布尼亚(А. А. Потебня)、沙赫马托夫(А. А. Шахматов)、佩什科夫斯基(А. М. Пешковский)、维诺格拉多夫(В. В. Виноградов)、什维多娃(Н. Ю. Шведова)、伊里恩科(С. Г. Ильенко)、佐洛托娃(Г. А. Золотова)、斯捷潘诺夫(Ю. С. Степанов)、邦达尔科(А. В. Бондарко)、阿普列相(Ю. Д. Апресян)、帕杜切娃(Е. В. Падучева)、奥尼边科(Н. К. Онипенко)等。这里我们对包含上述学者在内的一些俄罗斯学者就俄语人称范畴提出的思想和观点进行阐述，主要从语法、语义及语用三个方面分别做以概括。

1.1.1 作为语法范畴的人称

俄语人称范畴最早是被作为语法范畴分析的，主要在动词及人称代词范围内讨论。

1.1.1.1 作为词法范畴的人称

在词法层面俄语人称范畴分别涉及动词人称和代词人称。

1)动词人称范畴

在俄语语言学研究中有关人称范畴的描写始于19世纪，与动词范畴的研究有关。人称范畴首先被确定为一个属于动词的语法范畴。语法学家们试图通过对语法人称的研究来确定使用于言语中的动词变位聚合形式，如沃斯托科夫(А. Х. Востоков)(1831)、别林斯基(В. Г. Белинский)(1837)、布斯拉耶夫(1863)、阿克萨科夫(К. С. Аксаков)(1875)、安德烈耶夫(В. Ф. Андреев)(1895)、沙赫马托夫(1941)、佩什科夫斯基(1956)、波捷布尼亚(1958)(转自 Харабаева 2015：12)。

布斯拉耶夫认为人称属于动词词形变化范畴，“动词根据式、时、数、人称以及在一些情况中根据性变位(спряжение)”(Буслаев 1959：173)。他指出动词的人称变位是由人称代词词尾构成。无论是在教会斯拉夫语还是俄语中动词的完整变位形式只保留在陈述式的现在时及将来时中；命令式的第二人称单数只有式的标记 *и*(*й*，*ь*)，没有人称词尾；在教会斯拉夫语中动词过去时在双数及第一、第二人称复数中具有人称词尾，单数中除一些情况外人称形式已被消除(Буслаев 1959：178)。

波捷布尼亚强调了人称是动词的属性并将名词与动词的特性做了对比，他写道：“动词反映了它出现时来自行为人的特征，而名词不会……动词的概念中必需有相对于人称的关系”(Потебня 1958：91)。波捷布尼亚认为，人称关系由人称代词或动词的人称词尾表达。在类似“*я говорю*”的句子中，人称代词 я 与人称词尾在同动词的紧密程度上是相同的，人称代词不是单独地作为言语的一部分。人称词尾或人称词尾连同人称代词一起作为纯形式，是人称动词必需的构成成分(参见 Потебня 1958：73)。

沙赫马托夫也强调了人称是动词的本质特征，他把动词变位称作“动词在人称上的变化”(Шахматов 1941：176)。他对“动词的人称形式”(личные формы глагола)以及“动词的无人称形式”(безличные формы глагола)分别做了研究，详细地阐述了它们在单部句及双部句中使用时的意义，并对无人称动词的不同类型作出划分(参见 Шахматов 2011：462–470)。

尤金(А. А. Юдин)对俄语动词人称范畴做了专门研究，强调 категория личности глагола 及 категория лица в глаголе 之间的区别。他描写了动词人称范畴与其他词法范畴(动词时范畴、式范畴等)之间的关系，确定了动词人称范畴在俄语语法体系中的地位，并总结说人称范畴“是动词语法范畴中主导范畴之一，是现代俄语语法体系中的一个重要范畴”(Юдин 1976：153)。

1970 年出版的苏联科学院《现代俄语语法》(以下简称《70 年语法》)和 1980 年出版的科学院《俄语语法》(以下简称《80 年语法》)中，人称范畴与体范畴、式范畴等一起构成动词的词法范畴，对人称范畴的描写是在动词词法范畴的范围内。

2)代词人称范畴

一些学者对于代词在语言及言语中的语义及功能研究，为代词在人称语义表达中的主导作用的提出奠定了基础。

谢杰利尼科夫(Е. А. Седельников)只是在人称代词的对立范围内描写人称。人称代词的更换伴随着动词人称形式的更换(*я иду*，*ты идёшь*，*он идёт*…)，或者没有伴随动词人称形式的更换(*Не догнать тебе* [*мне*，*ей*…] *бешеной тройки*)，这被理解为句子“根据人称范畴”而发生的聚合性变化(Седельников 1961；1970，转引自 Шведова 2005：146)。

佩什科夫斯基认为，人称范畴不仅是动词的，也是人称代词这一词汇-语法类别所固有的，这里人称体现为一些词位的集合。人称代词具有语法意义这一观点在俄语传统语法中占据主导。佩什科夫斯基认为人称代词的独特之处正在于它们没有实质意义，他将此归结为人称代词具有的纯语法意义(Пешковский 1956：155)。

《70 年语法》对于代词人称问题所谈甚少，只是在代-名词(местоимение

-существительное)和动词人称范畴部分略有提及①，而在《80 年语法》中对于人称代词的描写明显补充了详细的内容，从人称代词所指示的人或事物相对于说话人的关系将人称代词分为第一人称代词(я，мы)、第二人称代词(ты，вы)和第三人称代词(он，она，оно，они)，并探讨了人称代词的性、数、格问题及其所表达的不同人称意义(参见 Русская грамматика 1980 т. I：529-534)。

拉夫连季耶夫(В. А. Лаврентьев)认为人称代词具有词汇及语法的双重性质，人称在代词上的表达不是像动词那样以一定的词的形式来表达，而是通过词位本身，也就是说 я，ты，он 等不是同一词的不同人称形式，而是不同的词。因此，代词人称范畴具有词汇-语法性质(Лаврентьев 2013：67)。

总的来说，长期以来人称主要被视为一个词法范畴，对它的描写被限定在动词和代词词类范围内，因而人称范畴主要指的是动词人称范畴和代词人称范畴。

1.1.1.2 作为句法范畴的人称

奥夫夏尼科-库利科夫斯基(Д. Н. Овсянико-Куликовский)提出“句法人称”(синтаксическое лицо)，对于人称范畴的描写最接近现代语法的分类和界定。正是继他之后俄语语法开始将简单句区分出确定人称、不定人称和无人称(转自 Юдин 1976：13)。

佩什科夫斯基在句法研究中划分出两类句法范畴：客观句法范畴(объективная синтаксическая категория)和主-客观句法范畴(субъективно-объективная синтаксическая категория)，前者表示词和词组之间的关系，后者表示说话人对于这些关系的态度(Пешковский 1956：89)。他指出人称

①《70 年语法》中人称代词只包含了单复数的第一人称代词 я，мы 和第二人称代词 ты，вы，第三人称代词 он，она，оно，они 划入指示代词(указательное местоимение)(参见 Грамматика современного русского литературного языка 1970：305)。代-名词的单数和复数用法在意义上与动词人称形式相应并与其协调一致。代-名词不进入动词人称形式的构成：代词与动词形式的搭配是人称的句法表征(Грамматика современного русского литературного языка 1970：362)。

范畴在自己的意义中表现出双重性，主-客观句法范畴难以割离，而人称范畴恰恰融二者于一身(参见 Пешковский 1956：90-92)。

人称范畴获得其在句法中的应有地位要归功于维诺格拉多夫，他明确将人称范畴提升到句法层面，确定人称范畴是“谓语性的基础”(фундамент сказуемости)(Виноградов 1947：452)。人称范畴属于动词的“主-客体”范畴，又称“谓语性形式”(форма сказуемости)，它与现代动词句的主-客体结构有机相关(Виноградов 1947：477)。在维诺格拉多夫的句法理论中，人称被视为述谓性(предикативность)的组成之一。

在句法层面讨论的人称问题主要有以下两个方面：

1)人称与述谓性范畴

围绕句子述谓性，特别是人称是否作为构成述谓性的范畴之一的问题，俄罗斯学者们展开过积极的讨论。

述谓性概念的提出源自句子与现实存在的关联这一思想，述谓性被视为句子的基本特征。由维诺格拉多夫主持编写的 1954 年出版的苏联科学院《俄语语法》(以下简称《54 年语法》)中指出，述谓性是“一些语法范畴的总和，它们将句子的属性确定为语法上有组织的，表达说话人对现实存在态度并包含完整思想的言语交际单位”，并指明这些语法范畴包括人称范畴、时间范畴以及情态性范畴(参见 Грамматика русского языка т. II 1954：80)。

继维诺格拉多夫之后很多研究者描述了人称范畴在确定句子述谓性中的不可或缺的作用。希密克(В. В. Химик)指出了人称范畴在述谓性范畴等级中占有相对独立且特殊的地位(Химик 1986：81)。列冈特(П. А. Лекант)讲道，述谓性最为普遍的理解是表述(句子内容)与现实的相关性。述谓性表现在情态性、时间和人称的句法范畴中(Лекант 1976：6)。加克(В. Г. Гак)指出：“人称范畴往往被视为述谓性的基本范畴之一，它属于句子，实现于句法层面，处于动词有限形式与指示主体的词，包括名词、代词等之间必需的或可能的联系中”。(Гак 1991：73)

与上述学者观点所不同，主持编写苏联科学院《70 年语法》和《80 年语法》的什维多娃则将人称范畴剔除在述谓性范畴之外。对此，她撰文《人称是否进入构成述谓性的句法范畴范围?》对这一问题做了专门讨论。什维多娃认为，句法研究中应该严格区分纯语法的、词汇-语法的及词汇-语义的因素，区分构建句子的抽象语法样板及具体的“言语事实”“言语单位”，即表述(参见 Шведова 2005：145-146)。述谓性在什维多娃那里是一个纯语法范畴，仅为抽象的句子结构模式所有，而人称不是一个纯语法范畴，它有太多偏离于纯语法范畴的特征。此外，“说话人对报道内容所持的态度”在 70 年语法中被称为“主观情态性”，它也不属于作为纯语法结构的句子，而是属于具体的言语单位，即具体的表述。因而，主观情态性也被什维多娃排除在述谓性范畴的范围之外(参见 Шведова 2005：150)。这样，在什维多娃的句法观中，述谓性只由两个范畴构成：句法时范畴及客观情态性。

邦达尔科对于什维多娃将人称范畴排除在述谓性范畴之外的观点做了很精辟的解释：“在什维多娃的述谓性观念中人称被排除在构成述谓性的句法范畴之外。这种判断的依据中结构-语法因素起到了重要作用，看某一范畴是否具有形成句法聚合体(синтаксическая парадигма)及句子结构模式(структурная схема предложения)的能力。正是基于这一基础，没有列入句子聚合体的人称范畴被排除在述谓性成分的范畴之外(Бондарко 2002：54)。他从功能-语义场理论出发阐述了人称与述谓性的关系，“我们的人称范畴作为语义范畴以及作为功能-语义场，对人称的解释不与必须的结构句法因素相联系。对于功能语法而言，语义及功能基础是本质性的，——这是事实，人称语义范畴——从说话人的角度，是所述情景及其参与者与言语行为参与者(首先是说话人)的对应，即具有鲜明的实义化性质。从这一意义上讲，人称应列入包含情态性及时间在内的述谓性实义化范畴(предикативные актуальзационные категории)”(Бондарко 2002：547)。

2)人称与单部句/双部句

对单部句与双部句的描写构成了俄语简单句句法的主要内容。在俄语单部句的研究中，人称一直处于核心位置，人称类型构成单部句的主要分类基础：确定人称句、泛指人称句、不定人称句及无人称句。

很多学者在句法研究中对单部句和双部句做了描写。沙赫马托夫(1941)

最早区分出单部句这一类型。巴巴依采娃（В. В. Бабайцева）（2004）对俄语单部句进行了专门研究。在单部句的个别类型中，加尔金娜-菲多鲁克（Е. М. Галкина-Федорук）（2011）对俄语无人称句做了颇为翔实的研究，对俄语无人称句语义类型、结构-语法形式的表达、对不同时期无人称结构使用的数量做了历时分析。布雷金娜（Т. В. Булыгина）和什梅廖夫（А. Д. Шмелев）（1991）对不定人称、泛指人称的所指、交际及语用方面做了研究；加克（1991）对不定人称的语义类型进行了分类描写，舍利亚金（М. А. Шелякин）（1991）对不定人称句的语用功能做了探讨。

一些学者虽以"句法人称范畴"为研究方向，其涉及的研究范围实际已经超出了纯句法范畴，如沃斯托科夫（В. В. Востоков）划分出句法人称范畴的三个方面：1）句法人称的指示意义。指示意义通过代词、动词形式实现。2）句法人称的主观意义，通过感叹词、插入成分、词序表达。3）施事在句子中的体现，作为确定的、不定的、泛指的施事或指出施事完全不存在（Востоков 1978：32-37）。

拉夫连季耶夫对句法人称做了较为充分的研究。他认为句法人称是一个结构-语义范畴，"人称指明句子内容同言语行为参与者（说话人、交谈对象）或非参与者（第三人称）的对应性"（Лаврентьев 2013：44）。拉夫连季耶夫指出句法人称与词法人称之间的关联，比如"它们具有相同的出发点（说话人）""句法人称依赖于动词和代词的词法人称"以及"词法人称是句法人称的同形表达手段"（参见 Лаврентьев 2013：67）。但是，他更加强调了二者在表达手段、指称内容等诸多方面上的区别（详见 Лаврентьев 2013：64-74）。

1.1.2 作为语义范畴的人称

佩什科夫斯基讲道，人称是语言（且不仅仅是语言）思维的一个必需范畴，究其本质是语言思维固有的：要知道没有说话人就不会有言语，说话人需以听话人为前提，且此二者需以他们周围的，对他们而言是第三人称的外部世界为前提。三个人称——是语言意识的三个基本点（参见 Пешковский 1956：343）。佩什科夫斯基对于人称的理解体现出人称的思维、语言意识属性。

维诺格拉多夫指出，人称范畴的表达不是动词及代词而已，而是多层面、多方面的语言手段，这种观点其实已经从人称语义的表达这一角度出发。“人称范畴作为句子结构成分是潜在的。它的表达除了动词人称形式，还可以通过人称代词形式，比如，与不定式搭配的三格形式，而在一些结构中可以是带有命令意义的不定式或名词、副词、感叹词及语调等手段”（Виноградов 1975：270）。

邦达尔科在梅夏尼诺夫（И. И. Мещанинов）（1945）、叶斯珀森（1958）的“概念范畴”思想的基础上，提出了“功能-语义范畴”，但与概念范畴不同，他的功能-语义范畴是基于语法语义。人称功能-语义范畴是以人称语法范畴为核心，但研究范围超出了纯语法范畴的界限。他认为人称的意义是表达表述与说话人、受话人及第三方之间的关系，在上下文中可以与动词的非人称形式（неличная форма глагола）①有关：动词不定式、形动词及副动词。他赞同苏联科学院俄语语法所写的：人称范畴（категория лица）亦发现于非人称形式中，而且，不是词法的，而是词汇、句法的，也就是说，通过指出补语中的行为发出者（如 *карандаш*，*взятый мною*）或者通过将行为与一定的人称相关（如 *Он стоял*，*внимательно прислушиваясь*）（Бондарко 1971：47）。但是他强调，“将人称范畴（категория лица）与其语义表达手段相提并论是不合时宜的；将词法的人称（морфологическое лицо）及人称（персональность）这一较广的概念区分开来是很重要的”（Бондарко 1971：47）。

人称与动词语义的关联是词典学及词汇语义学研究的一个方面。学者们发现一些动词在人称方面有使用限制或使用倾向上的特点。

斯捷潘诺夫（1981）根据动词在人称使用上的倾向，划分出自我-述体（я-предикат）和他者-述体（он-предикат）。

---

①这里的“非人称形式”指不具有显性的人称标记，如动词不定式、假定式、副动词形式，等等。此外，本书中“非人称形式”均指此意。需要指出，本维尼斯特的术语“非人称”与此处“非人称形式”应区别对待。

阿普列相的词典学研究对于人称范畴的兴趣使得人称语义的描写扩展到动词语义范围（*повадиться*，*выпендриваться*，*околачиваться* 属于第三人称语义范畴，*показаться*，*подуматься* 属于第一人称语义范畴）（详见 Апресян 2006：145–166）。

学者们研究发现一些动词，如 *показаться*，*торчать*，*маячить* 在用于除第一人称之外的其他人称时，其词义中含有“观察者”的语义成分（Апресян 2006；Падучева 2006）。

奥尼边科指出模态述体（предикат модуса）在人称范畴方面的词法限制与自我中心主义这一概念有关。一些动词倾向于使用第一人称，如 *хотеть*，*ощутить*，*почувствовать*。此外，无人称形式的述体也属于自我-述体（Я-предикат）范畴，表示状态范畴的词及无人称形式的动词往往倾向于句法第一人称（参见 Онипенко 2013б：215）。

库斯托娃（Г. И. Кустова）也指出一些动词由于自身的语义而在人称使用上有所限制的情况。无人称动词中有一些词不能用以描写人，如 *смеркается*，*холодает*，而有一些词只能表示人的过程及状态，如 *тошнит*，*знобит*，*хочется*，*неймётся*；一些动词表示的情景，其主体不可能是人，如动词 *ржаветь*，*пригореть*，*мерцать* 在直义中不能用于第一、第二人称；一些动词由于语义或语用方面的原因不适用第一人称，如带有否定评价意义的行为动词及解释动词 *выпендриваться*，*задаваться*，*бахвалиться*，*пресмыкаться*，*возноситься*，*превозносить* 等，一般不说 *Я ломаюсь*（装模作样）/ *пресмыкаюсь*（谄媚逢迎）/ *выгораживаю*（袒护），这类动词有时被称为“第三人称动词”（它们与第一人称不兼容），同时它们的第二人称形式用以对受话人的指责，如：*Что ты ломаешься*！；*Вечно ты его выгораживаешь*！；*Не груби старшим*！等；语义中包含观察者的动词往往不使用第一人称形式，如 *показаться*，*виднеться*，*белеть*，*маячить* 等，不能说 * *Я покажусь на дороге через несколько минут*.（Кустова 2011）。

1.1.3 作为语用范畴的人称

随着对语言与人的关系的深入思考，以及对语言中人的因素这一研究兴趣的日益提升，传统语言学研究突破了纯语法描写的限阈，融入了交际、功能、语用的多元研究视角与方法，将语言现象的解释与人的心理、人的言语行为及交际意图相结合，人称范畴的诠释与描写亦被纳入更广的研究范围。

对人的因素的关注为人称范畴的研究带来了以下一些方面的影响：

1）对言语行为参与者角色的强调，特别关注说话人的作用

从语言作为交际参与者的交际行为这一角度来分析，在语法范畴的解释中融入了交际行为本身、交际参与者等相关因素，特别是交际行为参与者的主要角色——"说话人"的作用尤其得到突显。

希密克（Химик 1990）将人称范畴的分析列入主观性范畴（категория субъективности），他详细描写了表述的主观性表达的词法人称手段（人称代词以及动词人称形式）、述谓人称以及作为说话人立场表达的不同人称情景类型。

2）人称范畴在研究范围上的扩展

米尼亚洛娃（И. М. Миниярова）以人类中心主义原则为视角来研究人称功能-语义范畴，对人称语义的解释结合了说话人实现自身交际任务的交际-语用因素。她指出人称范畴直接反映着语言与人之间的联系，它体现着人（个体）在活动过程中的各种特征及属性，被解释为人在语言中的多方面体现（Миниярова 1993：4）。

米尼亚洛娃认为，语言学传统研究中人称的确定是通过人称代词及动词人称范畴，但是这些是人称场的语法基础及组织中心，而语言具有一系列的能够指称人的称名系统（如专有名词、人名等），她的人称场的研究范围要更广些，包含了在语义功能构成上对人的解释的所有语言手段（Миниярова 1993：4）。这些人称语义的表达手段有的具有交际属性，有的则具有称名属性。人称代词及动词的人称形式属于前者，因为人称代词表示相对于言语行为的关系，动词人称形式则表达行为或状态相对于主体的相关性。而称名方面是表人名词所特有的，它表示第三人称语义范围（сфера семантики «третьих лиц»），并描述人在某一方面作为各种功能、特点及特征载体的存在。表人的称名手段与人称代词一起积极参与文本中人称的具体化

（конкретизация）及证同化（идентификация）（Миниярова 1993：5）。因此，她的人称研究将人称语义分为交际及称名两个方面。人称范畴在她的研究中已超出语法语义的界限，更多地指“人”，描写“人在语言中的多方面体现”（参见 Миниярова 1993：6）。“语言学研究的新方法中人的因素、人的言语积极性成为关注的焦点，这使得对人称场的解释可在更广阔的层面进行”（Миниярова 1993：7）。

3）对人称概念本身的理解更为泛化

在当代语言学中一些学者在“人”的概念（концепт «лицо»）下来研究人称范畴。概念“人”包含了有生命物体，而把动物排除在外，把它同“非人”（не-лицо）概念对立起来（Клобуков 2001：113）。

诺兹德里娜（Л. А. Ноздрина）认为有必要从语用学的研究方法出发，从内在而普遍的“人”这一超范畴（суперкатегория «человек»）视角来分析人称范畴（Ноздрина 1997：251）。

1.2 中国学者对俄语人称范畴的研究

在我国对于俄语人称范畴的研究大多针对人称代词或泛指人称句、不定人称句和无人称句等某一单部句类型，就俄语人称范畴的整体性研究并不多见。据笔者统计，知网上收录的围绕俄语人称范畴的研究中，佐知音博士（2006）的《俄语人称范畴的文化认知研究》是以俄语人称范畴这一整体范畴为研究对象的唯一一例。该论文从语言与思维的关系、俄罗斯民族的民族心理、民族文化、认知取向等因素出发，对俄语人称范畴的使用和表达作出阐释，总结了俄语人称的多种表达手段，并对俄语无人称句及汉语中的对应表达做了比较，描写它们所反映出的不同世界图景。此外，在论文中涉及俄语人称范畴的还有徐兴林博士（2014）的《俄语“Светает”类无人称句的构式语法研究》，采用构式语法理论对俄语无人称句中的“Светает”类做了说明；黄东晶博士（2001）在论文《俄汉代词指示语对比研究》中对包含人称代词指示语在内的俄汉代词指示语进行了比较分析；王晓阳博士（2009）在《语言的自我中心成分及其文本解释》中阐述了作为自我中心成分的人称指示语；郭莉敏博士（2011）在《俄语内部世界与外部世界的关系问题》中对俄语人称代词的指称问题做了研究。

有关俄语人称范畴的硕士论文有：《俄语无人称范畴及其表达方法》（唐伟平 2008）、《俄汉人称指示语对比研究》（王晓光 2011）、《俄语"светает"类无人称小句的表里值分析及其生成解释》（徐兴林 2011）、《语言顺应论视阈下的俄汉指示语研究》（薛文博 2013）、《俄语代词 он 之所指代及汉译研究》（于桐 2014）、《俄语第二人称命令式的体及其礼貌性》（刘萱 2017）、《俄汉人称指示语语用对比研究》（刘艳瑛 2018）、《俄语不定人称句的主观视角研究》（钟容慧 2019）等。

期刊论文中有关俄语人称范畴的相关研究主要集中在俄语人称指示语、泛指人称句、无人称句及人称代词等方面：

1）俄语人称代词的研究。如：《现代俄语的第一人称代词及其修辞作用》（齐光先 1993）、《现代俄语的第二人称代词及其修辞作用》（齐光先 1994）、《现代俄语第三人称代词及其修辞作用》（齐光先 1994）、《俄语人名称谓形式与人称代词 ты/вы 用法》（杨杰 2005）、《俄语人称代词使用偏误分析及汉译策略》（吴安娜 2015）等。

2）俄语人称指示语的研究。如《俄语社交指示语：人称代词》（蔡晖 1994）、《俄语中的指示语》（郭聿楷 1995）、《试论俄语人称代词的指示功能和照应功能》（李玲君 2001）、《认知语用学视角下俄语人称指示语非常规用法的阐释》（陈虹 2008）、《俄语人称指示语的语用分析》（高芳，韩春子 2011）、《顺应性模式构建与俄语人称指示语分析——以普希金短篇小说〈村姑小姐〉为例》（孙淑芳、薛文博 2014）等。

3）对于俄语泛指人称句、无人称句等句法人称现象的研究。其中尤以俄语无人称句的研究居多，比如：《俄语中否定结构的无人称句》（吴吉康 1980）、《俄语无人称句的变化和发展》（金浩链 1991）、《再谈现代俄语中带形式主语的无人称句》（齐光先 1992）、《论无人称句的主要成分的表示法》

(周彤 1997)、《浅谈文化语言学视角下的俄语无人称句》(安洋 2007)、《俄语无人称句的民族性问题探析》(姜雅明 2009)、《俄语无人称句语义特色及教学策略》(姜雅明 2011)、《俄语无人称句语义探析》(张凤珍 2012)、《以契诃夫短篇小说为语料谈俄语无人称句的意义和用法》(史佳鹭 2015)。相较无人称句而言，泛指人称句和不定人称句的相关研究很少，主要有：《俄语泛指人称句中“零形主语”的指称与语用特点》(牛晓牧 2002)、《论俄语篇章中不定人称句的语义主体》(章玉萍 2016)等。

通过对知网上收录的俄语人称范畴相关研究的汇总，不难发现我国俄语学界对俄语人称范畴的研究在总数上并不算少，但学者们的研究兴趣主要集中在俄语人称指示语和无人称句这两个方面。

本章总结

本章分别对俄罗斯学者以及中国学者就俄语人称范畴的相关研究进行了梳理总结。对俄罗斯学者有关俄语人称范畴的研究从语法、语义及语用三个角度做了分类概括。从历时角度说明了俄语人称范畴从作为动词词法范畴到句法人称范畴的提出，再到与人的因素相结合，其研究对象与范围不断得以扩展。在对中国学者有关俄语人称范畴的研究成果的总结中，我们主要介绍了相关研究的选题和方向，所采用的研究理论和视角。

通过对以上参考文献的阅读与整理，我们对现有俄语人称范畴在俄罗斯及中国的研究状况有了基本掌握。总体来说，俄罗斯学者对俄语人称范畴采用语法、结构-语义或功能-语义等单一视角，在研究对象上则尤以人称代词和无人称句居多。我国学者对俄语人称范畴的研究也基本上集中在俄语人称代词和无人称句这两个方面，所采用的理论依据主要来自西方的语用学、认知语言学等领域以及来自俄罗斯学者的有关理论。此外，采用上述理论方法对俄语及汉语人称问题进行对比分析也是我国学者研究的一个方面。

俄语人称范畴是一个复杂系统，不同人称语义类型及其表达手段构成了人称范畴这一整体。目前国内外学界对俄语人称范畴的整体性多角度研究尚不多见，而对于学习俄语和以俄语进行交际的人们而言，无论是掌握人称范畴在俄语语言系统中的分布状况，还是运用人称范畴进行言语交际，都须以对该范畴较为全面而整体性的认知为前提。因此，本文从俄语人称范畴这一“总概念”出发，将研究对象设定为整个人称范畴系统，并从语法、语义、语用及叙事学不同视角对其进行分析与探讨。

第二章　俄语人称范畴的定义与类型

2.1 俄语人称范畴的定义

2.1.1 相关概念阐析

俄语中有一组术语均与人称范畴有关：категория лица，категория личности，категория персональности，这里我们简要介绍语法学家们对上述术语的相关阐述，在此基础上尝试对它们的涵义及相互关系作出总结。

1）категория лица

在俄语语法的传统研究中人称范畴的术语表达为 категория лица，它“首先被确定为一个语法范畴，为动词所有”（Харабаева 2015：12）。“人称范畴作为动词的一个基本特征，自俄语语法系统的科学研究的最初就吸引了语言学家们的注意”（Юдин 1976：6）。之所以说人称是一个语法范畴，主要是因为“行为相对于其主体的关系表达于抽象而稳定的语言形式中，即以语法的方式来表达”（Никитевич 1963：204）。

语法范畴是语法形式与语法意义的统一体，“任何语法范畴的存在都取决于其意义与所有形式特征紧密而不可分割的联系”（Щерба 1957：65）。《70 年语法》将语法范畴解释为“词形（聚合体）及其表达的语法意义的总和。语法范畴至少由两个语法意义组成，这些语法意义是语法范畴的构成成分并同语法范畴之间具有等级关系上的联系”（Грамматика современного русского литературного языка 1970：317）。

在《70 年语法》和《80 年语法》中人称范畴的术语表达均为 категория лица，且主要指动词的词变语法范畴。在这两部科学院语法中人称范畴包含了三个相互对立的基本范畴意义（категориальное значение）：第一人称、第二人称和第三人称。《70 年语法》列出了 11 个表达人称意义的语法形式：陈述式的三个单数形式和三个复数形式，命令式的两个单数形式和三个复数形式。动词人称形式的词尾变化是人称意义的标记，动词过去时及假定式形式不具有人称标记，是非人称形式（Грамматика современного русского литературного языка 1970：362）。人称形式除了表达三个基本范畴意义，动词人称形式还可以表达扩展意义（расширительное значение）、转义（переносное значение），如：第一人称单数形式在谚语、警句中的扩展用法。行为主体为泛指的，但这里“行为发自说话人”这一意义并没有失去；动词第二人称单数形式可以表达泛指人称意义；动词第三人称单数形式可以表达无人称意义等（参见 Грамматика современного русского литературного языка 1970：362-365；Русская грамматика т. I 1980：635-638）。动词人称形式的扩展义和转义是在整个句子结构或一定的上下文语境中获得，这其实已经超出词法层面，对动词人称形式的意义在句法层面作出观察。

категория лица 是一个语法范畴，这主要是从动词的人称变位形式和一定的句法结构入手，对人称语法形式所表达的人称意义的描写。尼基捷维奇（1963）、《70 年语法》和《80 年语法》、库斯托娃（2011）等对于人称范畴的研究都属于此类。

还有观点认为 категория лица 不仅限于动词，还应有人称代词。“人称语法范畴是动词和人称代词所有的”（Бойко 2008：17），“构成人称场核心的动词和代词的人称形式不是不同的语法范畴，而是同一人称语法范畴”（Бондарко 1991：19）。

随着语言学研究的发展，对人称范畴的研究也不断深入，一些学者对人称范畴的研究远远突破了传统语法对人称范畴的描写范围，但是在术语使用

上依然采用了 категория лица。比如奥尼边科对 категория лица 的描写包含了事态人称（лицо диктума）和模态人称（лицо модуса）两个方面，特别是模态人称形式的表达显然并不限于动词及代词等人称形式，而是将一些不带显性人称标记及零形式也包含在人称范畴讨论范围之内。

2）категория личности

категория личности 和 категория безличности 是一组对立范畴，它们仅属于动词，不为代词所有。категория безличности 可译为“无人称范畴”，但是 категория личности 若译为“人称范畴”显然不很准确，它是（有）人称范畴，二者的对立主要体现在句子典型主体在表层结构是否出现，是人称在主语句法位上“有”与“无”的对立。下面我们来看有关 категория личности/безличности 的研究。

早期的斯拉夫语和俄语语法学家们斯莫特里茨基（М. Смотрицкий）、克里扎尼奇（Ю. Крижанич）、卢多尔夫（Г. Лудольф）就指出人称动词（личный глагол）和无人称动词（безличный глагол）的存在，试图确定它们的构成、变位聚合体以及在言语中的使用（Юдин 1976：6）。语法学家们在研究中发现不是所有的动词在言语中都获得完全的人称形式实现，根据动词在言语中的使用区分出人称动词和无人称动词，人称动词具有三个人称及数上的完全聚合体，而无人称动词只具有第三人称单数形式①。如《80 年语法》所解释的：“人称动词具有人称上的变化，无人称动词没有人称上的变化”（Русская грамматика т. I 1980：581）。

对于 категория личности/безличности 的早期认识只是从动词词法角度作出的观察，以是否具有全部人称形式为对立。随后学者们发现 категория личности/безличности 在句法结构上主体（主语）的有与无的对立特征。

---

①有关人称动词及无人称动词的人称形式问题在罗蒙诺索夫（М. В. Ломоносов）的《俄语语法》（«Российская грамматика»）（1755）（被誉为俄语语法系统科学研究的奠基之作）中就已有阐述：“人称动词具有所有三个人称及两个数：*пишу*，*пишешь*，*пишет*；*пишем*，*пишете*，*пишут*。无人称动词只具有第三人称：*надлежит*，*кажется*，*говорят*”（Ломоносов 1755：108；转自 Юдин 1976：7）。即早期俄语语法研究中无人称动词具有单数和复数第三人称两种形式。

沃斯托科夫（А. Х. Востоков）认为，“动词在其使用的所有人称中，都可以获得无人称的样态，这是当使用它们时不显现出行为对象（предмет действующий）。比如，在单数中：*шумит—зашумело в ушах*；*гремит—гремело*；*сверкает—сверкнуло*（指代词 *нечто* 或 *что-то*）；在复数中：*говорят—говорили*；*сказывают—сказывали*；*думают*，*пишут* 等（指名词 *люди*）”（Востоков 1938：108-109；转自 Юдин 1976：7）。

别林斯基这样描述无人称动词：“有一类特殊的动词，它们既不与名词，也不与代词连用，而是自身构成句子，句中含有系词和谓语，但是没有主语……这些动词称为无人称动词”。别林斯基指出主语无标记的原因，有两个意义：“不确定性”（неопределённость）和“泛指性”（всеобщность）（Белинский 1837：46；转自 Юдин 1976：8）。这时对于无人称和不定人称、泛指人称之间的区分尚未清楚划定。

奥夫夏尼科-库利科夫斯基（Д. Н. Овсянико-Куликовский）（1912）不仅将人称句与无人称句相区别，而且区分出不定人称句（泛指人称句）和无人称句，并且将无人称只视作句法现象，认为它是一定的句子结构的特征（参见 Юдин 1976：13）。

沙赫马托夫区分动词的人称形式（личная форма глагола）和动词的无人称形式（безличная форма глагола）。“俄语中动词形式的无人称表现为第三人称单数的词法词尾，同时它不能与任何主语搭配”（Шахматов 2011：467）。从沙赫马托夫对于动词无人称形式的描述来看已经对该范畴有了句法方面的考虑。

维诺格拉多夫指出俄语动词人称范畴内存在人称形式（личные формы）和非人称形式（неличные формы）的对立。他认为动词无人称属于非人称形式，非人称形式的人称意义（личное значение）只是潜在的。它以主体的必需存在或暗含为条件，且它完全是句法的（参见 Виноградов 1947：455-456）。

尼基捷维奇进一步强调了人称在句法结构中主体（主语）是否存在方面的重要区分。“语法人称的最高程度的抽象不是三个人称形式的相互对立，而是指出主体存在的形式（人称动词）和指出主体空缺的形式（无人称动词）之间的对立”(Никитевич 1963：204)。

此外，категория личности/безличности 不仅从动词词法、句法角度，还从动词的词汇意义以及动词所表示的行为与其主体之间的关系等语义角度得到了进一步描写。

категория личности/безличности 与动词词汇意义有关。一些动词仅具有无人称意义和形式，“无人称范畴可以是一些特殊动词的语义核心”①(Виноградов 1947：465-466)。

“动词第三人称单数形式可以表达无主体的行为，即行为的发生不取决于行为者(人或事物)”(Русская грамматика т. I 1980：636)。因此，人称动词与无人称动词之间的对立不仅是语法形式上的(动词人称的全部聚合形式与动词第三人称单数形式)，还与动词的词汇意义有关，“无人称对于词汇意义与行为发出者不相容的动词而言是基本的。人称动词与无人称动词的对立就是在此用法的基础上”(Русская грамматика т. I 1980：636-637)。

不是所有的变位形式都是人称形式，人称形式在其所含意义中必须有行为的主体性(субъектность действия)这一整体义素，而且含有将行为关联于交际行为三个可能成员之一的区别义素(Химик 1990：20)。“人称动词的变位形式总是表示着行为与主体(具体、不定或泛指主体)间的对应关系，无人称动词表示自发的过程，不取决于行为者(деятель)，即没有行为人(действующее лицо)，它们中体现着意义的语言表征的三种不同方式：词

①维诺格拉多夫认为，动词的无人称形式是从人称形式中独立出来的，“很多无人称形式，脱离于人称动词，成为独立的动词，单个的词”(Виноградов 1947：466)。对于一些动词人称形式(现在时的单数第三人称)与无人称形式的同形问题，学者们的解释并不一致：“第三人称形式的部分意义”(Бондарко，Буланин 1967：145)、人称与无人称动词后缀的同音异义(омонимия)(Распопов 1970：78)、“人称动词的无人称用法”(Русская грамматика т. I 1980：637)、“一些动词形式具有表达 личность 和 безличность 意义的双重能力”(Лаврентьев 2013：97)。拉夫连季耶夫指出，类似 *несёт*，*тянет*，*шумит* 这些动词形式在 личность 和 безличность 上的“对立意义的区分只能是在句法上实现，通过词在句子中的联系来确定，比如：*Лес шумит.* -*В голове шумит*；*Течение унесло лодку.* -*Течением унесло лодку.*(Лаврентьев 2013：97)。

法、词汇及句法的混合(синкретизм)"(Химик 1990：21)。

尤金区分 категория лица в глаголе 和 категория личности глагола，前者是一个纯词法范畴(动词的词变范畴，表现为相互对立的动词人称形式系统)[①]，后者依赖于词汇而面向句法，是一个词汇-语法范畴，"因为它的内容是由动词的词汇、词法及句法特征决定的"(Юдин 1976：153)。尤金认为 категория личности/безличности 是每一个句子所必需的，"离开 личность/безличность 的范畴意义就不会有句子"(Юдин 1976：144)。

拉夫连季耶夫同样强调应该区分动词的 категория лица 和 категория личности/безличности[②]，认为 категория личности/безличности 是二元对立的词汇-语法范畴，但他强调它们不是彼此孤立的，而是同一现象的两极，本身源自同一抽象意义(行为与语法主体的关系，语法主体理解为一格形式的静词)：行为与语法主体的相关性及行为与语法主体的不相关性(参见 Лаврентьев 2013：95-96)。

一些学者还揭示了 категория личности/безличности 在语义和所指上的特征，指出句子主体在所指确定性等级上的区别。

斯捷潘诺夫对于 категория личности/безличности 的理解与句子主体在所指上的确定性/不确定性联系起来，认为"категория личности/безличности 是一个语义-句法范畴，它属于句子，是句子意义的一部分"(Степанов 1988：226)。"категория личности/безличности 是句子语义范畴，描述主体在外部世界或人的内心世界的区别性(独立性)的程度"(Степанов 1988：230)。他指出无人称范畴在确定性的程度上呈现出序列性，与此相应的，句子主体在所指上的明确性呈现一定的等级程度，"句子

---

①尤金指出，"категория лица 是一个词法范畴，是因为人称形式无论是在句子构成中，还是在句子结构之外都同样保留自身表达人称意义的能力；其表达手段(单个人称语法意义的表达方式)是纯词法的"(Юдин 1976：145)。

②根据拉夫连季耶夫的解释，动词的人称范畴(категория лица глагола)是包含于 категория личности 的子范畴(参见 Лаврентьев 2013：99-100)。

在无人称上的程度越高，其主体(更准确地讲是与其主体对应的所指)在空间意义上的不确定性就越大”(Степанов 1988：230)。

与上述阐述相应，《大百科辞典》(以下简称《辞典》)对这一组概念的释义为：категория личности/безличности 是语言的普遍语义-句法范畴，该范畴指句子的主体关联于外部世界某一事物(所指事物)以及该事物在时间及空间中的独立性(另见指称)(БЭС 1998：272)。категория личности/безличности 与句子主体所指的确定性/不确定性的等级有关，属于语义学研究范围，与狭义的指称之间处于“胶着状态”。句子在 личность/безличность 等级上具有一定的语义范围，一些语义概念只能由带有主体“я”的句子来表达，比如所谓的施为句，而一些语义概念只能由带有无生命个体的主体的句子来表达，如 *лущится*(破壳)、*колется*(刺，扎)、*варится*(煮)、*плавится*(溶解)等词用作述体的句子(БЭС 1998：272-273)。

综合上述学者们的相关论述，我们对 категория личности/безличности 的基本涵义总结如下：

	категория личности	категория безличности
	人称动词	无人称动词
词法	动词全部的人称形式	动词单数第三人称形式
句法	行为与语法主体相关(出现主语)	行为与语法主体不相关(无主语)
词汇	动词语义与行为发出者兼容	动词语义与行为发出者不兼容
所指	句子主体为确定所指	句子主体为不确定所指

категория личности/безличности 具有的分类功能：

(1)从动词的词汇和语法特征的角度区分出人称动词和无人称动词；

(2)从行为与语法主体(主语)相关性角度区分出简单句的双部句和单部句；

(3)从句子主体所指确定性等级的角度区分出确定人称、不定人称、泛指人称、无人称①。

3) категория персональности

邦达尔科引入“персональность”这一术语是将功能-语义范畴与传统语法范畴相区别，传统语法中的人称表达形式只构成人称功能-语义范畴的核心表达手段。功能-语义范畴则包含了用以表达某一语义的所有表达手段，并对这些表达手段作出核心和边缘的划分，人称语法范畴之外的其他表达手段列入人称功能-语义场的边缘，对此邦达尔科这样描述道：“参与人称语义表达的有动词的非人称形式、一定的句子类型的结构、上下文的各种手段；参与无人称表达的有动词的词汇意义，所有这些人称语义的各种语言手段都表达功能-语义范畴，可以称为 персональность”(Бондарко，Буланин 1967：136)。

伴随着对人称语义的深入研究，术语 персональность 被更多的俄罗斯学者接受和采用，如：

希密克(В. В. Химик)认为句法人称是纯述谓范畴，人称语义表达的述谓及非述谓(各层面)手段构成了更大的 категория персональности(Химик 1986：8)。

斯特拉吉丘克(Е. Ю. Стратийчук)指出人称概念范畴(концептуальная категория персональности)具有超范畴(сверхкатегория)地位，在文学文本中这一点是由于作者是在看待超语言现实的视角基础上来组织叙事

①句法人称范畴是在 категория личности/безличности 对立基础上来确定的，在 личность 范围内划分出确定的、不定的和泛指的意义。该划分在传统语法中构成简单句分类基础：确定人称句、泛指人称句、不定人称句、无人称句、单部句或双部句(Харабаева 2015：21)。简单句的双部句和单部句与确定人称句、不定人称句、无人称句的分类标准并不一样，前者是从句子的形式-结构角度出发，后者与句子所指有关，对此后文会有相关说明。因而，我们的观点是 категория личности/безличности 构成俄语简单句分类的基础，但是，对于单部句、双部句和确定人称句、不定人称句、无人称句的分类分别体现了 категория личности/безличности 在句法和所指上两个方面的特征。而且，如拉夫连季耶夫所讲，категория личности/безличности 是同一现象的两极，本身源自同一抽象意义(行为与语法主体的关系)：行为与语法主体的相关性及行为与语法主体的不相关性(参见 Лаврентьев 2013：95-96)，与此相同，категория личности/безличности 也是句子主体所指的确定性与句子主体所指的不确定性这一同一现象的两极，介于二者之间的还有不定人称和泛指人称。

（Стратийчук 2006：4）。

拉夫连季耶夫在现代俄语句法人称研究中讨论了“морфологическое лицо”“синтаксическое лицо”及“персональность”三个概念间的关系。他强调必须将词法人称与句法人称区分开，但认为句法人称与 персональность 之间没有原则上的区别，他研究的句法人称是一个“多维的主-客观范畴，具有各种语言表达手段的整个体系”，广义的句法人称范畴包含了人称语义表达的所有（述谓的及非述谓的）手段，“句法人称”与“персональность”可以视为同义（Лаврентьев 2013：77）。

对于学者们在人称研究中使用不同的术语问题，拉夫连季耶夫认为是源于“对同一语言现象的不同的研究方法。结构－语义方向的拥护者（П. А. Лекант，Н. Ю. Шведова，Э. Н. Осипова，Т. Е. Шаповалова 等）重视对形式和内容的研究，使用术语‘句法人称’，而采用功能方法的研究者们（А. В. Бондарко，М. В. Всеволодова，А. Ю. Серебрякова 等）首先关注的是功能，其次才是意义表达的手段，他们使用的术语是‘персональность’”（Лаврентьев 2013：78）。

我们认为 категория лица，категория личности 和 категория персональности 都隶属于“人称”总的概念，三个术语翻译为汉语很难直接表达出它们彼此间的差异，它们是从不同角度对人称进行研究而得出“特有的”研究对象，并对其赋予专属的术语。категория лица 主要是从语法角度来看人称范畴，描写的对象是动词人称形式和人称代词；категория личности 是从词汇-语法角度对句子形式-语义结构的观察，是分析人称在主语句法位的有与无，人称以何种主体类型来出现，是泛指的还是不定的等等，因此它的描写对象主要是句子的主体－述体（主语－谓语）结构；категория персональности 是从功能-语义视角出发对人称范畴的描写，其研究对象不仅将 категория лица 和 категория личности 包含在内，而且还包含了从形式上看并不具有人称形式但是能起到表达人称语义功能的其他表达手段。本文对于人称范畴采用多维的观察视角，无论是作为语法范畴还是功能-语义范畴的人称都包含在我们的研究范围中。我们所研究的俄语人称范畴采用俄文术语“категория лица”，但是与传统语法采用的术语“категория лица”不同，它的研究对象包含了上述有关人称的三个范畴，而且还将表达不同言语主体之间相互作用的模态人称（лицо модуса）①也包含在内，都统含于“人称范畴”这一总概念中。

2.1.2 人称概念的基本内涵

对于人称的概念，学者们的共同观点是：人称是一种对应关系，但是对于人称的对应关系应该界定在哪两个方面之间存在分歧，其中可以确定的是言语情景的参与者——说话人在人称确定中的核心地位，但是与说话人相对应的另一方面，我们在不同学者那里得到了不同的答案，这些观点概括起来有以下几种：

1）源自语言外现实存在：

“所述情景参与者”（Бондарко 2002：543-544；Востоков 1978）

“行为（过程）及其主体”（Ахманова 1966：220）

“动词行为主体”（Моисеев 1980：214）

“所述事实参与者”（Якобсон 1972：100）

2）源自语言自身，语言内部：

“句子的主语”（Кустова 2011）

“句子的主体”（Шведова 2005：151）

“句子中的人称（主体）是句法-语义范畴，该范畴属于已标准化的句子的意义方面、句子的语义结构，并与本身包含活动者或是特征持有者或是状态承受者概念的那个信息组成部分相符合”（Шведова 2005：151-152）。

“句子中所报道的主体——行为、状态、特征的持有者”与报道的参与者-非参与者的三个类型之一的对应关系（Золотова 1973：158）。

“表述及其成分”（Лекант 2004：8）。这里的“表述及其成分”指的是什么，不是很明确。从后文来看，表述及其所含成分包括句子的主体，同时还

①有关模态人称请详见后文“事态人称与模态人称”以及“模态人称的表达方式”等相关内容。

包含了句子的主观意义成分，因而列冈特(П. А. Лекант)这里使用了"表述及其成分"这样含糊的表达。

3)介于上述二者之间

"句子的内容"(Лекант 1971：44)

"句子(表述)的内容"(Исаченко 1960：407；Лаврентьев 2010：76)

可见，人称定义的不明确在于人称语义界定的层面没有被区分清楚。围绕这一问题，学者们作出了积极的讨论。如什维多娃评论[①]：维诺格拉多夫一方面认为"人称是以某种方式表示说话人的存在"，另一方面却"对'句法人称'的阐述没有将这一范畴同说话人、听话人或'可能言及的第三方'发生联系，而是完全地将它与句子的语法结构、与句子中存在的纯句法主体联系起来"(Шведова 2005：145)。动词第三人称单数形式在维诺格拉多夫(1947)的著作中被视为非人称形式(неличная форма)，它的人称意义取决于句子主体的必然存在或暗含，并从这一观点出发，维诺格拉多夫将无人称动词也视为非人称形式，排除在人称范畴之外(参见 Виноградов 1947：455-456)。

由于人称概念的界定不一，人称范畴在描写范围上自然也不尽相同。对此，拉夫连季耶夫讲道："一些语言学家，在本质上，将句法人称归为动词及代词的人称；而另一些语言学家对人称的阐释则十分广泛"(Лаврентьев 2013：8)。

什维多娃指出，"不加区分地将内部差别巨大的现象统合在'句法人称'名称之下必然导致多义性，并因此导致该名称的不确定性、意义模糊不清，即导致该名称失去作为语法术语的意义"[②](Шведова 2005：153)。什维多娃这里所讲的"内部差别巨大的现象"一部分表现在——表述中可以发现各种

①文章中什维多娃还指出，从形式角度对人称的纯语法标记的判断与句子的表达是否存在说话人与对话方之间的矛盾。类似 *Тише*! *Внимание*! 这样的言语交际单位无论是在意思上还是语调上看，都存在说话人与对话人，但是没有形式上的、人称句法范畴的纯语法标记(参见 Шведова 2005：145-146)。

②此处译文参见宁琦教授的译著：《俄语新论：语法·词汇·意义(上)》Н. Ю. 什维多娃著，宁琦译，北京：北京大学出版社，2011，第 139 页。下文多处什维多娃的论述均参照译著中的译法。

“人称”的存在[①]：1)与对话人、第三方对立的说话人；2)行为(状态、特征)的主体；3)作为对报道内容持有自身主观态度的说话人。而且她指出，这些“人称”远非总是纯句法的(Шведова 2005：151)。她提议，对集合在“句法人称”这一名称下的广泛而多样的一系列现象的描写应该从句子语义结构的角度，或是句子主观-情态意义的角度出发(Шведова 2005：153)。

我们通过下面两个例子来看看什维多娃指出的表述中各种“人称”存在的复杂现象。

Лишь бы Бог меня простил. А ты, видно, простила. (*Бунин. Темные аллеи*)

这则语篇片段中首先可以区分出说话人(“我”)，以及与说话人对立的听话人(“你”)和上帝(“他”)。其次，原谅这一行为的主体分别指向“上帝”和“你”，同时，句子的主体在这里分别也是第三人称和第二人称。此外，“*лишь бы*”和“*видно*”表达了说话人对所述内容的态度和观点，说话人想要得到上帝饶恕的愿望，以及认为听话人已经原谅了自己的这一个人看法(*я вижу*, *мне видно*, *по-моему*)。

Раз разговор наш коснулся до наших чувств, скажу прямо: простить я вас никогда не могла. (*Бунин. Тёмные аллеи*)

这则语篇片段由三个情景事件构成：1)*разговор наш коснулся до наших чувств*；2)*скажу прямо*；3)*простить я вас никогда не могла*。第一个所述情景涉及说话人、听话人、*разговор*(谈话)和*чувство*(感情)，句子主体“*разговор*”是表达抽象概念意义的第三人称，同时，物主代词*наш*指示了复数第一人称“我们”(说话人+听话人)；第二个情景中只涉及说话人，暗含听话人*скажу(тебе)прямо*，句子主体为第一人称(*я*)*скажу*，由动词第一人称形式表达；第三个情景中含有两个所述对象，分别与说话人和听话人相对应，因而为第一人称和第二人称，表现在句子的语义结构中则是句子的主体

①什维多娃强调作为纯语法结构的句子与作为具体的言语单位的表述之间的区别，述谓性是句子的语法意义范畴，人称不是句子的纯语法范畴，因而被排除在述谓性范畴之外(参见Шведова 2005：150-151)。

为“我”(第一人称)，句子语义结构的客体为“您”(第二人称)。

从什维多娃所说的“句法人称涉及广泛而多样的现象”，以及通过对上述例句的分析，我们可以看出，人称与言语交际的参与者说话人、听话人、与句子的主体、与说话人的主观态度、与情景中所述的对象、与动词的人称形式、人称代词、物主代词等因素均有关系，它不是单一层面的问题。如什维多娃所言，“人称远非是纯句法范畴”(Шведова 2005：151)。

那么，该如何理解和确定“人称”呢？上文我们指出学者们对人称语义的对应关系界定不一，这不仅妨碍了对人称概念的理解，而且对人称范畴在表达层面的描写带来了困扰，随之而来的问题还有：对某现象是否应纳入人称范畴的研究范围、人称类型该如何划分，等等。因此，对人称范畴作出清晰描写的前提首先是要明确人称语义的对应关系建立在哪两个层面之间。

本文采取的一个尝试性办法是——对人称范畴的描写设定出三个基本层面：

1)所述情景层面(план сообщаемой ситуации)

这一层面是语言所描述的事实、情景，是语言外的现实存在，是对立于语言和人的世界，可以是自然世界(物理世界)、心理世界，也可是作家创造的文学世界。所述情景可以是人的心理世界，这是指人的心理世界也可作为语言表述的对象，特别明显的例子是抒情诗，在抒情诗中作为说话人的诗人对自身心理世界的描绘及抒发构成了抒情诗的主要内容。

2)言语交际层面(план речевой коммуникации)

按照雅各布森和邦达尔科的术语是言语行为层面(план речевого акта)、言语情景(ситуация речи)，但是说话人与受话人之间的交际方式和交际类型，除了现实的言语行为，还包括其他类型，比如叙事作品的作者与读者之间的潜在交际，帕杜切娃区分出言语机制与叙事机制(Падучева 1996)，因此，这里我们使用“言语交际层面”代替“言语行为层面”。这一层面与言语交际的主体——人有关，且主要是说话人。一方面，人的感知、思维、心理等对外部世界及自我的心理世界进行认知加工(人与世界之间)；另一方面，人作为交际主体在交际行为中持有一定的意图、倾向，对交际对方产生影响以及受到来自对方的影响(人与人之间)。

3)语言层面(языковой план)

语言层面是对所述情景层面和言语交际层面的综合反映。语言层面包括表达层面和内容层面。语言的内容层面由客观意义和主观意义构成，“任何句子的内容除其客观内容外，还必须包括思想主体参与的主观内容，它们两者相互溶合在一起”(吴贻翼，宁琦 2001：61)。语言的客观意义源自语言外事实，与所述情景层面相关联，“一个句子，不论表达什么具体思想，它的内容总和客观现实的某个情景或事件发生关系。所谓‘现实中的情景’不仅可指周围的世界(自然界和社会)，而且也可指人类内心世界的活动”(吴贻翼，宁琦 2001：60)。语言的主观意义源自言语交际的主体，主要是说话人的态度、观点、评价等，即与言语交际层面相关联，句子的内容“既可与参与这一情景的说话者本人发生关系，又可是说话者以旁观者身份进行的观察”(吴贻翼，宁琦 2001：60)。

根据这三个层面，我们划分出三个层面的主体：

1)情景主体(субъект ситуации)

情景主体是所述情景层面的成素，指所述情景的参与者，可以是情景中的人、事物或其他实体，也可以是抽象的概念。这里使用“情景主体”而不是“行为主体”“动词的行为主体”等，是因为语言所描述的情景不总是某种行为，也可是某种状态、特征等。

2)言语主体(субъект речи)

言语主体①是言语交际层面的成素，或曰言语交际的参与者，包括说话

①言语主体类似于交际语法中的模态主体(субъект модуса)，模态主体包含：说话人(говорящий)、受话人(слушающий/адресат)和信源主体(авторизатор)(参见 Золотова，Онипенко，Сидорова 2004：232)。但是我们这里没有使用“模态主体”这一术语，是因为交际语法理论中人称对应关系包含两个方面：事态与模态之间以及模态内部。对于模态内部的人称问题(模态人称[лицо модуса])，我们后面再论及。但是事态主体在交际语法中包含了句子主体，本文将句子主体单独列出来，区分出所述情景参与者(情景主体)和句子主体，因而没有采用“事态主体”(субъект диктума)和“模态主体”(субъект модуса)这一对术语，而是使用了“情景主体”“言语主体”和“句子主体”这三个。所述情景主体与句子主体之间存在对应性，这种对应关系必须通过言语主体才能实现，且情景主体在语言层面显然不一定都是用作句子主体。后文会进一步谈到句子主体与情景主体，如行为主体之间的关系，行为主体与句子主体是不同的概念。

人、受话人①以及作为潜在参与者的其他信源主体，其中说话人是言语主体中的核心人物。

3)句子主体(субъект предложения)

句子主体是语言层面的成素，指句子语义结构的主体，是“由事物意义的名词化成素表示的述谓特征的具有者，即行为的发出者和状态的承受者”(吴贻翼、宁琦 2001：16)。

我们用下图 1 的三角形来表示三个层面及其主体之间的关系。

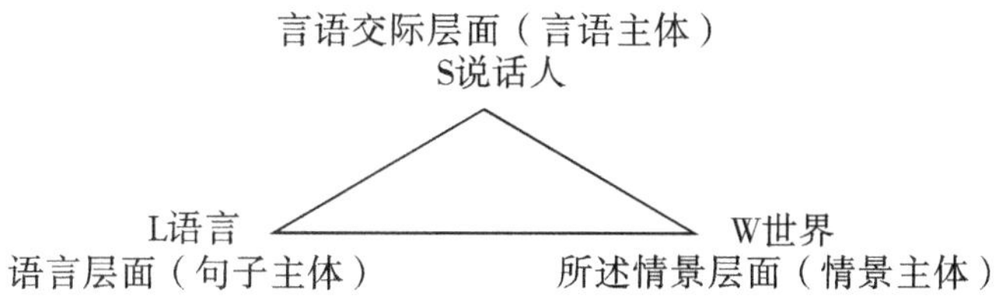

图 1

对于人称语义如何确定的问题，我们的观点是：

1)在上述划分出的三个层面中，人称语义关系产生于所述情景层面和言语交际层面之间(S→W)以及言语交际层面内部(S→S′)。人称反映情景主体与言语主体之间的对应关系，不仅如此，说话人与其他言语主体之间的对应关系也会带来人称语义。

2)语言层面(L)不对人称语义的界定产生本质性影响，它只是这一对应关系的符号性表达与实现，人称不能理解为句子主体与说话人、听话人或第三方之间的对应性，句子主体只是人称语义的核心表达手段。

根据上述第一点，人称的描写可以分作两个方面：事态人称(лицо диктума)和模态人称(лицо модуса)。事态人称界定于所述情景层面和言语交际层面之间，是所述情景主体相对于言语主体，首先是说话人的对应关系。模态人称产生于言语交际层面内部，是作为言语主体的说话人与其他言

①这里的说话人和受话人也包括了作者和读者。

语主体之间的对应关系。这样的划分是基于奥尼边科(Н. К. Онипенко)对于人称范畴的论述,“人称范畴体现主体域之间的关系:1)模态与事态之间,2)不同模态之间”(Онипенко 2013a:96-97)。

因此,我们对于人称范畴的描写范围包含了事态人称和模态人称两个方面。事态人称是对于人称范畴的一般性的普遍理解,也是我们对人称范畴进行研究的主要方面,后续每一章节都会围绕事态人称展开,且在没有专门的分类强调时人称范畴指的就是事态人称。由于模态人称最为复杂多样地体现在文学叙事文本中,因而模态人称相关问题将在第五章具体阐释,在叙事文本范围内分析多个言语主体之间的相互作用带来的叙述声音和叙述视角等问题。

2.1.3 人称与主体

人称与主体之间有着密切的关系。上文提及的三个层面的主体——情景主体、言语主体、句子主体在人称语义的确定、人称类型的划分、人称形式的使用等方面起到决定性的作用。所述情景主体通过说话人在语言层面得以表达,情景主体在进入语言层面时必然被说话人赋予一定的人称标记,即使没有得到语言表达的情景主体(零形式),说话人也必然对它在人称上持有一定的判断。作为言语主体的说话人与人称有着最为紧密的联系。句子主体是人称的主要载体,是人称语义的核心表达手段。此外,主体的类型还影响着人称类型的界定与解释。因此,人称范畴的研究首先有必要对主体作出说明。

什维多娃在《人称是否进入构成述谓性的句法范畴范围?》一文中谈及主体范畴的性质、主体的表达形式、人称范畴的类型、性质等问题。她讲道:语言中的主体具有各种表达方式,而且不是一个纯语法范畴。行为、状态、特征等的主体可以表达为:1)动词人称形式(*Иду на выставку*;*Тише едешь —дальше будешь*;*Не всему верь, что болтают*);2)双成分人称句的主语(*Ребёнок здоров*;*Мальчик читает*);3)二格形式——一些句子类型的必要成素(*Воды прибывает*;*Свидетеля нет*);4)扩展句子最低限度语法形式的名词的三格形式（*Ребёнку нездоровится*；*Всем явиться без опозданий*！；*Мне завтра ехать*）；5）带有前置词 у 或 для 的二格形式（*У старика бессонница*；*Для него нет ничего невозможного*）；6）带有前置词 с 的五格形式（*С женщиной обморок*；*С сердцем плохо*）；7）被动结构中的五格形式（*Дом строится плотниками*）（Шведова 2005：147）。

什维多娃认为，主体的表达方式还可以再接着列举，但以上内容足以说明主体不是一个纯语法范畴，而且在一些句子中根本没有主体：*Светает*；*Тишина*；*Ругать —не значит воспитывать* 等，此外，很多句子中存在"双主体"（двусубъектность），见下表：

1. *Каждый человек способен на подвиг.*	2. *У тебя*（*для тебя*，*тебе*，*с твоей точки зрения*，*по твоему*）*каждый человек способен на подвиг.*
3. *Руководить —значит проверять.*	4. *Для него руководить —значит проверять.*
5. *Сторож не спи ночь*，*стереги народное добро.*	6. *По мне сторож не спи ночь*，*стереги народное добро.*

什维多娃指出，例句 1、3、5 中是单一主体，其中例 3 中没有主体，但是可以假定为"任何人"（"任何一个领导者"）。在例句 2、4、6 中"出现了第二个主体"，在例 2 中 ты 是思想主体、评价主体；在例 4 中 он 是心智状态的主体（*он считает*，*полагает*，*мыслит*）；在例 6 中 я 是思想主体，某一观点的持有者。而且，通常还有那种情景中第二主体只是暗指存在的：*Все едут*，*а я сиди дома*？那个认为"我应该留在家里"的主体对于说话人而言是已知的，但是仅通过应该式形式的语法意义表达出来（Шведова 2005：147-148）。

通过上述例句分析，从"假定出的主体""思想主体""评价主体"等的"第二主体"以及"第二主体在情景中暗指存在"的现象，什维多娃总结道："主体是一个非纯语法范畴。它既可以用句子必需的语法构成成分（模式的成素）表示，也可以用句子的扩展成分、插入结构、上下文来表示，也可以从情景中还原出来。对进一步讨论非常重要的结论如下：第一，关于主体不是每一个句子所必需的，以及因此产生的关于主体不是作为最低限度纯语法组织的句子的必要范畴的结论；第二，关于主体表达手段的语言上的非同质、多样性结论；第三，关于可能出现的主体暗指、关于主体可以从周围上下文中加以提取的结论（Шведова 2005：148）。接着，后文什维多娃提及句法人称不是一个纯语法范畴，她列举了作为主体的人称①，并总结出表述中人称的三种存在方式：1）与对话人、第三方对立的说话人；2）行为（状态、特征）的主体；3）作为对报道内容持有自身主观态度的说话人（Шведова 2005：151）。

我们在这里详细地列出什维多娃对于主体和人称的阐述，是因为她通过对主体和人称的观察，所提出的问题和作出的结论对于人称范畴的研究具有十分重要的意义。什维多娃没有明确区分"情景主体""言语主体"以及"句子主体"的不同类型，但是从她的上述表述中可以看出近似的思想，除了所列的句子主体外，她还指出"情景中还原出的主体""上下文中提取出的主体""思想主体""评价主体"等，这已经涉及"情景主体"和"言语主体"的问题。围绕什维多娃提出的有关主体的问题学者们作出了进一步研究，有关表述中的多主体、暗指主体、零形主体等问题已经得到了不同程度的描写，但与之相关的仍然有很多问题有待更多地被发掘和揭示。本文结合相关已有研究，就表述中主体的类型与人称的类型、句子主体与人称之间的关系问题尝试着给出一些解释。

上述什维多娃指出的表述中存在不同类型的人称，分别涉及人称的两个层面：一是言语交际层面的说话人（"与对话人、第三方对立的说话人"，"作为对报道内容持有自身主观态度的说话人"），另一是语言层面的句子主体（"行为[状态、特征]的主体"）。其实，什维多娃提及的"暗指存在的主体""从情景中还原的主体""从上下文中提取的主体"与主体在语言外现实存在中的所指有关，即与我们这里讲的所述情景中的主体（情景主体）

①这里什维多娃指的是句子的主体，行为、状态、特征的持有者，因而人称（主体）被认为是一个句法–语义范畴，属于句子的语义结构（参见 Шведова 2005：151–152）。

有关。

这里我们拟从三个方面——情景主体、言语主体、句子主体对主体的类型分别加以描写。

2.1.3.1 情景主体

情景是语言所反映的对象。情景主体是所述情景的构成成素，可以是人、事物或者抽象的概念等。情景主体不同于语言层面句子的主体，它与在语言层面承担怎样的结构成分无关，是一种转换为语言层面之前的、未经说话人的语言意识加工的自然状态。情景中的各个主体根据言语生成规则和一定的表达习惯具有不同程度上表达为句子主体的潜在可能。

情景主体在所指类型上，可以分为：

表人主体 *Чичиков поклонился с признательностью.*（*Гоголь. Мертвые души*）；表物主体 *Крепость наша стояла на высоком месте.*（*Лермонтов. Герой нашего времени*）；空间主体 *Его слушал весь вагон.*（*Чехов. Двое в одном*）；*В Москве можно занять любой пустой особняк.*（*А. Толстой. Хождение по мукам*）；抽象主体 *Красота спасёт мир.*（*Достоевский. Идиот*）。

情景主体在所指的确定性/不确定性上，可以分为：

1)确定主体

确定主体可以是表人的，如：*На цыпочках подошел он к дворницкой, сошел вниз по двум ступенькам и слабым голосом окликнул дворника.*（*Достоевский. Преступление и наказание*）。

确定主体也可是表物的，如：*Он бросился стремглав на топор*（*это был топор*）*и вытащил его из-под лавки, где он лежал между двумя поленами.*（*Достоевский. Преступление и наказание*）。

2)不定主体

表人的不定主体，如：*Так или иначе, либо ты стараешься стереть воспоминания о ком-то, либо кто-то старается стереть воспоминания о тебе.*（*Джим Кэрри-изнутри и снаружи*）。

表人的不定主体可以使用动词谓语的复数第三人称形式来表达，不定人称句所述情景中的行为主体为表人的不定主体。如：*Алексей Юрьевич, вам звонили по поводу меня?* (*Володин. Назначение*)。

表物的不定主体，如：*Что-то в нём было и чего-то явно не хватало.* (*Токарева Виктория. Своя правда*)。

表空间的不定主体，如：*—Там у нас где-то шампанское было, —сказала Елена.* (*Алексей Слаповский. Гибель гитариста*)。

空间主体表示地点、方位、场所时在所指上一般具有确定性，但是，空间主体可以替代表人主体，指处于该空间的人，这时在所指上具有不确定性，即不明确指出所述情景中的人是谁，如：*Его слушал весь вагон.* (*Чехов. Двое в одном*)；*Очень уж шумят у нас в классах.* (*Чехов. Человек в футляре*)；*Узнав о намерении ребят, в лесхозе были очень довольны. Прислали машину.* (*Евгений Пермяк. Голубые белки*)；*Дома ему всегда рады.*

空间主体与表人主体/表物主体的不确定性可以并行使用，共同体现所述情景的不确定性①。如：

Ответа не было. Слышно было только, как где-то негромко пели священники и как кто-то бегал по лестнице. (*Чехов. Тиф*)

Где-то вдали что-то огромное, тяжкое протяжно отпыхивается. (*Распутин. Новая профессия*)

Но где-то вспомнили, спохватились —засиделся фельдшер в тылу. (*Василь Быков. Болото*)

此外，不定代词 кто-нибудь, что-нибудь 以及 какой-то, чей-нибудь, некоторый 等与名词搭配，都可以指代情景中的不定主体。

Тут я не выдержал. —Это мог быть кто-нибудь... Саша, например.

---

①关于所述情景的不确定性，后文第四章对于情景类型的划分，其中对“不定情景”部分会有专门阐述。

(Вера Белоусова. Второй выстрел)

В этом письме какая-то девушка описывала подруге или сестре праздник. (Алексей Макушинский. Город в долине)

Был чей-то день рождения. Отмечали его на лоне природы. (Сергей Довлатов. Наши)

3)泛指主体

所述情景主体具有任意性，不是确指的某一人或某一物。

泛指主体可以是表人的，泛指任何人，如：

Тебя все любят, уважают ... но, милый дядя, тебе надо молчать, только молчать. (Чехов. Вишневый сад)

Каждый живёт свою жизнь. (Токарева Виктория. Своя правда)

Человек не должен забивать себе голову всякой ерундой. (Андрей Геласимов. Ты можешь)

Любой актёр был бы счастлив сняться в таком фильме, как «Вечное сияние страсти». (Джим Кэрри-изнутри и снаружи);

不定代词 кто-либо 泛指任何的某一人，尽管它不是泛指所有人，但它在所指上表示泛指意义。

Ослепи ее кто-либо в этот миг, она не почувствовала бы потери. (Василий Гроссман. Жизнь и судьба)

Сначала с ним отказались работать фермеры, потом оптовые базы, потом вообще кто-либо. (Андрей Житков. Супермаркет)

表人的泛指主体还可以是泛指人称句所述情景中的行为主体，常以动词单数第二人称形式表达。

Тише едешь, дальше будешь.

Слово —не воробей, вылетит —не поймаешь.

Близкого человека только тогда и поймёшь вполне, когда с ним расстанешься. (Тургенев. Дворянское гнездо)

表人的泛指主体也可以用动词命令式形式或动词复数第三人称形式表达[①]：

Семь раз отмерь —один отрежь.

Не так страшен чёрт，как его малюют.

泛指主体也可以是表物的，如：

Каждый колхоз，каждая мелочно-товарная ферма должны быть уничтожены до фундамента. (*Борис Екимов. Пиночет*)

Не всё золото，что блестит.

Надо просто-напросто добросовестно относиться ко всему，что делаешь... (*Форум：Школа или универ где легче?*)

2.1.3.2 言语主体

言语主体是言语交际行为的参与者，包括现实的参与者——说话人和受话人，还包括潜在参与者——除说话人和听话人之外的其他信源主体(субъект-авторизатор)。

什维多娃在《人称是否进入构成述谓性的句法范畴范围?》中指出一些表述中含有“双主体”，她的一些例句如下(参见 Шведова 2005：147-148；什维多娃[著]，宁琦[译]2011：143)：

У тебя (*для тебя*，*тебе*，*с твоей точки зрения*，*по твоему*) *каждый человек способен на подвиг.*

Для него руководить —значит проверять.

По мне сторож не спи ночь，стереги народное добро.

可以看出，这些“第二主体”(标注部分)不是句子所述情景中的主体，而是所述内容的言说者或观点、思想、评价的持有者，它们不属于所述情景层面，也不属于语言层面(只是在语言层面找到自身的表达，有时也可以不

①一些学者将类似 *Цеплят по осени считают* 的句子，从形态角度看形同不定人称句的句子划入泛指人称句，《80 年语法》称之为“带有泛指人称意义的句子”，因此，情景中的泛指主体可以使用动词复数第三人称形式来表达。

表达出来，什维多娃所言“第二主体可以是暗指的”），它们存在于言语交际层面，我们将它们统称为言语主体，不过在文献中我们也能见到对它们具体类型的划分，“言语主体”（субъект речи）、“思想主体”（субъект мысли，мыслящий субъект）、“意识主体”（субъект сознания）、“评价主体”（субъект оценки）等。在包含有关客观现实存在信息的句子中引入第二个指示着现实现象的感知、证实、评价主体的结构-语义层面（Золотова 1973：263），这种现象被称为信源化（авторизация）。

什维多娃提及的“与对话人、第三方对立的说话人”，“作为对报道内容持有自身主观态度的说话人”正是作为言语主体的说话人。不过言语主体不仅限于说话人，也可是受话人、第三方、泛指的言语主体或不定的言语主体等其他信源主体。

言语主体只能是表人主体，表物主体作为言语主体仅限于拟人的情况，空间主体原则上不能作为言语主体，但是在实际语言表达中可以使用空间表示处于某一空间的人，因此我们可以见到采用空间主体替代表人主体作为言语主体的情况，这时该言语主体在所指上具有不确定性，即不指明该言语主体具体为何人，例如：*Дома сказали，что она ушла.*（*Гончаров. Обломов*）。

言语主体在语言层面的表达方式，即“信源化的手段可以是多样的：名词的前置词-格的形式（*для него*，*по его мнению*）、双成素的动词-名词模型（*я вижу*，*мы наблюдаем*，*он считает*），或者是‘去人称’（обезличенный）的方式，对人称的修辞或句法上的表意性去除（*представляется*，*считается* 等）”（Золотова 1973：264）。奥尼边科进一步说明了模态主体[①]的表达方式，指出言语化的模态框架（вербализованная модусная рамка）是模态主体的专有句法位（собственная синтаксическая позиция），它们是带有观点、感知、情感、言语等述体的句子或者是表达这些语义的插入成分，处于句子模式范围之外，称为外部句法位（внешнесинтаксическая позиция）；模态主体也可以出现在句子模式范围内，占据内部句法位（внутрисинтаксическая

①言语主体反映在语言的模态层面，交际语法称之为模态主体。

позиция)，但这些句法位并非模态主体所专有，被称为模态主体的非专有句法位(несобственная синтаксическая позиция)。这样，模态主体可以占据的句法位有(参见 Онипенко 2013а：102–103)：

外部句法位：

1)在复合句中，占据框架句法位(рамочная позиция)，比如：*Многие считают, что ...*；*Мне очевидно, что...*

2)插入结构，比如：*по-моему*；*как ему кажется*，

内部句法位：

3)在带有模态上繁化的述体(модусно осложнённый предикат)的句子中作主语[①]，比如：*Все считают его талантливым человеком*；*Мне грустно, потому что я тебя люблю.*

4)模态主体句素处于非展词位(作全句限定语)，比如：*Для него в этом мире есть только...* 另见上文什维多娃的例句：*У тебя* (*для тебя*, *тебе*, *с твоей точки зрения*, *по твоему*) *каждый человек способен на подвиг*；*Для него руководить —значит проверять*；*По мне сторож не спи ночь, стереги народное добро.*

5)用作展词成分(在词组框架内用于表达关系语义的词)，比如：*моей душе покоя нет...*；*В её глазах он герой.*

言语主体在所指的确定性/不确定性上，可以分为：

1)确定主体

所述内容出自确定的言语主体，即明确指出所述内容出自何人。确定的言语主体(包括意识主体、评价主体等)表现为说话人自己、听话人或第三方(某一人或某些人，但是复数在所指的确定性等级上明显低于单数)。

Я сказал, что ему денег не хватит. (*Андрей Геласимов. Нежный возраст*)

Вика, по-моему, совсем бестолковая, и ему от неё никакой помощи,

①包括其他格形式的主体(笔者注)，因为交际语法理论认为主语不应该限于一格形式，也可以是其他间接格形式，如：*Мне грустно*。

только морока. (*Андрей Волос. Недвижимость*)

— Почему же, Виктория, ты считаешь, что я неверующая? (*Марина Зосимкина. Ты проснешься.*)

…для него главным было нравственное содержание. (*Людмила Улицкая. Казус Кукоцкого*)

Часы не такие крутые, как у Маринки —отец подарил ей электронные, но, по мнению девочек в классе, даже лучше. (*Маша Трауб. Ласточ… ка*)

2)不定主体

言语主体在所指上具有不确定性，所述情景不是出自说话人、听话人，而是表现为不确定的第三方(某一人或某些人)，可以是说话人所不知的，也可以是说话人知而不言明的。

Мне кто-то сказал, что за такое письмо у тебя могут быть неприятности. (*Ирина Муравьева. Мещанин во дворянстве*)

Говорят, что она, в сочетании с вашей не менее развитой разговорчивостью, стала привлекать всеобщее внимание. (*Булгаков. Мастер и Маргарита*)

—Говорят, здесь, в Сибири. Кто-то мне говорил. —Не знаю. (*Трифонов. Прозрачное солнце осени*)

Ведь какие идиоты вокруг. Они полагают, что система —это Путин. Или Обама. (*Виктор Пелевин. Любовь к трем цукербринам*)

Там же, как полагают, он сошёлся с коммерсантами, занимавшимися распродажей имущества уходящей из Германии армии. (*Александр Проханов. Господин Гексоген*)

Он подменяет ими жизнь, по мнению некоторых. (*Василий Аксенов. Круглые сутки нон-стоп*)

说话人不明确指出所述内容出自某人，而是指出出自何处，即使用空间主体代替处于该空间的人。

…в полиции полагают, что судя по всему, сэр Моррисон покончил с

собой. (*В. Колышкин. Тайна сэра Моррисона*)

Дома сказали, что работы там больше нет, и занялись домашними делами: я стала платки строчить, а Настасья шить что-то. (*Семенов. Девичья погибель*)

3)泛指主体

言语主体在所指上具有泛指性、抽象性，即言说的内容不是出自某一具体或不确定的说话人，而是泛指包括说话人在内的所有人。这时的说话人为抽象的说话人，所述内容往往是谚语、俗语、成语，或普遍性的思想、观点等。

—Все так говорят, все думают, что они особенные, думают, что у них гарантия... (*Дарья Симонова. Шанкр*)

Каждый считает, что виновен кто-то другой, а не сам он, конечно, непогрешимый, добрый и обманутый. (*Олег Глушкин. Письмо для Бога*)

谚语、俗语等人所共识的言论，隐含着泛指的言语主体，没有必要、有时也无从查证它言自何人。

Яблоко от яблони недалеко падает.

Хорошо там, где нас нет.

2.1.3.3 句子主体

上文我们指出，人称不能理解为句子主体与说话人、听话人或第三方之间的对应性，对此我们首先来举例看看：

Вдруг он вздрогнул. Из каморки дворника, бывшей от него в двух шагах, из-под лавки направо что-то блеснуло ему в глаза... Он осмотрелся кругом—никого. На цыпочках подошел он к дворницкой, сошел вниз по двум ступенькам и слабым голосом окликнул дворника. "Так и есть, нет дома! Где-нибудь близко, впрочем, на дворе, потому что дверь отперта настежь". Он бросился стремглав на топор (это был топор) и вытащил его из-под лавки, где он лежал между двумя поленами; тут же, не выходя, прикрепил его к петле, обе руки засунул в карманы и вышел из дворницкой; никто не заметил! "Не рассудок, так бес!"—подумал он, странно усмехаясь. Этот случай ободрил его чрезвычайно. (*Достоевский. Преступление и наказание*)

他忽然颤栗了一下。离他两步远的管院子的人的小屋中，一条长凳底下，靠右边有个什么东西亮闪闪的，闯入他的眼帘……他向四面张望了一下，一个人也没有。他踮着脚尖走到管院子的人住房门前，下了两级台阶，轻声喊了一声管院子的。"果然，不在家！不过，就在附近什么地方，就在院子里，因为房门大开着。"他快速奔向斧头（这是一把斧头），把放在两块劈柴之间的斧头从长凳子底下拖了出来；他没出屋，就在那儿把斧头挂到环扣上，双手插进衣袋里，然后走出管院子的人的小屋；谁也没有发觉！"理智不管用，魔鬼来帮忙！"——他古怪地冷笑着想。这事给他极大的鼓舞。

这是《罪与罚》中描述主人公拉斯科尼科夫偷斧头的一段情景。

Вдруг он вздрогнул. Из каморки дворника, бывшей от него в двух шагах, из-под лавки направо что-то блеснуло ему в глаза … (*Достоевский. Преступление и наказание*)

在这则片段中同一情景主体（小说《罪与罚》的主人公拉斯科尼科夫）在句子中分别表达为一格形式的人称代词作句子的主要成分（*он*），以及间接格形式的人称代词作句子次要成分（*от него*；*ему*）。但是，无论该所述情景主体在句子中以怎样的成分来标记，其相对于言语主体说话人（叙述者）的第三人称指示关系并没有改变，叙述者始终以第三人称在指示故事中的主人公。人称与表达人称语义的手段在语言层面的表层结构呈现之间没有直接关系，情景主体无论在句子中实现为主体（*Я надела узкую юбку, Чтоб казаться ещё стройней* [*Ахматова*]；*Никого мне, никого не жаль* [*Ахматова*]）、还是客体（*Так меня никто не томил* [*Ахматова*]）、还是句子的其他限定成分（*Мне никто сокровенней не был* [*Ахматова*]；*Сюда ко мне поближе сядь, гляди весёлыми глазами: вот эта синяя тетрадь—с моими детскими стихами.* [*Ахматова*]），对人称语义没有产生影响，在上述例子中均为第一人称，是诗人抒情的我[①](лирическое я)。因此，人称语义不是建立在语言层面与言语交际层面之间，它只是在语言层面的句子主体、客体或其他成分中找到自身表达的载体。

人称不是与句子的主体或主语相对应，但是对于人称的描写常常与句子主体关联起来，甚至人称被解释为句子语义结构中与句子主体相对应的部分，人称反映句子主体与报道参与者之间的对应关系。我们认为产生这一错觉的原因主要有两个方面：一是人称语义在语言层面的主要表达手段就是句子主体。句子述体所说明的对象往往就是所述情景中的主要参与者，句子主体与情景中的主要参与者往往重合；另一是传统语法中的单部句(односоставное предложение)是从句子的主要成分的形态角度来界定的。其中，确定人称句、不定人称句、泛指人称句、无人称句及不定式句对句子主体在主语及谓语人称形式上的表达均有一定要求。

下面我们分别对上述两个方面作出分析，论证人称与句子主体之间的关系。

第一个问题，句子主体是人称语义在语言层面的主要表达手段。

人称在语言层面可以通过多种句子成分来表达，通过上文例子可以看出，同一人称语义可以表达于句子主体、客体以及其他限定成分，等等，它们对于人称语义的确定没有本质性作用，但是虽同作为人称语义的载体，这些成分所具有的地位是有等级之分的。

对此，邦达尔科在人称功能语义-范畴的描写中已经有所论述(参见Бондарко 2002：580-586)。他认为，从语义范畴及功能-语义场角度对人称的分析不仅包含了句子主体的人称，也包含了客体的人称。“客体(更准确的表达应该是‘客体所反映的情景主体’，笔者注)显然也是所述情景的参与者，但是‘第二等级的’”。“较低等级的”除了客体，还有补语表达的主体(应该是情景主体通过补语句法位来表达，笔者注)。例如，间接格形式的主

---

①лирическое я 与 лирический герой 之间有所区别，但是二者之间有时难以区分，在人称形式上往往都表现为第一人称。

体：*Теперь, когда по пьесам Вампилова знают во всем мире, надо и нам знать.*（试比较：*чтобы и мы знали*）；*Иногда думаю: не будь Вас в Москве*（试比较：*если бы Вы не были в Москве*），*я был бы там круглый сирота.*（*А. Вампилов*）；在被动结构中通过五格形式表达出的行为主体：*Эта работа выполнена вами, а не мной.* 等。邦达尔科强调，代词或名词间接格形式表示的主体，它们所表达的人称不能等同于主体-主语所表达的人称，处于补语位的不具有人称的协调一致功能，这是动词谓语同主语之间所特有的（Бондарко 2002：582）。而借助于物主代词表达的人称关系与定语位有关，具有明显的边缘地位。他指出"带有人称特征的物主代词所表达的定语中，实际上包含了内隐的语义主体关系"，对此他举例解释道：*И главное, Елена Леонидовна, как в Вашем театре*（试比较：*в театре, в котором Вы работаете*），再如：*с моей пьесой*（试比较：*с пьесой, которую я написал*）（*А. Вампилов*）（Бондарко 2002：584）。

也就是说，从狭义的句法人称角度，人称只与反映着与动词谓语人称一致关系的主体-主语有关，而将句子其他形式的主体及客体等的人称问题排除在外。从人称语义的概念及人称功能-语义范畴出发，人称范畴包含了句子主体的人称、客体的人称、物主代词等各种表达人称语义关系的语言形式。但是，这些形式在人称关系的表达中所占的地位是不同的，"在主-客体关系与人称间的关系等级中，主体-主语具有明显的顶点位置"①，补语表达的主体及客体是"较低等级的"，起定语功能的物主代词的句法位相对于做主体-主语的人称代词占据边缘位置。

因此，传统人称语法范畴只构成了人称功能-语义范畴的核心（参见Бондарко 2002：586）。不过，需要强调的是，上述邦达尔科所给出的等级只是就人称表达手段而言，是针对人称语义关系在语言层面的表达手段的层

①邦达尔科解释了之所以说主体-主语在人称语义关系表达中占据最核心位置，是因为"正是这一句法位最强烈地表达出人称的动词和代词之间的相互作用。只有在主体-主语句法位上表现出代词人称与动词人称语法范畴之间联系的所有的可能功能——纯语义功能，语义-语用功能及一致（协调）功能"（Бондарко 2002：581-582）。

级划分，不是对人称语义类型的划分，人称语义(第一人称、第二人称等)是所述情景参与者与言语情景参与者之间的对应关系，与它们在语言层面所占的句法位无关，*я*，*меня*，*мне*，*со мной*，*мой*，*о моих* 都表达第一人称语义。句子主体是人称的核心表达手段，但不是唯一表达手段。

此外，人称指示关系不总能找到在语言层面的表达，有时需要借助于语言之外的情景因素，这些情景因素虽然没有语言形式的编码，但对于人称指示关系的明确是不可缺少的，有时甚至是唯一的。“众所周知，在确立具体句子与说话人、对话人或第三方的相关性时大多数情况下起决定作用的是范围广阔的上下文或语言外情景，即非语法因素或外部语言学因素。比较：*Упрёк*！..*скучно*！——说话人、对话人或是其他什么人是否是在指责——由这样一个片断是无法建立起来的。如果知道哪怕范围狭窄的上下文，我们就可很有把握地断言，有人在指责，而说话人受到指责：*Упрёк*！..*скучно*！*Но я его заслужил*（М. Ю. Лермонтов）。但即便如此这个上下文也没有告诉我们任何关于指责是否是来自对话人还是第三方的信息：只是情景、叙述本身向我们提供有关第三方在此是动作主体的信息”(Шведова 2005：149)。

因此，我们认为对人称更为合理的表述是：人称是所述情景主体与言语主体之间对应关系在语言层面的投射，投射的核心区域是人称的核心表达手段，投射的边缘区域是人称的边缘表达手段，而有时这种对应关系未能获得语言实现，需要从上下文或情景中加以提取。有关俄语中人称功能-语义范畴的表达手段我们将在本书第三章作出具体描写。

第二个问题，人称与单部句中的主体、主语问题。

单部句的类型划分与人称及句子主体之间的关系有关。但对于单部句的主体、主语问题，学者们的意见并不一致。

有的观点认为不定人称句、泛指人称句的结构中含有“零主语(нулевое подлежащее)”(Булыгина，Шмелев 1991：41-62；Падучева 2012)，即主语、主体存在，只是在表达上为零形式；有的则认为是句子成分的缺少，即不存在主体、主语(Шведова 2005：147-148；Шелякин 1991：67)；而有的观点则认为主体存在，只是通过其他形式表达出来(Бондарко 2002：585；

Золотова，Онипенко，Сидорова 2004）。

佐洛托娃（Г. А. Золотова）认为主体是句子的必需成素，空缺的主体只是没有得到语言编码，它大都可以得到恢复，并具有一定的人称意义，"句子模型的正规变异、补充意义与主体成分的特征有关。句子的主体在一定条件下可以没有语言编码，但是主体的无标记是句法性表义的。主体作为行为的发出者、状态或特征的持有者保留自身意义的必需性：没有主体就不可能有行为、状态、特征，因而也不可能有构成句子的述谓行为；保持一定格的形式、自由的词序、在句子中占首位。大多数情况下缺省的主体可以得到'恢复'，且具有下述三种意义之一：确定人称意义、不定或泛指意义"（Золотова，Онипенко，Сидорова 2004：112–113），请见下表：

主体的意义	带有主体标记的句子	不带主体标记的句子
确定人称	*Мы поём. Вы тоже пойте.*	*Поём. Пойте!*
不定人称	*Кто-то поёт.*	*Поют.*
泛指人称	*Каждый поёт о своём.* *Ты поёшь о своём…*	*Поёшь о своём…*

邦达尔科认为主体是主语及起到句子句法结构中被述谓说明的成分功能的其他语言手段，述谓特征持有者（句子主体）这一概念的语言手段被邦达尔科解释为场的结构，场的核心是作为述谓特征持有者原型的主语，场的边缘是述谓特征持有者的其他变体（Бондарко 2002：585）。

就单部句问题而言，邦达尔科认为其中缺少原型主语，但是存在主体，"有述谓特征持有者的其他表征（在这样的情况中不含有独立的词位表达，而是在述体自身形式中得以表达）"。他认为述谓特征持有者可以有双重表达：1）离散表达（дискретное выражение），表现为单独的词形；2）非离散表达（недискретное выражение），包含在述体形式中。例如，不定人称句中述体与主体的相关性体现在动词第三人称复数的特殊形式中，泛指人称句中则表现为第二人称单数形式（参见 Бондарко 2002：585）。

单部句的主体借助于述体形式表达的观点在沙赫马托夫有关单部句的思想中就有所体现。他认为不同类型句子的内在结构是双成分的逻辑–心理交际(логико-психологическая коммуникация)。“最简单的交际由两个表象结合而成，由意志运动带来这两个表象间的述谓联系”(Шахматов 2011：19)。双部句中“主体与述体分别在特有的句子成分(专门的词中)找到各自的表达”，而在单部句中“主体与述体的结合在同一句子成分中找到相应的表达(大都由一个词表达)”(Шахматов 2011：30-31)。

单部句这一术语本身是从形式角度给出的，“在单部句、双部句、不可切分句的区分中起主导作用的是句子的结构-形式特征”(Бабайцева 2004：16)。单部句与双部句的主要区别在于，它只由一个句子的主要成分构成，但是相对于双部句所缺少的成分不会对句子作为自足的交际单位产生影响，它与不完全句不同，不需要对缺少的成分作出补充，“单部句——是那些带有一个主要成分，不需要另一主要成分，并且在不改变所表达思想的性质的情况下不能对所缺主要成分作出补充的句子”(Бабайцева 2004：6)。对于单部句中是否含有主体、主语的问题，我们认为，从句子形态角度看，单部句的特点就在于它不含主语，如果说它有主语的话，则无异于取消该术语，同时也取消单部句这一句子类别。如佩什科夫斯基(А. М. Пешковский)所言，对不定人称句所缺少的主语作出填充“会使句子变形”、“造成修辞不当(因为加入了多余的词)”、“抹去句子原本的句法面貌，改变它的结构”(Пешковский 1956：371)。那么，单部句中没有主语，是否有主体呢？综合上述学者们的观点来看，帕杜切娃采纳布雷金娜和什梅廖夫的零形式的说法，提出泛指人称句和不定人称句中含有暗指主体(подразумеваемый субъект)。泛指人称句的主体是施为零形(иллокутивный нуль)，它是施为代词的零形式的近似物；不定人称句的主体是第三人称零形(третьеличный нуль)(Падучева 2012)。佐洛托娃认为所缺少的主体大都可以填补出，而且表达确定人称、不定人称、泛指人称三种意义之一；邦达尔科认为单部句中的主体为非离散表达，借助于述体的形式。无论单部句的主体以什么形式来表达，上述学者们的观点似乎都是以主体存在为前提的。但是，需要明确的是，无论是帕杜切娃的“暗指主体”还是佐洛托娃所讲的可以填补出的主体，都不是句子结构中的主体，它们源自语言外的现实，而不是句子结构本身，它们没有得到语言形式的表达，但在意思上人们可以判断其所指，单部句中“没有找到自身语言形式表达的所切分出的成分，毫无疑问地发现于交际本身中”(Шахматов 2011：30)。

句子主体与句子所述情景的主体(情景主体)是不同的概念。确定人称句、不定人称句、泛指人称句在其所述情景中可以找到主体存在，对于这些单部句主体的恢复，其实指的是语言外的情景主体，而不是句子主体。一些学者就单部句的情景主体问题已经作出了相关研究，如布雷金娜和什梅廖夫对不定人称句和泛指人称句的所指方面的研究、帕杜切娃提出的“暗指主体”及拉夫连季耶夫从句法人称的无施事意义(дезагенсное значение)角度对单部句的研究。拉夫连季耶夫指出确定人称句、不定人称句、泛指人称句、无人称句的部分类型以及不定式句表达“行为者-行为(деятель-действие)”的相互关系，暗含主体-施事(субъект-агенс)，而称名句、部分无人称句具有无施事意义，它们不表达行为，不含主体-施事(参见 Лаврентьев 2011)。此外，沃斯托科夫(Востоков 1978)及列冈特(Лекант 1969)等学者还讨论了句子主体、行为者①和人称之间的关系。

沃斯托科夫指出，句法层面的主体范畴至今是一个争议性问题。围绕主体范畴的争执基本上可以归结为“逻辑主体”、“心理主体”、“语法主体”的区分。“行为者”——是一个非语言概念。广义上讲，行为者是现实存在中产生行为的物体②。这一非语言范畴在句子中得到反映。“行为者”可以用占据主语位、补语位或构成句子独立成分的名词或代词来表达。如：<u>*Отец*</u>

①与行为者(деятель)同义使用的术语还有行为主体(субъект действия)、施事(агенс)、主体-施事(субъект-агенс)。

②沃斯托科夫在文中指出，判断“行为者”的基本标准是存在行为，在句子中由动词表达。在句子 *Борис писатель*; *Борис умный* 中没有行为者(参见 Востоков 1978)。拉夫连季耶夫认为动词不定式也可以表达行为意义，因此不定式句中也含有潜在的主体-施事(参见 Лаврентьев 2011)。但是，沃斯托科夫在该文中将 *Стол стоит.* 中 *стол* 也认作行为者，我们对此不能赞同，按照佐洛托娃的观点，行为意义只是动词的基本范畴意义，动词还可表达状态、处所、比较等行为之外的其他意义(参见 Золотова，Онипенко，Сидорова 2004：109)，因此，动词不能作为判断句子所述情景的行为意义的绝对标准。

работает; *Пароходу идти в плавание*; *Книга, прочитанная мной, лежит на столе.* 行为者不一定能转变为主体，对此他举例予以说明，“想象一下这样的情景：*Почтальон вручил Борису письмо, которое написал ему брат.* 在转达这一情景的复合句中逻辑主体和语法主体分别都有两个：*почтальон* 和 *брат*。在现实存在中参与该情景的有两个行为者：*Почтальон —вручил, Брат —написал*。这一情景也可以用简单句转达：*Почтальон вручил Борису письмо, написанное братом.* 逻辑主体在这里只有一个——*почтальон*，现实存在中的行为者有两个——*почтальон* 和 *брат*。这一内容也可以用其他句子来转达：*Письмо, написанное братом, вручено Борису почтальоном.* 语法主体和逻辑主体不重合，分别是：*письмо* 和 *почтальон*。现实中的行为者，和之前一样，还是两个：*почтальон* 和 *брат*”（参见 Востоков 1978：32-33）。可见，语法主体是语言层面的，它可对应于行为的发出者 *почтальон вручил, брат написал*，也可对应于状态的承受者 *письмо написано, письмо вручено*，而行为者是现实存在中的行为的发出者，即施事-主体。我们认为，上述三个句子所描述的是同一情景，无论采用怎样的句法结构，其情景参与者是一致的，所含的情景主体①没有变化：*почтальон, Борис, письмо* 和 *брат*，它们相对于说话人的人称指示关系也不会随着它们在语言层面所充当的句子成分而有所改变，*почтальон, Борис* 和 *брат* 相对于说话人只能是第三人称，而 *письмо* 也只能是第三人称。我们把 *почтальон* 换成第一人称代词 *я* 再来看看(为了避免歧义，我们给 *брат* 加上物主代词 *его*)：

a) *Я вручил Борису письмо, написанное его братом.*

b) *Письмо, которое я вручил Борису, было написано его братом.*

上述两个句子对应的所述情景主体均为：*я, Борис, письмо* 和 *брат*，它们相对于说话人分别是第一人称(*я*)和第三人称(*Борис, письмо, брат*)，

---

①情景主体是一个大于行为主体的概念，它们都属于现实存在，句子所描述的情景不一定都是行为，类似 *Ночь, улица, фонарь, аптека, Бессмысленный и тусклый свет* (Блок)；*Так жаль стало мне тебя, ..* (Горький) 这样的所述情景中没有行为主体，但是显然有情景主体。行为主体只是情景主体中的一类。

这种人称对应关系不会随着句子结构的变化而发生改变，*письмо* 相对于说话人而言，永远是表物的第三人称。但是，随着情景主体在句子结构中占据的句法位不同，会带来句法人称（述谓人称）的变化，例句 a）中的句法人称为第一人称（*Я вручил*）；例句 b）的句法人称为第三人称（*Письмо было написано*）。

如果我们将 вручить 这一行为的发出者去掉，如下：

c）*Борису вручили письмо, написанное братом.*

例句 c）中 вручили 一词的形式表明该行为没有明确的行为主体，即所述情景中的行为主体为不定主体，整个句子成为不定人称句。句子中不存在主语，因为没有与动词谓语 вручили 保持在人称及数上的一致关系的句子成分，但是这一空缺的句子成分在情景主体中可以找到其对应物——不确定的行为主体，即不定主体。

如果我们将上述句子再作出变化：

d）*Борису письмо не вручишь.*

例句 d）中的行为主体指向任何人，即表达泛指意义的行为主体，所述情景中的行为主体为泛指主体。

因此，对于泛指人称句、不定人称句的解释应该与行为者这一概念结合起来。"在泛指人称句、不定人称句中没有主语，但是有行为者——行为的积极发出者"（Бабайцева 2004：173）。"确定人称句、不定人称句、泛指人称句不可能是无施事的，因为它们中相应地含有具体的、不定的或泛指的主体-施事"（Лаврентьев 2011：277）。"构成动词单部句（确定人称句、不定人称句、泛指人称句和无人称句的区分）分类基础的是'行为者'或'主体'，而不是'句法人称'"（Востоков 1978：34）。

由此可见，即使是确定人称句、不定人称句、泛指人称句等从形态角度划分出的单部句类型，其人称意义也不取决于句子主体，而与所述情景中行为主体的类型有关。

需要指出的是，无论是情景主体还是言语主体在语言层面的实现都可以是零形式的。我们在这里列举什维多娃的两个例子，对零形式的情景主体和言语主体分别作以简要说明。上文什维多娃的例句 *Руководить —значит проверять.* 是一个不定式句，什维多娃认为，该句中没有主体，但是可以假定为“任何人”(“任何一个领导者”)(Шведова 2005：148)。该句所还原出的情景主体(行为主体)是泛指人称的。不定式句中，尽管“主要成分的形式(不定式)不含也不可能含有对句法人称的指示”(Лекант 2004：151)，但是，不定式句中含有潜在的行为发出者，要么以名词或代词三格形式标记 *К Татьяне Юрьевне хоть раз бы съездить Вам.* (*Грибоедов*)，要么即使没有得到表达，也不能说它们不存在，它(施事)要么根据上下文是已知的(即，确定的)，要么是不确定的，要么是泛指的(如果完全没有任何指示)，如：*Живой души не перестроить ввек.* (*Есенин*)；*Высоко стоит луна. Даже шапки не докинуть.* (*Есенин*)(Лаврентьев 2011：277)。此外，什维多娃指出有时第二主体是暗指的，如 *Все едут, а я сиди дома?* 这里暗含一个主体，该主体认为“我应该留在家里”，而且这一主体对于说话人是已知的，这一暗指主体只是通过应该式形式的语法意义表达了出来(参见 Шведова 2005：148)。什维多娃列举的这一例子说明，除了说话人，该句在言语层面还暗含另一言语主体(认为“我应该留在家里”的观点主体，在此表现为不定人称意义)，也就是说言语主体在表达层面也可以是零形式，而且零形式不是作为言语主体的说话人所特有的，即言语主体的零形式并不一定都是自我中心的零形(эгоцентрический нуль)①。

2.2 俄语人称范畴的类型

本节从语义和语法两个方面对俄语人称范畴作出分类。其中人称的语义类型是根据情景主体，具体来说是所述情景中行为主体在所指上的特征来划分的，因而除了第一人称、第二人称及第三人称，还包含了不定人称、泛指

①эгоцентрический нуль 是帕杜切娃的术语。

人称和无人称。对人称的语法类型的划分是根据人称范畴作为词法范畴或是句法范畴的区分。

2.2.1 俄语人称的语义类型

从情景主体在所指上的特征及其相对于说话人之间是否具有明确的对应关系来看，第一人称、第二人称及第三人称显然有别于不定人称、泛指人称和无人称，前者可统称为确定人称。下文我们分别阐释各个人称语义类型及其对立关系。

2.2.1.1 确定人称及其对立

人称范畴是一个普遍范畴，它属于任何语言，是任何语言所固有的，同时也属于思维(Шалютин 1980：7)。佩什科夫斯基同样写道，人称是语言(且不仅仅是语言)思维的一个必需范畴，究其本质是语言思维固有的：要知道没有说话人就不会有言语，说话人需以听话人为前提，且此二者需以他们周围的，对他们而言是第三人称的外部世界为前提。三个人称——是语言意识的三个基本点(参见 Пешковский 1956：343)。

第一、第二和第三人称是人称的三个基本类型，是任何语言所共有的普遍范畴。在人称意义的界定中，第一人称和第二人称分别与说话人、听话人密切相关，而第三人称显然与说话人、听话人之外的第三方有关。对这三个人称类型的界定及其相互间的关系是哲学家、语言学家共同思考的问题。第一人称是说话人用以指示自己作为话语的主体；第二人称用以指示听话人；第三人称用以指示有别于说话人和听话人的人及物(Лайонз 2010：292)。叶斯珀森(O. Jespersen)指出，大部分语法书中认为的第一人称表示说话人，第二人称表示言语说给的对象，第三人称为所谈及的对象的说法显然是错误的。他举例讲道，“当我说‘我病了’或者‘您应该走了’时，我所谈及的人无疑是‘我’和‘您’”(Есперсен 2006：247)，因而他否认了“第三人称表示被谈及的对象”这一表述，指出“真正的对立应该是：(1)说话人；(2)言语说给的对象；(3)既不是说话人，也不是言语的受话人”(Есперсен 2006：247)。

“‘我’指示说话者并同时隐含一段关于‘我’的陈述：说‘我’的时候，我不可能不说到我自己。第二人称‘你’必然由‘我’指称，而且不能在一个由‘我’设置的情形之外被构想；与此同时，‘我’陈述的某物成为‘你’的谓项。然而，说到第三人称，也有一个谓项被陈述，只不过是在‘我—你’之外”（本维尼斯特 2008：247）。本维尼斯特（E. Benveniste）认为“第三人称”不是“人称”。“只有在‘我’和‘你’的位置上才有人称。而第三人称，根据其自身的结构，属于动词变化的非人称形式”（本维尼斯特 2008：250）。

通过上述学者们的论述，我们可以看出，人称是一种说话人与自我及周围人或物之间关系的体现。它不单是动词人称形式、人称代词的意义及描述，比如，就俄语而言第一人称不是理解为动词的第一人称变位形式（*читаю*，*хожу*，*увижу*）或是人称代词“я”。人称与其他现实存在中的事物一样需要借助于语言符号来表达，但它与其他事物在语言符号对应关系上有所不同，现实事物与符号之间存在明确的对应关系，如“桌子”“课本”等，我们可以在现实中找到它们的对应物，但是，人称则不同，我们无法在现实中找到那个称为“我”“你”的人。“‘我’不指称任何一个词汇实体，不存在能涵盖每一个说话者口中每一时刻都在说出的“我”的概念”（本维尼斯特 2008：296），即使那个自称为“我”的人下一秒也可能成为别人口中的“你”。本维尼斯特认为，我仅与话语被说出时的个体言语行为有关，并且指示其中的说话者。这个词只会出现在曾经被我们称为话语时位①的情形之中并且只能以现实为参照。它所参照的现实就是言语的现实。正是在言说之际，我指代着作为“主体”进行陈述的说话人（本维尼斯特 2008：296）。“我”指示第一人称，这里的“我”不是物质性的符号，不是人称代词抑或动词的第一人称形式，而是一种意义，表示一种抽象关系，不能将物质性的符号标记等同于意义本身。第一人称与第二人称均指代言语行为的主体，它们只能是表人的主体，而不是其他。第三人称指代言语行为参与者之外的第三方，可以是表人

①“话语时位”是《普通语言学问题》一书的中译本采用的汉语释义，该词的法文表达为 instance de discours，俄文版的译文采用 единовременный речевой акт，唯一时间（当即时刻）的言语行为，只具有现当下的所指对应性（参见 Бенвенист 1974：295-296）。

主体或表物主体，但是第三人称的表人主体与表物主体在地位上不是等同的，因为前者具有成为言语主体的潜在性。本维尼斯特认为，第三人称①与第一、第二人称有着很大区别，它"其实就是一种'非人称'②。在我/你的关系之外，人称的参照为零"(本维尼斯特 2008：290)。

对于人称语义类型的等级问题，普遍的观点是第一、第二及第三人称之间的关系不是等同的，但是在这三个人称的对立关系划分上学者们的意见并不统一，划分的依据主要有两个方面：

1)第一人称与第二人称之间的对立描述言语行为内部参与者之间的关系，即说话人与听话人之间的关系："第一人称证明所述事实参与者与报道事实积极参与者的等同，而第二人称证明与报道事实的现实或潜在的消极参与者，即受话人等同"(Якобсон 1972：102)。这种划分是突出说话人的主导地位，人称关系的确立是从说话人的角度出发，说话人被确定为言语行为中的核心人物。

本维尼斯特指出，说话人自立为"主体"的能力是"主体性"(本维尼斯特 2008：293)。主体性体现着"我"与"你"的对立，而人称性则体现着"我/你"与非人称"他"的对立(本维尼斯特 2008：258)。按照他的理解，第一人称与其他人称之间是"我"与"非-我"的对立。第二人称作为第一人称对话人的定义也不是唯一且恒定的，在对话之外第二人称的使用使得它进入多种"非人称"状态。在法语中第二人称(你们/您)的用法有时相当于泛指人称。在许多语言中，你(你们)都用于替代人们。也就是说，当"你"被赋予对话人之外的其他人称意义，你可以被定义为"非我的人称"。基于第二人称的特点，它与第一人称存在对立性，本维尼斯特提出有必要研究一下"我-人称"和"非我-人称"之间的对立。"我"和"你"之间是主体性关联，二者之间的对立

①本维尼斯特认为第一、第二人称是人称，第三人称为非人称。第三人称是人称关联中未加标记的那个成员……用来启动话语时位之外的任何一人或任何一物。他列举出第三人称的四点特征：1)能与任何参照物结合；2)从不反射话语时位；3)有时会具有相当数量的不同代词或指示词；4)不能与诸如这里、现在等指涉词兼容。(参见本维尼斯特 2008：289-290)。

②译著中原为"无人称"，这里我们改为"非人称"，因为俄语中"无人称"(безличность)这一术语用于表示专门的人称现象，且该书的俄文译本中的对应词为"не-лицо"(参见Бенвенист 1974：290)。

是“主体性人称”与“非主体性人称”间的对立，而第一和第二人称与其他人称之间是“人称”与“非人称”间的对立。(参见本维尼斯特 2008：252-254)。

在人称与数的关系方面，第一人称也显示出与其他人称不同的特质。第一人称复数“我们”不是若干个“我”的累加，这里包含着唯一的说话人“我”，而且“我们”中所含的“我+你(们)/他(他们)”中“我”与其中的其他成分显然处于不同地位。如本维尼斯特所言：“‘我’所固有的独一性和主体性显而易见使它不具有被复数化的可能性……‘我们’不是相同物的复加，而是‘我’与‘非我’之间的链合，不论这一‘非我’包含着什么内容。这一链合形成了一个新的整体和一个极其特殊的类型，其中的各个成分不相等同：在‘我们’中，‘我’始终处于统治地位，因为‘我们’由‘我’而来，这个‘我’以其超越性使‘非我’因素成为附属。‘我们’离不开‘我’的在场”(本维尼斯特 2008：254)。相比于第一人称，第二人称复数“你们”中所包含的任何一个个体相对于说话人都是平等的“你”，第三人称更是如此，特别是表物的第三人称，如果第二人称与表人的第三人称复数不能理解为其单数的叠加，那么，表物的第三人称复数对其内部组成个体的独立性作出强调的可能性极小。

一些动词的第一人称形式与其他人称形式在意义上有很大不同，这也说明了第一人称与其他人称之间的区别。施为动词用于表达施为意义仅限于该动词的第一人称形式，其他人称形式则不具有此功能。如“我发誓”，说话人在说出该句的同时就意味着他在履行发誓这一行为，但是“你/他发誓”只是对事实的陈述，不能履行相应的行为，不构成施为句。我猜想/推断/假设这些表达思维活动的动词只有在第一人称时才体现出主体性，对后面陈述的内容赋以一定的态度，第一人称形式充当了主体性的标识，而第二人称及第三人称你/他猜想/推断/假设则不体现说话人对其所述内容的态度，只是对事实的确认。(参见本维尼斯特 2008：299-300)。

此外，语言的自我中心性质与第一人称语义也紧密关联，语言中的自我中心成分所特有的属性都体现着说话人在语言中的核心地位，在人称语义关系中的主导作用。

2)基于“参与/不参与”报道行为这一特征的对立，第一人称与第二人称一起同第三人称对立。第一、第二人称与第三人称之间的对立是“人称”与“非人称”的对立（Бенвенист，Якобсон）；“纯人称”意义（собственно-личное значение）与“事物人称”意义（предметно-личное значение）的对立（Русская грамматика т. I 1980：634）。库斯托娃指出，第一、第二人称与言语行为相关，语法中第一、第二人称的意义称为纯人称的（собственно-личный），因为它们与说话人及受话人相对应，且永远是人（Кустова 2011）。邦达尔科认为参与或不参与言语行为这是一个统一的系统关系，是第一人称、第二人称及第三人称语义对立的基础（Бондарко 1991：12）。莱昂斯（J. Lyons）指出第三人称与第一、第二人称不同，具有一些特征：说话人和听话人是任何言语情景都有的，而其他提及的人和物不仅是表述情境中可以缺少的，而且是未证实的，因而第三人称可以同“确定”或“不定”以及“近”或“远”等范畴相结合。也就是说，第一、第二人称代词必须是确定的，而第三人称代词要么是确定的，要么是不确定的。而且，除了寓言和童话中拟人用法外，第一、第二人称代词总是指人，而第三人称代词可以指人、动物及无生命事物。因此，他认为，更为合理的说法是第一人称及第二人称是人称范畴中的积极成分（положительные члены категории лица），而第三人称在本质上是消极概念（отрицательное понятие）；与第一、第二人称不同，它不一定与表述的情景参与者有关（Лайонз 2010：293）。不过，莱昂斯更为强调第一人称与第二人称在人称范畴框架内具有的不同地位，“第一人称”（+ego）与“非第一人称”（-ego）的区分是首要的，而第二人称与第三人称的区分是次要的。第一人称是人称范畴中的主导成分（Лайонз 2010：294）。

俄语的人称语义中除了第一人称、第二人称、第三人称，还可以划分出泛指人称、不定人称及无人称，它们是在三种基本人称语义类型之外的人称现象，是从人称语义角度划分出来的人称类型。不定人称（неопределённоличность）、泛指人称（обобщённоличность）、无人称（безличность）不同于单部句中的不定人称句（неопределённо-личное предложение）、泛指人称句（обобщённо-личное предложение）和无人称句（безличное предложение），前者是人称语义类型，后者是传统句法中单部句的类型，是从句子形态角度出发，将不定人称句及泛指人称句等严格限定在句子单成素结构类型上，而泛指人称、不定人称语义的表达不仅限于单成素的泛指人称句和不定人称句，也包含了带有泛指人称及不定人称意义的双部句类型，甚至句法手段之外的其他语言表达手段，对此可详见第三章中有关泛指人称及不定人称功能-语义子场的描写。

此外，我们这里所讨论的泛指人称及不定人称是在所述情景层面与言语交际层面之间(说话人与情景主体之间)，不是在言语交际层面内部(说话人与其他言语主体之间)。不同言语主体相对于说话人这一主导言语主体而言也存在着确定、不确定、泛指的人称语义对应关系，这一点将在第五章模态人称部分详细阐述。

2.2.1.2 不定人称

不定人称接近于第三人称意义，“我”“你”之外的第三方，但与第三人称不同之处在于不定人称中行为主体对于说话人而言是不确定的，或说话人认为没必要明说的。不定人称表明所述情景中的主体同样不与言语主体之间存在直接关联，但是情景主体的不确定性是从说话人角度作出的判断和陈述，*В дверь постучали.* 说话人不知道敲门人是谁，因而使用了不定人称来指示敲门人，但是敲门人在实际情景中是确定存在的，因此，不定人称表示的不是所述情景主体的不确定性，而是相对于说话人而言该情景主体是不确定的，或根据说话人意愿将其指示为不确定主体。

不定人称用于指示不定主体，可以是不确定的行为主体、不确定的行为客体、不确定的所属关系等，加克在不定人称的研究中将研究对象限定在不确定的行为主体上，“然而我们这里感兴趣的不是所有的不定人称，比如，行为客体(*послать письмо кому-нибудь*；*оказаться рядом с кем-нибудь*)，而是不确定的行为者(*кто-то послал письмо*；*кто-нибудь сядет здесь*)”(Гак 1991：72)。随后，他列出了行为者的表达方式：

1)词法的，以动词词尾的形式，如：*говорю*，*говоришь*；

2)句法的，通过代词或名词-主语：*я*，*ты говорил*；*Маша говорила*；

3）上下文语境的，对于行为者的判断不是通过动词形式与主语之间的直接联系，而是基于更广泛的上下文或情景。*Пришла и села. Счастлив и тревожен, мечтательный твой повторяю стих*（А. Фет）. 只是表所属关系的 *твой* 以回指的方式指出 *Пришла и села.* 指向第二人称（诗人对缪斯女神讲）（参见 Гак 1991：73）。

我们同样采用这一描写方法，将不定人称以及泛指人称、无人称的分析都确定在行为主体（行为者）的特征上。事实上，确定人称句、不定人称句、泛指人称句和无人称句的划分，除了它们在形态结构上的单成素外，主要是依据它们所表达的行为主体的特征。“确定人称句、不定人称句、泛指人称句和无人称句主要是从逻辑–语义的角度划分的。作为思维范畴的确定（определённость）和不定（неопределённость），是逻辑–语义的标志。这些句子中的确定和不定的意义体现在行为脱离其行为发出者的各种不同的程度上”（吴贻翼，宁琦 2001：13）。

因此，本文中所讨论的不定人称指的是对于说话人而言行为主体不确定，或者说行为主体相对于行为本身而言不那么重要，说话人认为没有必要或有意不指明行为主体。

2.2.1.3 泛指人称

从行为主体这一范围来讨论泛指人称，泛指人称指的是行为主体为泛指的所有人，是包含说话人在内的任何人。简单地说，泛指人称的行为主体为表人的泛指主体。泛指人称所述情景中的主体与言语交际情景没有直接关联，行为主体不限于言语交际双方或第三方，因而不需要通过与言语交际主体间的对应关系来确定其人称类型。

泛指人称是在所有人称语义类型中行为主体的所指范围最广的一种，指“人人”“所有人”“任何人”“无论谁”，也正是因为这种所指的广泛性、普遍性、任意性使得泛指人称具有不确定的人称意义。与不定人称不同，泛指人称表达的行为主体包含了说话人在内，帕杜切娃指出泛指人称不论有怎样的变体形式，它的统一之处在于，“主体（暗指的，有时是句法上得到表达的）

不单是‘所有人’，而是‘我以及如同我的人’”(Падучева 2012)。

2.2.1.4 无人称

无人称①相较不定人称和泛指人称，在语义和表达方式上要更为复杂多样，对于无人称范畴及无人称句的特征，很多学者都有过描述。

动词的无人称形式表达的意义具有某种抽象性，因而使用动词第三人称形式，指示不明行为者(неизвестный действователь)，或者使用中性、动词不定式、在表达意义上不如动词本身那样直观的名词，或者使用由名词派生来的副词(Буслаев 1959：384)。

佩什科夫斯基认为，无人称句中主语不仅是从言语中，而且从思想中被排除(Пешковский 1956：343)。如果说在不定人称句或泛指人称句主语没有被表达，但是在思想上(不确定地或泛指地)存在着，那么在无人称句中它完全没有。他认为，无人称在语义上更接近于第三人称，“深入思考无人称动词的意义，我们仍然可以发现其中第三人称的痕迹……而且可以对形式进行纯词法分析：*светает*，无论如何，与 *работает*，*пишет*，*читает* 比 *работаю*，*работаешь*，*работаем* 在联想上更接近。因为人称应该在动词中得以理解，它在这里是作为第三人称被理解的。但是它的意思带有最小的明确性(Пешковский 1956：343)。

沙赫马托夫(А. А. Шахматов)将无人称动词分为四个主要类别：1)自然现象的称名，完全没有行为的主体-发出者的表征；2)机体的内在物理体验，这时对于主体的表征被有关主体的机体的表征所掩盖；3)主体的外在感受，一部分是通过省略不说出行为的发出者；4)主体的内在意志和道德感知，这时对于主体的表征被有关其精神个性(三格主体)的表征所遮盖。(Шахматов 2011：468)。

巴巴依采娃(В. В. Бабайцева)认为，无人称句中没有主语这是它的结构

---

①无人称包含复杂的结构-语义类型，本节从行为主体这一角度探讨无人称，主要与动词类无人称有关。

特征，这一点同确定人称句、泛指人称句、不定人称句一样。它们都是单部句，只要是单部句就没有而且也不可能有主语，否则就失去了结构的单成分性（Бабайцева 2004：172–173）。无人称的特点不在于句子中不能加入主语，而在于对行为的描写应该脱离于行为者，作为一个自然过程，对特征的描写则脱离于它的持有者（Бабайцева 2004：173）。无人称句中行为与行为者、特征及特征持有者之间的联系程度非常低，无人称句中缺少行为者或特征的持有者，但这一点对于无人称句各种结构–语义类型的程度是不同的。

《70 年语法》认为无人称动词表示自发的行为，“行为的完成过程中没有某一行为者参与，似乎是自发的”（Грамматика современного русского литературного языка 1970：310）。

加尔金娜–菲多鲁克指出“无人称句中往往只指出行为，而原因或行为的直接发出者是未知的、不确定的”，她将无人称句定义为“无人称句是带有一个主要成分——谓语的无主语结构，在谓语形式中不表达人称意义并在该上下文中没有对人称的指示”（Галкина–Федорук 2011：123）。

阿鲁玖诺娃（Н. Д. Арутюнова）讨论了无人称（无主体性、非施事性）与不确定性之间的关联，指出无人称结构中含有不确定的施事。她把对无人称的解释与无意识行为、不可控行为①联系起来，认为这种“不可控行为的来源是某种力”，而人在自发力（стихия）的作用下成为行为实现的工具。这里，人不再是施事，而是伪施事（псевдоагенс），人与其他事物无异，均受此力的驱使。换言之，无人称中促使行为产生的不是人，而是某种力。她认为，“典型情况下，人称句的主体将两个角色——施事和力量源（致使者和行为实施者）集于一身。在无人称句中这两个角色则被分离。第一类是人类中心论的，第二类是动力中心论的。在第一类中主要形象是人，在第二类中——处

①阿鲁玖诺娃对于“不可控行为（неконтролируемое действие）”的解释是：“不可控行为对于当事人来讲通常是背离准则、无意的、非目的性的及不情愿的。无意行为具有原因、刺激因素，但不具备目的。对于它们不能用‘为了什么’来发问。用问题‘在我身上发生着（发生了）什么［Что со мной происходит（случилось）?］’替换‘我在做什么（Что я делаю?）’的问题更为合适”（Арутюнова 1999：799）。阿鲁玖诺娃认为，不可控行为的认知模式中包含三个必要成素：人（伪施事）、行为和作用力。其中，作用力可以采用不同的形式，包括隐喻的，但也可以是未被表达的（Арутюнова 1999：810）。

于人体内部或外部的力。力不被关注，它表征为零”①（Арутюнова 1999：796）。在人与力之间的关系上，阿鲁玖诺娃是这样描述的：“人的一生与此力相伴，携带此力的还可是某种外力——自发力。当使用纯无人称结构：*Его понесло*（*занесло*），这一力量‘从自然界’转向了人，使得人与事物客体成为平等。……人虽然在情景中占据中心位置，然而他对情景不能掌控。他服从于某种外部或内部的力”（Арутюнова 1999：806）。

由此，我们可以看出，无人称的行为主体所具有的一些特征：在语义上具有最小的明确性、与行为本身关联程度很低、表现为无施事或被理解为某种自发的力，总之，无人称中缺少积极的行为发出者。无人称所述的行为本身具有自发性、无意识性、不可控性。

这样就比较好理解类似下面带有三格主体的句子：

Мне нездоровится.

Мне завтра ехать.

这里的*Мне*是句子的语义主体，表达主体及其状态和主体及其行为，但是，*Мне*不是行为主体（行为者），不是行为的积极发出者，而是某种不明行为主体“自发力”作用的对象（＊＊让我不舒服；＊＊使得我明天要离开）。因此，巴巴依采娃强调，在研究无人称句时，需要区分逻辑主体与语义主体，区分语法（词法和句法）人称和现实的、行为的人——行为者（Бабайцева 2004：171）。与此有关的，巴巴依采娃这样描述表达近似意义的双部句与无人称句之间的区别：无人称句——是这样的单部句，其中所出现和存在的行为或状态（特征）不取决于行为的发出者或特征的持有者。双部句表明行为与发出者之间的联系（*Саша не спит*），特征与其持有者之间的联系（*Она весела*）。在单部句中行为的发生不取决于行为者，如同一种自发的行为（*Саше не спится*）；在静词单部句中表达的不是特征，而是状态（*Весело ей*）（Бабайцева 2004：169）。因此，她认为，无人称句的主体是一种自发行为的

①此处译文参考赵爱国、周民权教授的译著《语言与人的世界（下）》，Н. Д. 阿鲁玖诺娃著，赵爱国、周民权译，北京：北京大学出版社，2012，第669页。

主体、状态的主体。

因此，无人称及无人称句的特点在于，“无人称语义表示不取决于行为者的自发行为(стихийное действие)或不取决于受事(пациенс)的自发状态(стихийное состояние)”(Петров 2007：11)。无人称句作为单部句的类型之一，其主语得到最大程度的消除，与之对应的所指具有最大程度的不明确性，它是“描绘人类思维从具体到概括的发展轨迹的语言手段之一”(Тарланов 2006：32)。

2.2.1.5 不同人称语义类型间的对立

第一、第二及第三人称表示说话人与所述情景主体之间明确的对应关系，表达确定的人称意义(определённое личное значение)，所述情景中的主体对于说话人而言是确定的，可以明确为第一人称、第二人称或是第三人称(确定的人或物)。泛指人称、不定人称及无人称在人称语义上具有的一个共性特征是它们都含有不确定性(неопределённость)、不具体性(неконкретность)，情景主体[具体说应该是“行为主体(行为者)”]对于说话人而言没有具体而明确的所指。

维诺格拉多夫在描述动词的人称意义时将其视为一个标尺，从多义性最低程度的形式(第一人称)到语义较为扩展的第二和第三人称形式，然后是不定人称意义，最后到人称的消除和无人称(Виноградов 1947：458-463)。从这一等级标尺可以看出人称意义在确定性的等级上逐渐减弱。

与确定人称的主体对应类型相比，泛指人称、不定人称、无人称都具有的共同特征是：

1)所述情景主体中行为主体与言语行为主体间的直接对应性被取消

第一、第二和第三人称的所述情景中行为主体与言语行为的参与者说话人、受话人或第三方非参与者之间存在明确的对应关系，表现为与说话人重合、与受话人重合或是与二者均不重合的第三方。而泛指人称、不定人称与无人称所述情景中的行为者不与言语行为本身发生关联，它们的人称语义无需通过与言语主体之间的对应来确定。

2）所述情景中行为主体的不确定性

我们无法确切指出泛指人称、不定人称及无人称所述情景中的主体（具体说是行为主体或施事）具体为何人或何物。这本身也是语言交际中人称语义表达的需要，当我们无法明确作出人称指示时，就需要借助一些语言手段来表达这些不确定的人称意义，我们可以不指出某一行为出自某一具体的人，而是说它是“某人”做的，或是“所有人”都这样做，或是不得不做的（行为受制于某一不可知的力）。泛指人称、不定人称及无人称所表达的意义相较第一、第二及第三人称而言明显具有不确定性，它们的语义类型也很难清楚描述，在早期的俄语语法研究中（如布斯拉耶夫的俄语历史语法），对泛指人称、不定人称及无人称并没有作出明确的区分，至今俄语语法研究有关泛指人称与不定人称之间的界限依然未有明确的划定。

3）泛指人称与不定人称的行为主体是表人主体

泛指人称与不定人称的一个共同特点是，如果它们的所述情景是有关行为的，那么行为的发出者只能是表人主体，尽管表示空间意义的主体也可以表达不定人称的意义，但是究其根源依然是表人的主体。

下文是两个摘自什维多娃的例句，文中两个句子被认为是同一主体的同一行为（参见 Шведова 2005：152）：

Школа ему помогла.

［*В школе*］*ему помогли.*

但是，如果我们强调确定人称与不定人称的区别，我们可以看出这两个句子在确定性的等级上是不同的，不定人称所表达的不确定人称意义要明显高于表物的第三人称（在维诺格拉多夫的等级标尺上也是这样）。因此，这两个句子中并不具有同一主体。前句 *Школа ему помогла.* 中主体为表物主体 школа（学校给予了他帮助，“帮助”这一行为由学校发出，而不是其他社会机构或个人，“学校”是确定的表物主体），句子的述谓人称为第三人称；后句 *В школе ему помогли.* 中主体为不定人称主体，按照帕杜切娃的术语是第三人称零形式的暗指主体，即内隐地包含着对不定行为者的指示，而且不定人称主体只能是人，不能是物（在学校〈有人〉帮他，帮他的人是谁，没有明说)。什维多娃所说的“同一主体的同一行为”，指的是两句中行为的主体在现实情景中的所指的同一，即这里的“主体”应该理解为“情景主体”，而不是语言层面的句子的主体，这也说明了将情景主体、言语主体、句子主体作出区分的必要性。这两句中，说话人都没有明确指出行为的发出者是谁，采用表物主体和不定主体都要比具体的表人主体在确定性的等级上低些。

这里就泛指人称句与不定人称句之间的界限问题作出一些简要说明，因为这一问题涉及第三章有关泛指人称和不定人称功能-语义子场的描写。

泛指人称句与不定人称句之间的界限一直是一个饱受争议的问题。对此，巴巴依采娃指出，在《54 年语法》中对于泛指人称的划分，不是从纯形式的角度，而是语义角度。……单部句类型的划分不是出于统一的标准，结构原则没有得到自始至终的贯彻，导致了类型内部间的区分不明确(参见 Бабайцева 2004：16-17)。帕杜切娃在文章中对此描述道：“在《1954 年语法》中 *Цыплят по осени считают.* 归入了泛指人称句，这种判断是在语义标准的基础上，因为这里具有泛指意义。这种决定是不成功的(尽管在很多高校及中学俄语课本中采纳了这一观点)”，帕杜切娃对《54 年语法》就不定人称句的划分方法表示不赞成，她认为对于不定人称句旨在形式特征的划分更为合理，她把谓语为第三人称复数形式的所有的单成分句都划入不定人称句，而类似 *Цыплят по осени считают* 的句子作为表达一般判断的类型也被列入不定人称句。但是，对于泛指人称句的划分她又没有严格从形式角度出发，她讲道：“至于泛指人称句，它们的构成则不是句法上统一的类别：它们的基础由带有第二人称(*Ничего не поделаешь*！；*На всех не угодишь.*)或第一人称复数(*Что имеем，не храним*)的谓语构成。但是这里还涉及表达泛指意义的带有第二和第一人称的主语-代词的双成分句(*Ну что ты поделаешь с бессовестными людьми*！)”(Падучева 2012)。我们可以看出，这里对于泛指人称句的描述显然是从泛指人称语义的角度出发，所含范围甚至超出了单部句。帕杜切娃在文章中未就泛指人称句与不定人称句的划分标准不一作出解释，但指出“《80 年语法》中的术语更为准确——‘带有泛指人称意义的句子’

（предложения с обобщённо-личным значением）（Грамматика 1980：§2251）。术语‘不定人称句’在《80 年语法》中的理解是形式上的，因此，在广义上：不定人称句中包含了 *С модой не спорят*；*Предателю руки не подают*（Грамматика 1980：§2514）；Его уважают；Эти ягоды не едят；Поэтов у нас любят（Грамматика 1980：§2515）；В школе этому не учат（§2516）”（Падучева 2012）。

上文我们已提及，在本书中对泛指人称与泛指人称句、不定人称与不定人称句作出区分。泛指人称、不定人称表示人称语义类型，而泛指人称句与不定人称句是传统语法中单部句的类型。后文在人称功能-语义场部分我们对于泛指人称功能-语义子场及不定人称功能-语义子场的描写将从意义出发，描写不定人称意义与泛指人称意义的各种表达手段，这近似于《80 年语法》中“带有泛指人称意义的句子”（以及带有不定人称意义的句子），对泛指人称、不定人称的这种描写方法已有学者采用（Лаврентьев 2013；Гак 1991）。作为语义范畴及功能-语义场的人称的广义理解不是对作为语法范畴的人称的扩展，基于这一原则泛指人称、不定人称也构成具有核心-边缘结构的人称形式体系的范畴。

以上是对人称语义类型的划分，下面一节简要介绍作为语法范畴的人称，分别对词法人称和句法人称作出阐述。

2.2.2 俄语人称的语法类型

2.2.2.1 词法人称

作为词法范畴的人称是语言系统中独立表达人称意义的成分，俄语中可以表达人称意义的词类有动词和代词。词法范畴的人称聚合包含第一、第二和第三人称。“词法人称范畴是在三个人称对立的基础上：第一人称与第二人称的对立（说话人与对话人的对立）；第一人称和第二人称与第三人称的对立（说话人和对话人与第三方的人或事物的对立）。这一对立表现在动词人称形式的聚合体以及人称代词中。词法人称范畴的实现总是伴随着数范畴，因而词法人称的标记总是同时也指示着数”(Востоков 1978：34)。

在动词方面，人称是动词的词变语法范畴(словоизменительная грамматическая категория глагола)，只是动词的有限形式，不是所有的动词形式都具有人称意义。在俄语语法传统中，具有人称-数的标记的形式称为人称或变位形式(Кустова 2011)。

在陈述式中，人称词法标记只有现在时和将来时才有(*иду*，*идёшь*，*идёт*，*идём*，*идёте*，*идут*；*приду*，*придёшь*，*придёт*，*придём*，*придёте*，*придут*)。过去时形式的陈述式及假定式形式没有人称语法范畴(*пришёл*，*пришёл бы*)，但是有数的语法范畴。在动词过去时及假定式使用的情况下，人称指示通过上下文实现——借助于名词或人称代词：*Я пришёл*；*Ты пришёл*；*Он/друг пришёл.*

命令式具有专门的人称形式系统，表达第一人称、第二人称及第三人称意义。第二人称命令式[*открой(те)*，*пой(те)*]，第一人称命令式[*идём(те)*，*споём(те)*]，第三人称命令式(*пусть уходит*，*пускай возьмут*)。由语气词 да 与动词陈述式的第三人称单数或复数的现在时或将来时形式搭配构成的表示催促意义的结构属于修辞上的雅体(*Да сбудется предсказанное*！；*Да святится имя твоё*！)(参见 Кустова 2011)。

2.2.2.2 句法人称

动词的人称形式及人称代词可以有直义和转义。当人称形式的意义需要在整个句子或上下文中获取时，孤立的词法人称形式在语言系统更高一级层面——句法层面获得了不同于词法形式的意义。“某一人称意义不是以动词形式本身来表达，而是通过整个句法结构，我们认为，这时不是词法人称，而是有关句法人称”(Лаврентьев 2013：65)。词法人称是动词第一、第二、第三人称词变形式的意义以及代词第一、第二、第三人称意义，句法人称的意义不属于作为聚合序列成分的某一词形，而是句法结构体现出的意义(Лаврентьев 2013：73)。

因此，作为句法范畴的人称其形式和意义不是与某一词或词形有关，而是与整个句子以及更大的语言单位或语境有关。沃斯托科夫(В. В. Востоков)指出，词法人称范畴是句法人称范畴的基础。然而，句法人称范畴不等同于在词法层面区分出的第一人称、第二人称和第三人称。句法人称范畴是一个多维范畴。他认为，在句法人称范畴中应该区分出三个方面，我们将其概括为“句子的客观层面”“句子的主观层面”以及“句子的‘行为主体——行为的关系方面’”(参见 Востоков 1978：34-36)：

1)句子的客观方面

这一方面表达“报道内容相对于现实存在的关系”，沃斯托科夫指出这种与现实存在的对应关系是由说话人确立的。句法人称的内容在于，说话人在将报道内容与现实存在相对应的同时，也反映着报道行为。

2)句子的主观方面

这一方面与句子主观层面的表达有关，即说话人对报道内容所持的态度。这种情况中人称的意义取决于：说话人在说出自己对于所述内容的态度的同时，“表明”自己的作者身份(авторство)。沃斯托科夫将这一意义称为“句法人称的主观意义(субъективное значение синтаксического лица)”，并列举了人称主观意义的表达手段：句子的插入成分、语气词、感叹词、词序、特殊句法结构。此外，人称主观意义也可以有消极表达。当说话人不使用专门的“标识”来表明自己在句子中的作者身份：*Берёза белая*；*Морозит* 等等。

3)句子在“行为者—行为”的关系方面

构成句法人称第三个方面的意义在表达“行为者—行为”关系时体现出来。人称的这一意义的本质在于施事(行为者)在句子中的反映。说话人可以将施事设想为确定的、不确定的、泛指的。施事可以是说话人自己、对话人或“第三方”。“行为者—行为”的关系不是在所有句子中都有所呈现，因此人称的这一意义可以是施事的，也可以是非施事的。他列举了三个例子：1) *Брат приехал*；2) *Принесли обед*；3) *На дворе ночь* 例 1)中“行为者”表达在主语中，“行为”表达在谓语中，句子中含有第三人称的施事，例 2)中只有“行为”得到了直接的表达，占据单部句主要成分位置的动词形式成为“行为者”的间接标记，句子中含有潜在的不定人称施事，例3)中不含施事。前两个句子表达施事人称意义(агенсное значение лица)，最后一个句子含有非施事人称意义(деагенсное значение лица)。

拉夫连季耶夫也划分出句法人称的客观层面(指示及施事意义)与主观层面，并指出，“在同一句子中可以同时找到句法人称不同层面的数个标记：*Кажется*[①]，*к его бокам были прижаты крылья*[②].”，同时，他指出句法人称可以有多种表达手段，构成核心与边缘的场状结构，而作为词法人称的动词人称形式及人称代词只构成该场的核心(Лаврентьев 2010：78)。

总之，词法人称只具有三种人称语义类型：第一人称、第二人称和第三人称，在表达形式上有动词的人称形式(包括动词的陈述式及命令式人称形式)、人称代词及物主代词。而句法人称是任何句子都有的，除了以上三种人称类型，句法人称还可以有不定人称、泛指人称和无人称意义，在表达手段上也不限于动词人称形式和人称代词，而是具有多种表达手段。句子的述体可以是过去时形式或假定式、无人称及不定式形式，句法人称的不同方面是由句子结构、上下文情景、语调等来表达。词法人称只构成了句法人称的部分类型，而且“句法人称的判断中词法形式不是分类的依据，而是整个句法结构，句子的语义-语法性质不是由一个动词形式决定，而是整个句法结构或上下文”(Бабайцева 2004：14)。比如动词形式 написали，既可以是单部句中的谓语，也可是双部句中的谓语，对于它的人称形式及意义的确定，需要放在整个句子环境中，试比较：*Друзья написали мне письмо.* 及 *Мне написали письмо.*(例句摘自 Бабайцева 2004)。

一个句子中可以反映出多个情景主体，因而可以含有多个词法人称，但是句法人称通常只有一个，下面所举的例子中句法人称表现为该句的述谓人称。如：

---

①拉夫连季耶夫与沃斯托科夫认为的句法人称的主观意义的观点一致，将该句中插入语 *кажется* 视为句法人称主观意义的表达手段。

②拉夫连季耶夫将带有主体意义的具有任何格形式的名词或是具有呼语功能的名词也作为句法人称的表达手段(参见 Лаврентьев 2010：78)。

Я у вас их не прошу.（*Тургенев. Первая Любовь*）

此句含有三个词法人称：第一人称（*Я*，*прошу*）、第二人称（*у вас*）、第三人称（*их*），但是句法人称为第一人称。

邦达尔科对下面一组句子中的人称做了分析，它们分别为对同一情景描述的主动态结构和被动态结构：

a）*Вы выпускаете продукцию высшего качества.*

b）*Вами выпускается продукция высшего качества.*

他指出，在主动结构中第二人称是该表述中表达的唯一人称意义。在被动结构中可以分出两个人称层面。一方面，这里讲的是由受话人所实现的行为（通过第二人称表达，在该情况下由代词占据补语位置，而不是主语），而另一方面，讲的是产品发生了什么，是第三人称事物意义，由动词-谓语的第三人称形式与名词-主语搭配表达（*выпускается продукция*）（Бондарко 2002：548-549）。也就是说，在主动态结构中只包含单一述谓人称意义（*Вы выпускаете*），而在被动态结构中除了基本述谓结构（*выпускается продукция*），还含有一个致使结构（*Вами выпускается продукция = Вы выпускаете продукцию*），它们分别表达各自的人称意义，表物的第三人称和表人的第二人称。

句法人称除了客观意义，还可以有主观意义，通过插入语、感叹词及语气词等手段来表达。人称的主观意义在于它体现着说话人对其所述内容的态度，但正如上文我们提及的，言语主体不仅限于说话人，也可是其他信源主体，他们相对于说话人这一基本言语主体也具有相应的人称意义：确定人称、泛指人称或不定人称。例如：

В важных случаях он умел, однако, как говорится, задать пыли.（*Тургенев. Отцы и дети*）

这句表述中有三个人称，依次为：第三人称（*он*）、第一人称（*однако*）、泛指人称（*как говорится*）。其中人称代词 *он* 表达的第三人称为客观人称意义，指示所述情景主体相对于说话人的人称对应关系；而插入成分 *однако*，*как говорится* 所表达的第一人称和泛指人称属于主观人称意义，是言语主体相对于说话人的人称对应关系。

本章结语

本章是全文的基础部分，后续各个章节是在本章基础之上进一步展开的。因此，本章需要解决三个主要任务：第一、统一术语及明确研究对象；第二、确定“人称”概念及本文对人称范畴描写的范围；第三、对俄语人称范畴内部给出明确的分类。

为了解决上述研究任务，本章作了以下几个方面的工作：

第一，阐明相关概念的内涵

明确了与人称范畴相关的一组术语：категория лица，категория личности，категория персональности 的内涵，阐明它们之间的区别与联系，指出它们是语法、结构-语义及功能-语义等不同视角观察下人称范畴的特有“侧面”，本身统合于“人称范畴”总的概念中，本文采用术语“категория лица”，但是不同于传统语法的人称范畴研究，是对统含各个人称语义类型及其表达手段的人称总系统的多维研究。

第二，明确人称范畴的定义

对学者们就人称范畴作出的定义进行分析与概括，指出人称范畴现有的诸多定义在人称语义界定层面上并不统一。综合学者们的定义，本章提出了人称范畴描写的三个层面：所述情景层面、言语交际层面和语言层面，以及分处于这三个层面的三大类型的主体：情景主体、言语主体和句子主体。在此基础上提出了本文对于人称范畴的定义。

第三，阐释人称与主体间的关系

人称与情景主体、言语主体及句子主体均密切相关。情景主体是人称所指涉的对象，情景主体转化为语言层面的成分时均需被说话人赋以一定的人称标记(有时表达为零形式)；作为言语主体的说话人是人称指示的发出者，人称语义对应关系通常是相对于说话人来确定的。说话人与其他言语主体也可在语言层面得到人称形式的表达，但说话人在表述中并不表明身份的情况也时常可见。句子主体是人称的主要载体，是人称语义的核心表达手段，正因如此，人称时常被误认为是句子主体与说话人之间的对应关系。

第四，人称类型的划分

从语义和语法两个方面对俄语人称范畴进行分类描写，在人称的语义类型部分描写了第一人称、第二人称及第三人称三者间的对立关系，之后将此三者作为确定人称，进一步描写了确定人称与不定人称、泛指人称和无人称之间的对立。在人称的语法类型部分分别描写了作为词法范畴和句法范畴的人称。

本章研究的新意：

通过三个层面(所述情景层面、言语交际层面及语言层面)及其主体(情景主体、言语主体及句子主体)的划分以及对三个主体类型间关系的分析与说明，对人称语义给出了较为明确的界定：人称语义关系产生于所述情景层面和言语交际层面之间以及言语交际层面内部。指出人称范畴的描写包含两个方面：事态人称和模态人称。事态人称反映情景主体与言语主体，首先是与说话人之间的对应关系；模态人称是说话人与其他言语主体之间的对应关系。

此外，本章分别从“句子主体是人称的主要表达手段”以及“俄语传统语法对单部句类型的划分”两个方面阐述，证明了语言层面只是人称语义对应关系的符号性表达，论证了句子主体不对人称语义界定具有本质性的作用。

第三章　俄语人称功能-语义场

3.1 俄语人称范畴及俄语人称功能-语义场

以邦达尔科为主导的彼得堡功能语法学派对语言范畴的研究采用功能-语义的方法，所划分的功能-语义范畴与语法范畴不同，是基于共同的语义内容而联合了语言系统中不同层面的表达手段，包括词法的、句法的、词汇的、词汇-语法的、上下文及情景等的综合手段。功能-语义范畴的提出依赖于梅夏尼诺夫(Мещанинов)等学者的概念范畴理论，但又与其不同，功能-语义范畴总体上属于语言范畴，具有语言形式和语言内容，范畴划分的标准是"相互作用的语言成分的语义功能的部分一致性(在各种变体中存有语义不变体)"(Бондарко 1971：8)。

人称功能-语义场是功能语法理论构建的功能-语义场体系中的一个重要内容。在功能-语义场理论框架下，邦达尔科的人称范畴研究显然与传统语法的人称范畴研究在研究对象及方法上有别，为此他提出术语"персональность"以同传统语法人称范畴(категория лица)相区别，"提及人称(персональность)，我们指的是语义范畴以及基于此的功能-语义场(ФСП)。当分析的对象是人称场时，人称场的内容层面是与其在所研究语言中具有的表达手段一起被分析的"(Бондарко 2002：543)。可见，传统语法中的人称范畴只是人称功能-语义范畴的核心内容，人称功能-语义范畴超出了动词人称形式及人称代词的范围，是一个比语法人称范畴更大的概念。

邦达尔科在雅各布森(1972)①对人称范畴的阐释基础上将人称语义解释为“所述情景的参与者(участник обозначаемой ситуации)相对于言语情景参与者(участник ситуации речи)——首先是说话人的关系”(Бондарко 2002：543-544)。具体来讲，是所述情景参与者与言语行为参与者(участник акта речи)交叉/不交叉(пересечение/непересечение)的关系。邦达尔科将“交叉”视为“同一关系”(отношение тождества)，情景主体(субъект ситуации)就是说话人；或“包含关系”(отношение включения)，情景主体是包含说话人在内的一群人。“不交叉”，即与说话人不交叉，指的是或者与听话人交叉，或者情景与未参与言语行为的人(第三人称)相关，或者指外部世界的事物。对于不定人称(неопределённоличность)、泛指人称(обобщённоличность)和无人称(безличность)，邦达尔科认为它们是人称关系的独特类型(Бондарко 2002：544)。

邦达尔科对人称范畴的广义理解使得对人称功能-语义范畴可以用场(人称功能-语义场)的结构来描述，人称功能-语义场是不同层面语言手段(词法、句法、词汇，以及词汇-语法综合手段)的集合，用以表达人称的各种变体(Бондарко 1991 ：7)。

3.2 俄语人称功能-语义场的结构

有关人称功能-语义场结构的问题，邦达尔科早期(1971)的观点是人称功能-语义范畴“有两个语法中心——动词的及代词的”(Бондарко 1971：47)，后来，他对这一观点作出了修正，认为人称功能-语义场的动词-代词

①雅各布森对于人称范畴的解释是：人称说明所述事实的参与者(участник сообщаемого факта)相对于报道事实参与者(участник факта сообщения)的关系。如，第一人称说明所述事实的参与者与报道事实的积极参与者同一，而第二人称——与现实的或潜在的报道事实的消极参与者同一，即同受话者同一(Якобсон 1972：100)。

核心这一双重性是人称场语法核心的内在结构本质，“该场具有复杂二元结构，包含不同词类成分，而不是两个不同的核心。构成人称场核心的动词人称形式及代词不是不同的语法范畴，而是同一人称语法范畴。这样一来，人称被我们视为单一核心类型的功能-语义场（尽管具有复杂二元结构的核心，包含了不同词类的人称形式——动词及代词）”（Бондарко 1991：19）。

人称功能-语义场的核心-边缘结构是从两个方面来确定的：一方面是人称语义的核心与边缘等级；另一方面是人称语义表达形式的核心手段与边缘手段。

3.2.1 俄语人称语义的核心与边缘

在人称范畴的语义方面，“人称语义是可以划分出核心和边缘的场状结构，而且在每一个范围内呈现出一定的层级性。处于人称语义顶点的是表示说话人的第一人称‘我’……同第一人称对应的是第二人称‘你’（‘我们’和‘你们’相对于‘我’和‘你’属于从属地位，因为‘我们’和‘你们’的意义是与‘我’和‘你’相应的一群人）。人称语义的近边缘（或核心与边缘的中间区域——这里没有严格的界限）是第三人称语义，它仅与‘人’的指示有关。‘第三人称’范围与人称语义核心有着积极的相互作用。接下来应该是泛指人称语义（与说话人及听话人有关的泛指的及变体的关系）及不定人称语义（首先与‘第三人称’不确定类型有关）。至于说表示事物的第三人称，它显然具有边缘性质，因为它是与人本身相对立的外部环境，而人或者实际参与，或者可能参与言语行为”，处于人称场的最远边缘是无人称，“在这里人称特征部分地消融”（Бондарко 2002：545）。邦达尔科指出，上述对于人称语义的层级划分属于人称内容的本质，以不同方式呈现在不同类型语言中。在任何语言中人称语义的核心首先是“我”，与处于言语行为参与者次级系统中的“你”对应，而“第三人称”在任何语言中都与从核心向边缘过渡有关，对于事物的指示及无人称形式的语义总是人称语义空间的最远边缘（Бондарко 2002：545-546）。

功能-语义范畴是形式与意义相结合的统一体，具有内容层面及表达层面。功能-语义范畴的语义内容从"属于同一'语义带'(семантическая зона)的角度"来划分，而表达层面是由属于不同层面及方面的语言手段构成(Бондарко 1971：9)。上文所描述的人称场的核心-边缘结构是邦达尔科根据人称语义层级的划分，是人称内容上的核心及边缘成分，这样的层级结构应该与人称场在表达层面的层级结构相区别，"某一语言人称功能-语义场的研究应该是双面语言单位(двусторонние языковые единицы)，包括参与人称语义表达的动词的人称形式、人称代词、词汇手段"(Бондарко 2002：546)。

3.2.2 俄语人称语义表达手段的核心与边缘

人称范畴就其语义的表达手段方面也可以划分出核心及边缘成分。俄语中人称范畴的表达手段分为两个等级成分，第一等级成分是核心的、基本的手段，而第二等级成分是边缘的、辅助性的手段(Бондарко 1991：21-22)。

邦达尔科指出，这种人称表达手段的核心及边缘成分划分的依据是"该成分(一些成分的综合)在构成句子的主-述体结构中的作用。核心手段(第一等级成分)表达涉及主体-主语人称的关系，边缘手段(第二等级成分)处于主体-主语外围，这种情况下的人称关系涉及由补语表达的主体、客体以及限定语(Бондарко 1991：22)。该划分依据的逻辑理据在于："如果人称语义总体上在于所述情景参与者与言语情景参与者之间的关系，那么在划分出功能-语义场的核心时，首先应该指的是所述情景的核心成分，它们由句子结构核心成分来表示"(Бондарко 1991：21)。也就是说，邦达尔科认为所述情景的核心成分应该与句子结构的核心成分相对应，而句子结构的核心成分则是人称语义的核心表达手段。因此，在动词-谓语结构中作主体-主语的代词形式是人称场的核心，人称代词的其他形式(包括反身代词和物主代词)不具有与动词人称形式的这种对应性，它们处于人称语法范畴的核心——主体-主语与述体相互关系的范围之外。它们的地位不能与在动词-谓语句中作主语的人称代词的地位视为等同(Бондарко 1991：21)。

1)俄语人称范畴的核心表达手段

俄语人称功能-语义场在表达层面具有复杂二元结构的核心，包含了不同词类(动词及代词)的人称形式(Бондарко 1991：19)。动词的人称形式以及(占据主语位的)人称代词是俄语人称功能-语义场的核心，人称语义的其他表达手段属于该场的边缘。

(1)动词的人称形式

俄语动词词尾的屈折变化是人称的主要标记，当句子主语省略时，动词的人称形式指出行为与其主体间的关系。如动词 *читать* 的人称形式：*читаю*，*читаешь*，*читает*，*читаем*，*читаете*，*читают*；动词命令式形式：*Читай(те)! Давайте почитаем! Пусть почитает!*

Голову ставлю, что врёшь! (*Гоголь. Мертвые души*)

Выпейте на дорожку, — сказала Кисочка. (*Чехов. Огни*)

(2)一格形式的人称代词

并非人称代词的所有形式都属于人称场的核心，而只是作主语的一格形式(Бондарко 1991：20-21)。当动词为非人称形式时(如动词的过去时或假定式)以及句子的述体为非动词时，人称代词是人称语义的主要表达手段。

Я сама давно хотела этого, — сказала она. (*Толстой. Анна Каренина*)

Ведь я иначе жить и не могла бы. (*Ахматова. Хочу тебе покоя не давать*)

Эх, да ты ведь тоже хорош! (*Гоголь. Мертвые души*)

(3)人称代词与动词人称形式的并用

Я в темноте петь тенором отказываюсь. (*Зощенко. Монтер*)

俄语人称场的核心成分是动词人称形式和人称代词，那么它们哪个是人称语义最为核心的表达手段呢?

对此，一些学者认为人称代词是人称语义的重要表达手段。比如：舍利亚金指出在一些情况下代词是“将谓语同一定的语法人称对应的唯一手段”(Шелякин 1986：20)。特别是在不具有人称词法表达的谓语中：1)当谓语是动词过去时形式时，如：*Я, ты, он пришёл*；2)当谓语是动词假定式形式时，如：*Я, ты, он пришёл бы*；3)当谓语由静词构成时，如：*Я, ты, он умен*。他认为，当第一人称代词和动词第一人称词尾形式同时出现时，是为了将说话人提到第一层面加以强调（Шелякин 1986：21）。

但是也有学者认为俄语中人称代词是附属于动词人称形式的。比如：伊萨琴科（А. В. Исаченко）就认为 *я*，*ты*，*он* 在与 *пишу*，*пишешь*，*пишет* 搭配时不是作为代词，而是作为动词形式的（冗余的）人称标记（Исаченко 1960：410）；尼基捷维奇（В. М. Никитевич）也指出，动词词尾是人称的物质标记，动词变位形式构成人称的语法聚合体，而人称代词被理解为辅助性词素，是"人称前缀"（личный префикс），人称词尾本身就表明行为与其主体的关系，动词人称形式完全可以离开代词而使用。不过，他还讲到还有一些必须带有人称代词的结构，借助于代词在逻辑上对主体做以强调，以及在与另一对象做比较时 *Ты пойдёшь, а он не пойдёт.*，代词是句子中的足值成分（参见 Никитевич 1963：204–205）。

对此，我们认为，人称代词是人称语义的必不可少的表达手段，任何语言的人称范畴中都缺少不了人称代词，毫无疑问，人称代词应是人称功能-语义场最为核心的表达手段。对于俄语这类典型的屈折语，动词变位形式被赋予了表达人称意义的特殊作用，但是该形式还肩载着其他范畴意义，比如数范畴、动词的时、式及体范畴等。而且，叶斯珀森也从普通语言学的角度指出，随着时间的推移，人称代词越来越多地被使用，即便在不作强调时亦是如此，这也就为动词人称词尾语音逐渐弱化创造了条件。他认为动词词尾变化有逐渐消除的倾向，他将词尾变化形式视为"残余"，并且认为这样的语言状态应该是理想的、符合逻辑的，因为人称上的区别应该属于先前的概念，完全没有必要在随后的概念中再次重复（Есперсен 2006：248–249）。无论人称范畴的核心表达手段是动词人称形式，还是人称代词，对于人称的研究都不应仅限于此，需要在语言系统内部及语言外部因素范围不断发掘人称语义表达的多样方式。"旨在研究言语行为的语言学，包括将表述视为句子在言语中的实义化，这些都使得研究者得出这样的结论，人称范畴的表达手段这一问题应该从广处来看，不应只局限在动词变位上"（Гак 1991：73）。功能-语义场研究的任务之一就是探寻共同语义基础上的不同层次类型的表达手段。对语言材料采用这样的研究方法"不仅使得动词形式和人称代词及其意义成为专门的分析对象，而且是带有人称语义的整个内容结构及其在表述和周围环境中表达的所有手段”(Бондарко 1991：20)。

2)俄语人称范畴的边缘表达手段

将人称范畴视为一个包含了各种各样的形式表达手段的语义范畴是基于一定的语言学传统(参见 Есперсен 1958：252-254；Виноградов 1975：270)。维诺格拉多夫对于俄语人称范畴的多种表达方式这样描述道：“人称范畴作为句子结构成分是潜在的。人称除了通过动词人称形式表达，还通过人称代词形式，比如，代词第三格与不定式搭配使用，而在一些结构中，比如不定式的或名词的、副词的以及带有命令意义的感叹词结构中则是通过语调来表达。当然，在所谓的无人称或无主体句子中(同样的，在相应的无人称动词或人称动词的无人称形式中、在状态范畴或否定结构中)，人称范畴消极性地体现着”(Виноградов 1975：270)。

邦达尔科在《功能语法理论：人称、态》(«Теория функциональной грамматики. Персональность. Залоговость»)一书中主要归纳了以下几种人称语义的边缘表达手段(参见 Бондарко 1991：22-23)：

(1)词法手段

a)间接格形式的人称代词形式，用作补语，表示主体及客体意义，如：*Мне идти? Что с тобой?*

— *Тебе не холодно? Воздух совсем зимний.* (*Бунин. Холодная осень*)

Мне вдогон смеялась речка: «У милашки новый друг». (*Есенин. Под венком лесной ромашки…*)

b) 物主代词，具有两种语义特征：人称的区别特征及所属特征。物主代词与人称意义的表达具有直接关系(Шелякин 1986：23)。如：*Это моя книга. Ваша дочь умница.*

—*В том-то и наша беда, Алексей Дмитрич, что мы никого не знаем!* (*Тургенев. Новь*)

(2)词法-句法手段

反身代词 себя，себе 等，在这种情况中，人称通过代词的词法形式与动词某一形式相结合，该动词自身或与代词-主语一起表达人称，如：*Я себя не оправдываю*；*Ты себя не оправдывай.*

Я дал себе заклятье.（*Лермонтов. Герой нашего времени*）

Разве можно собой дорожить, если весь я из праха（*Блаженный. Ухожу на восток и на запад, на юг и на север…*）

（3）句法手段

副动词结构中包含人称关系的间接表达，这与主要行为及次要行为的同一主体有关，比如：*Я иду, оглядываясь по сторонам*，"*оглядываясь*"为第一人称形式，因为主要行为的发出者是第一人称（*Я иду*）。

Фифи радостно бросилась вон, в надежде, что ее поведут гулять, но, оставшись одна за дверью, начала скрестись и повизгивать.（*Тургенев. Отцы и дети*）

上例中副动词"*оставшись*"的行为主体指向 Фифи，因而其人称也得以明确。

复合句中的人称，根据主句和从句行为主体的同一/不同一，可以有人称上的一致/不一致。例如：

— *Хочешь, чтобы я тебя ещё раз послушала?*

Но я приехала в лагерь, чтобы летом денег заработать.（*Андрей Геласимов. Жанна*）

在 чтобы 引导的目的从句中，当从句的谓语是非人称形式（动词不定式）时，其人称根据主句的人称形式判断，主句与从句的行为主体同一。

（4）语调-句法手段

《俄语语法》也指出，"在一定条件下人称关系可以通过专门的语调来表达（要求、催促、请求等）"（Русская грамматика 1952：52）。语调-句法手段通常用来表达第二人称，见于以下句法结构中：带有命令意义的不定式结构，如：*Встать!*；*Молчать!*；*–Не трогать! К–края смазаны ядом.*（*Акунин. Алмазная колесница*）；无动词结构，如：*Марш!*；*Руку!*；*… сейчас марш работать!*（*Салтыков–Щедрин. Повесть о том, как один мужик двух* *генералов прокормил*)；带有语气词 на，нате 的命令表述，如：*На!*；*На руку!*。

(5)词汇手段

词汇与语法成分的结合共同参与人称的表达。*ваш покорный слуга*；*автор этих строк* 与第三人称形式相符，实际上表述的内容与说话人有关，表达的是第一人称意义，如：— *Не были бы вы живы — ваш покорный слуга не имел бы удовольствия вас здесь видеть и беседовать с вами!*（*Тургенев. Новь*）；而 *ваша милость*；*ваше сиятельство* 表达的是与听话人有关的内容，即第二人称，如：*Но ваша милость недооценивает мои скромные способности.*（*Ефремов. Лезвие бритвы*）

(6)上下文及言语情景

有时句子中缺少人称的词汇或语法表达手段，对于人称的判断需要依据上下文或语境。例如，在"да"及"нет"构成的表述中，上下文及情景语境对人称关系的表达与理解具有关键性的作用(如：— *Ты устал?* —*Да*；—*Вы курите?* —*Нет.*)。维诺格拉多夫认为在含有 да，нет，разве，едва ли，может быть，конечно，вероятно 等表达肯定或否定、赞成或不赞成以及情感-评价意义的表述中，尤其在对话言语中，上述词可以成为表达时间、人称和式意义的动词谓语的替代者，例如：*А в прошлом году вы имели отпуск?—В прошлом году да*；*А с мамой ты согласна остаться?—С мамой да, а с Петькой нет.* 而且，да 还能构成复合句的主要成分：— *Ветерок в аллее?* —*Да, потому что листья дрожат*；—*А вы ему должны, что ли?* —*Вот в том-то и беда моя, что да.*（参见 Виноградов 1975：267）。在问答对话中，答句中的 да，нет 等词所替换的内容需参考问句，因而它们所表达的人称、时间等意义也需参考上文的问句。

另一则依据上下文判断人称的例子：

Пришла и села. Счастлив и тревожен,

Ласкательный твой повторяю стих；（*Фет. Музе*）

在第一行诗句中动词过去时(*пришла*，*села*)以及形容词短尾(*счастлив*，

тревожен)都不具有人称意义，尽管所述情景中的主体是确定的，动词阴性形式指明行为主体是一个女性，而形容词短尾阳性形式表明其所述主体为一个男性，但是我们依然无法得知它们与说话人之间的关系，无法得出它们的人称形式。只有依据后文的动词(*повторяю*)和物主代词(*твой*)才能判断出(*ты*)*Пришла и села.* 为第二人称，而(*я*)*Счастлив и тревожен* 为第一人称。

除了上述表达手段外，结合谢尔久克(М. А. Сердюк)及拉夫连季耶夫等学者的观点，我们认为俄语人称功能-语义场的表达手段还应该包括呼语(обращение)、表人的名词等。

呼语“扩展句子成分——格形式的名称，用于称呼言语的对象”(Русская грамматика 1980：164)。它兼具呼叫及称名功能，它包含了“言语对象”的义素，使得它可以列入第二人称语义表达的句法方式之一(Сердюк 2002：23)。

Куда так, кумушка, бежишь ты без оглядки? (*Крылов. Лисица и Сурок*)

拉夫连季耶夫认为，表人的名词在功能上与第三人称代词近似，都可以用于指示人。表人的名词相比第三人称代词更为具体地指称人(Лаврентьев 2013：82)：

Малюта не прикасался к западным журналам никогда – он читал либо таблоиды, либо сборник «Сумерки богов», заложенный всё время на одном и том же месте. (*В. Пелевин. Тихая гавань*)

我们同样赞成将表人名词列入人称表达手段中，但是应当指出，表人名词的称名功能与人称代词的人称指示功能是两个概念，这里拉夫连季耶夫有将“指称”与“指示”概念混淆之嫌。说话人在表达情景中的实体时，需要给这一实体冠以称名(指称)，并且就这一实体通常以自我为参照给出人称关系上的说明(人称指示)。表人名词确实在称名功能上要更为具体，我们知道说话人这里讲述的是关于一个名叫“*Малюта*”的人，但是我们不知道这个“*Малюта*”与说话人之间在人称关系上如何，而后文的人称代词“*он*”明显指示出第三人称关系，因而，我们认为，人称代词是人称指示关系表达的主要手段。表人名词对于人称关系的指示意义需要在上下文中得到明确。比如，叙述者讲述的故事中一直采用表人的名词来称名故事中的主人公，而在故事的结尾处才交代“那个人就是我”。称名和指示是两个概念，在语言表达中它们可以结伴出现，这点从下面的句子中就可观察出：

Я, *Александров Юрий Петрович*, *гражданин РФ*, *родился* 12 *августа* 1988 *г. в г. Новочеркасске Ростовской области.* [*Автобиография* (2006)]

这是摘自俄罗斯《国家俄语语料库》中的一则例子，是自传体文本的典型开头，其中人称代词 *Я* 指出所陈述的人物是说话人(作者)本人，而人名 *Александров Юрий Петрович* 是对所述人物的称名。

人称语义的表达手段还可以是零形式。按照布雷金娜和什梅廖夫的观点，泛指人称句及不定人称句中含有零主语(详见 Булыгина，Шмелев 1991：41–62)，这时句法零形可理解为人称标记的表义性缺省。

最后，需要指出，在同一表述中可以同时有核心表达手段与边缘表达手段的综合运用。例如：*Я чувствую себя должником по отношению к тебе.* 第一等级的成分：人称代词 *Я* 及动词第一人称形式 *чувствую*，第二等级成分：反身代词 *себя* 与 *Я чувствую* 结合，表达第一人称语义，而词组 *по отношению к тебе* 表达针对听话人。

此外，边缘表达手段也可以作为表述中唯一的人称标记，例如：*Мне* (*тебе*，*ему*) *грустно*；*Мне* (*тебе*，*ему*) *нездоровится.* 这样的无人称句。*Мне* (*тебе*，*ему*) *ехать.* 不定式句。*У меня* (*у тебя*，*у него*) *есть книга.* 等等。*Устал*，*Фёдор Ильич*? (*Чехов. Три сестры*)整个表述的第二人称是通过呼语和疑问语气表达的。

3.3 俄语人称功能–语义场子场的结构

功能–语义子场(функционально–семантическое микрополе)是功能–语义场中的最小成分，在表达层面和内容层面具有独立性(Бондарко 1971：

68)。我们将人称功能-语义场视为含有第一人称、第二人称、第三人称以及不定人称、泛指人称和无人称六个功能-语义子场的母场(макрополе)，并对每一个人称功能-语义子场的核心与边缘结构进行了描写。其中，除无人称以外，其他各个子场的内容层面较为单一，因而这里只描写了该子场的核心及边缘表达手段，对无人称功能-语义子场则分别从形式与意义两方面切分出核心与边缘结构。

3.3.1 第一、第二人称的核心及边缘手段

第一、第二人称的核心表达手段

第一、第二人称的核心表达手段为作主语的一格形式的人称代词(*я*, *ты*, *мы*, *вы*)和动词的人称形式(如：*читаю*, *читаешь*, *читаем*, *читаете*, *буду читать*, *будешь читать*, *будем читать*, *будете читать*, *прочитаю*, *прочитаешь*, *прочитаем*, *прочитаете*…)。

第一人称的边缘表达手段

1)间接格形式的第一人称代词，表示主体、客体、方位、原因等意义(如：*меня*, *для меня*, *на меня*, *из-за меня*, *мне*, *ко мне*, *со мной*, *передо мной*, *за мной*, *надо мной*, *обо мне*; *нас*, *нам*, *нами*, *о нас*, *за нами*, *с нами*…)。

Мне угодно сто граммов водки, пиво и два бутерброда. (*Сергей Довлатов. Заповедник*)

Умоляю Вас не гневаться на меня. (*Куприн. Гранатовый браслет*)

Со мной и так всё ясно. (*Андрей Геласимов. Нежный возраст*)

Целую минуту надо мной стояла полная тишина. (*Андрей Геласимов. Фокс Малдер похож на свинью*)

У нас мужики любили лошадей кормить. (*Солженицын. Матренин двор*)

Но и у неё не было никого, кроме нас. (*Юрий Трифонов. Предварительные итоги*)

По горам твоим Балканским Раздалась слава о нас! (*Горький. Жизнь*

Клима Самгина)

2)第一人称物主代词(мой, моя, моё, мои; наш, наша, наше, наши)及其各格形式。

Таким образом он за контору получил деньги огульно по подряду и делает дело на мой счёт. (*Фет. Осенние хлопоты*)

Если бы снять с груди и с плеч моих тяжёлый камень, если бы я могла забыть моё прошлое! (*Чехов. Вишневый сад*)

Ко всем нашим сидящим добавился ещё Николай. (*Василий Гроссман. Жизнь и судьба*)

3)第一人称单数不能构成命令式①,第一人称复数命令式称作共同行为形式(форма совместного действия),由动词完成体将来时或未完成体现在时复数第一人称形式构成[*Пойдём (те)!*; *Споём!*; *Купим!*; *Бежим!*; *Едем!*]。第一人称命令式更为普遍的形式为:давай (те) + инф. (несов.)/спря. (сов.)[*Давай(те) играть!*; *Давай(те) учить!*; *Давай(те) отдохнём!*]。

И дядя как-то незаметно вздохнул и ответил: "Ну, что ж, едемте!" (*Домбровский. Факультет ненужных вещей*)

4)词汇手段

叶斯珀森的《语法哲学》里讲道,一些语言中说话人使用"您的仆人""奴仆""臣民""yours truly""number one"等作为表达第一人称的手段,还可以通过被动结构等方式尽可能地避免提到"我"(参见 Есперсен 2006: 252)。俄语

①第一人称单数不构成命令式,但是命令式形式可以与第一人称形式搭配使用,"命令式形式除了表达敦促、要求、请求等意愿意义,还可以表达应该、愿望、条件、让步等意义,这时命令式形式作为各种句法式意义的载体,这些意义的出现与人称意义的转义有关"(参见 Грамматика современного русского литературного языка 1970: 356)。例如:*Придёт с дежурства, начнёт шуметь, я опять не спи всю ночь.*(此例句摘自 Грамматика современного русского литературного языка 1970: 579);*Я уверен, что большинство мужчин меня не поняло бы, расскажи я им об этом.* (*Дмитрий Каралис. Роман с героиней*);再如类似 *пусть буду*; *пускай я буду* 这样的搭配:*Пусть буду несчастна одна я, а не трое.* (*Булгаков. Кабала святош*);*Так пускай я буду какая есть, но не буду притворяться.* (*Толстой. Анна Каренина*)。

中也有此类现象，如下例所示，词组 *ваш покорный слуга* 指代说话人“我”，表示谦卑恭敬：

Ваш покорный слуга, камрады, имел удовольствие быть обладателем пары немецких костюмчиков.（*Эдуард Лимонов. У нас была Великая Эпоха*）

第二人称的边缘表达手段

维诺格拉多夫曾提及第二人称的多种句法表达：*Вам теперь, чай, не до нас, Тимофей Васильевич?*（*А. Жаров, Гармонь*）；*Вам бы прилечь… Что с вами?*（*Крымов, Танкер «Дербент»*）；*Сюда! за мной! скорей! скорей! Свечей побольше, фонарей*（*Грибоедов, Горе от ума*）.（Виноградов 1975：270）。从他的例句中我们可以看出，第二人称不仅可以用人称代词的间接格形式表达，而且在不含人称代词和动词人称形式的表述中，第二人称意义可以通过情景语调等手段表达出来。我们列举出第二人称除动词人称形式和人称代词以外还可具有的表达手段：

1）第二人称代词的间接格形式（如：*тебя, тебе, у тебя, для тебя, за тебя, на тебя, к тебе, с тобой, о тебе; вас, вам, вами, о вас, у вас, к вам, по вам, с вами…*）

Если будешь молчать, то тебе же самому будет покойнее.（*Чехов. Вишневый сад*）

Но сейчас я за тебя более-менее спокоен, ты очень поумнела, я надеюсь.（*Людмила Петрушевская. Маленькая волшебница*）

Мы по вам соскучились…（*Леонов. Барсуки*）

2）第二人称物主代词（*твой, твоя, твоё, твои; ваш, ваша, ваше, ваши*）及其各格形式。

Вереск-лёд — твоя прелесть запечатлена в моём сердце.（*Бунин. Грамматика любви*）

Судя по вашему нелюдимому виду, вы на многое способны!（*Шолохов. Поднятая целина*）

3)第二人称命令式

第二人称命令式表示说话人向受话人发出的命令、请求、建议等，一般通过动词词尾变化形式表达(动词词干加-й，-и，-ь，表复数时再加-те)。一些动词有特殊的命令式形式，如：*пить-пей(те)*；*ехать-поезжай(те)*。

Да что такое случилось? Говори толком! (*Чехво. Радость*)

Поди, оставь меня одну. Дай, няня, мне перо, бумагу,

Да стол подвинь; я скоро лягу;

Прости. (*Пушкин. Евгений Онегин*)

第二人称命令式还可以通过动词不定式及陈述式第二人称形式配以命令语气表达，这种命令语气较为强硬：

—Молчать! —произнёс угрожающе тот, кто сидел напротив. (*Сергей Довлатов. Заповедник*)

А ты стоишь и думаешь —куда же подевался тот зеленый пластмассовый горшок? (*Андрей Геласимов. Рахиль*)

4)语调

表达命令、请求、疑问等情态的语调-句法手段传达出指向第二人称的命令、催促、询问等意义。如：*Шаг назад!*；*Побыстрее!*；*Воды?*

Вперёд, марш! Бегом, бегом! Скорее, скорее! (*Анатолий Рыбаков. Тяжелый песок*)

— Да побыстрее! Замерзну! (*Дмитрий Каралис. Раки*)

Ну что ж? Готово ли? Нельзя ли поспешить? (*Катаев. Алмазный мой венец*)

5)呼语

一些非人称形式也可以起到人称指示的功能。在第二人称指示中，说话人常常使用人名、头衔、亲属称谓等起到呼语功能的词语来指示听话人，这种人称指示现象常见于对话中，呼语的使用伴随着一定的语气。

—Иван Матвеич, друг мой, итак, ты жив! (*Достоевский. Крокодил*)

—Скипел чай? Март, милый, дай мне… (*Замятин. Пещера*)

6）词汇手段

俄语中一些词组在言语交际中表达第二人称意义：如 *ваше величество*，*ваше высочество*，*ваше сиятельство*，*ваше превосходительство*，*ваша светлость* 等，沙俄时期这些词语用于对皇室、贵族、高官的尊称。*ваше священство*，*ваше святейшество*，*ваше высокопреподобие*，*ваше высокопреосвященство*，*ваше блаженство* 等是用来对神职人员称呼的敬语。

Я согласен с вами, ваше превосходительство, это испорченный мальчишка.（Чехов. Протекция）

Вот и отлично, ваше высочество, моя будущая королева, — с низким поклоном произнес Луч.（Чарская. Царевна Льдинка）

3.3.2 第三人称的核心及边缘手段

第三人称的核心表达手段

第三人称的核心表达手段为一格形式的第三人称代词（*он*，*она*，*оно*，*они*）和动词人称形式（如：*читает*，*читают*，*будет читать*，*будут читать*，*прочитает*，*прочитают*…）

第三人称的边缘表达手段

1）间接格形式的第三人称代词（如：*его*，*ему*，*для него*，*с ним*，*её*，*ей*，*от него*，*к ней*，*над ней*，*их*，*им*，*на них*，*о них*…），表示主体、客体、原因、方位等意义。

С ним хорошо: к победе не ревнив, из-за пропущенных мячей не убивается.（Татьяна Набатникова. День рождения кошки）

Он возвышался над ней грозно, как царь Петр над царевичем Алексеем, и так же неумолимо.（Вахтин. Надежда Платоновна Горюнова）

На левой руке у меня стояла перевёрнутая дном кверху кадушка, и на ней лежали мои ботинки, рядом с ними ободранный, голокожий петух с окровавленной шеей, рядом с петухом его разноцветные перья грудой.（Булгаков. Полотенце с петухом）

2)第三人称物主代词(*его*, *её*, *их*)

Батюшке засвидетельствуй мое искреннее почтение. Напиши мне, каково его здоровье. (*Пушкин. Марья Шонинг*)

3)第三人称命令式

说话人所提出的命令、建议、要求是针对第三方，希望第三方作出的行为。第三人称命令式由语气词 пусть(<口> пускай, <旧> да)+动词第三人称形式构成。

Если мне не верите, пусть он сам скажет. (*Фазиль Искандер. Время счастливых находок*)

Пусть будет тихо, пусть ветер рвётся и гудит в наружности, я устал, и шишка моя болит. (*Мариам Петросян. Дом, в котором…*)

Да ведают потомки православных

Земли родной минувшую судьбу (*Пушкин. Борис Годунов*)

4)表示第三人称意义的其他代词

第三人称代词用于指代说话人、听话人之外的第三方或是上文中已经提及的人、事物或现象。与第一、第二人称不同，第三人称代词具有回指(анафорический)功能，能够起到这一功能的还有其他一些代词，如：*тот* (*та*, *то*, *те*), *этот*, *и тот и другой*, *первый …* , *второй …* , *последний* 等。

Князь с любопытством рассматривал Рогожина; казалось, тот был еще бледнее в эту минуту. (*Достоевский. Идиот*)

Приехавшие к обеду генерал-губернатор и доктор Франсуа, … , искренне обрадовались при виде Мари. И тот и другой даже обняли ее по-отечески и поцеловали в щеку. (*Вацлав Михальский. Одинокому везде пустыня*)

Здесь в маленьком купе работают Устинович и Медведева. Последняя, с неизменной, папироской в зубах, лукаво посмеивается уголками губ. (*Островский. Как закалялась сталь*)

代词 кто 与 вот 组合为 вот кто 表达确定主体，“вот кто 的组合形式进入确定性分节，通过指出单个人（也可以是动物）或确定的许多人（*Это сделал вот кто*：*Ваня*；*Это сделали Ваня и Коля*，*вот кто*）而使意义个性化”（Шведова 2005：480），上述例句中 вот кто 这一组合形式根据上下文表达第三人称意义，但也可用以其他确定人称，如：*Одинокая женщина сильно за сорок с двумя детьми на руках — вот кто я.*（Юлия Пешкова. Одиночество Изабеллы）

5）名词及名词词组用于第三人称

名词用于指称对象（包括人、动物、事物、现象、概念等），在言语交际中它可以作为说话人和听话人用于指示第三方的对象，可以是未参与言语交际的他者，或是谈论的事物或外部环境等。

—…，*я увезла Анну*，*и я обещалась отвезти её*，…

—… *но я вижу*，*что Анна не совсем здорова*，*и желаю*，*чтоб она ехала со мной.*（*Л. Толстой. Анна Каренина*）

上则例子中对话双方在谈论有关第三方的人（*Анна*），下面的例句中则是有关抽象的概念（*любовь*，*грех*）：

— *Ужасно то*，*что мы — старые*，*уже с прошедшим* … *не любви*，*а грехов*…

— *Ну*，*у тебя грехов немного.*（*Л. Толстой. Анна Каренина*）

我们可以通过第三人称代词的意义和功能来理解名词及名词词组的第三人称意义。通常，表达人或事物意义的名词、名词词组可以使用第三人称代词替代，这些词如同第三人称代词的先行词，在没有被说话人转义使用或配以语气、语调用作呼语的情况下，它们与代词在人称上是统一的，均为第三人称。

Я нынче узнал，*что брат Николай*… *знаешь*，*он тут*… *я и про него забыл.*（*Л. Толстой. Анна Каренина*）

Я честолюбив，*это моя слабость*，*и я признаюсь в ней.*（*Л. Толстой. Анна Каренина*）

6）称名句

称名句表达事物、现象等的存在，常常用于描写外部环境、场景等。称名句由一格形式的名词构成，可以带有其他扩展成分。除了对事物、现象的描写，说话人还可对它们表达出疑问或感叹。

Земская больница. За отсутствием доктора, уехавшего жениться, больных принимает фельдшер Курятин…（*Чехов. Хирургия*）

Вот мельница. Она уже развалилась…（*Пушкин. Русалка*）

Они тотчас: разбой! пожар!

И прослывёт у них мечтателем! опасным!!

Мундир! один мундир!（*Грибоедов. Горе от ума*）

3.3.3 不定人称的核心及边缘手段

不定人称语义的特点在于对于说话人而言行为主体是不确定主体，或行为主体相对于行为本身并不重要，抑或说话人有意不明说行为主体为何人。从这一语义特征出发，不定人称的表达手段不仅限于不定人称句，俄语中有多种语言手段都可以服务于这一意义的表达，我们将不定人称意义的核心及边缘表达手段总结如下：

不定人称的核心表达手段

1）单部句，即不定人称句：$Ø_{3\,мн}$①+动词的复数第三人称形式

“不定人称意义不取决于时间形式——它可以表达为任何时间形式，包括过去时形式在内。比如：*передают сводку погоды, … передавали сводку погоды, … будут передавать сводку погоды.*”（Никитевич 1963：212）。

Иначе бы меня уже давно на пенсию турнули.（*Андрей Геласимов. Чужая бабушка*）

在单部句的类型中还有一种情况是带有表示地点意义成分的句子，“不

①$Ø_{3мн}$这一符号是布雷金娜和什梅廖夫用以标记不定人称句中的零形主语，而泛指人称句的主语则被标记为 Ø/ты，即有零形式和非零形式两种，他们认为，充当泛指人称句的主语是一种“特殊的泛指人称代词”（参见 Булыгина，Шмелев 1991：44）。

定人称情景的一种类型，包括通过表述的方位成分（локативный компонент）来描述人称的不确定类型：*Шестеркин... . Меня в Кремле знают*（*В. Панова*）试比较：*в городе*，*на заводе*，*в газетах* 等”（Бондарко 2002：551）。这类表述从形式上来看是单部句类型，但是它们含有不定主体，它表现为空间主体替代表人主体，指处于该空间的人，并且具有主体的不确定性特征。

2）双部句，主语为以下表示不定人称意义的词或词组

表人的不定主体可以由一些“半代词的（полуместоименный）词和词组”来充当，比如“*один*（*один кто-то*，*один какой-то*），*иной*，*другой*，*один человек*：*Бегут*：*иной с дубьем*，*Иной с ружьем*（Крыл.）；*Один говорит одно*，*другой другое*；*—Кто тебе сказал? —Один человек*；通常带有定语：*кто-то чужой*，*кто-то странный*，*кто-нибудь из вас*，*один из них* 等”（参见 Шведова 2005：481）。

a）*какой-то человек*，*один человек*，*люди*，*народ*

И мне крепко помог один человек из вашего ведомства.（*Веллер. Приключения майора Звягина*）

Народ собрался，*а докладчика всё нет.*（*Шведова* 2005：481）

b）不定代词：*кто-то*，*кто-нибудь*，*кое-кто*，*некто*，*некоторый*，*некий*，*иной*

Тогда был такой крик，*что все разбежались*，*а кое-кто пошёл на крик.*（*Юрий Коваль. Сиротская зима*）

Для иного наблюдателя все явления жизни проходят в самой трогательной простоте и до того понятны，*что и думать не о чем*，*смотреть даже не на что и не стоит.*（*Достоевский. Два самоубийства*）

c）*многие*，*немногие*，*некоторые*，*одни...*，*другие...*

Семья была большая，*многие спаслись*，*кто-то уехал в Голландию*，*кто-то в Америку.*（*Людмила Улицкая. Пиковая дама*）

Видела много знакомых лиц. Одни слегка кивали мне，*прощаясь*，*другие отворачивались.* (*Василий Гроссман. Жизнь и судьба*)

d)代词 *кто*, *кто...* , *кто...*

Если кто может спасти его, уберечь от смерти, так это она. (*Грекова. Фазан*)

Сидящие — кто опустил голову, кто обхватил ее руками. (*А. Толстой. Хождение по мукам*)

Кто заплатил, а кто не хочет, ко мне идут жалуются. (*Фридрих Горенштейн. Куча*)

e)数词 *один*, *один...*, *другой...*

古列维奇(В. В. Гуревич)指出，带有-то的不定代词表明说话人不清楚事件的参与者为何，而 один 一词表明说话人知道所言是谁(什么)，但是他不想指出来(Гуревич 1983：55)。

Пришли они только на десятый день. Вернее, пришёл один этот "мой знакомый". — Пойдём со мной, — сказал он, когда я, ничего не подозревая, открыл ему дверь. (*Андрей Геласимов. Ты можешь*)

Но мы никак не могли обсудить проблему, потому что стало вдруг трудно собраться. То один человек не придёт, то другой. (*Андрей Геласимов. Фокс Малдер похож на свинью*)

不定人称的边缘表达手段

俄语中还有一些句法结构可以表达近似于不定人称的意义，它们可以转换为不定人称句。如加克所指出的，不确定的行为者事实上有两种情况：要么确实是未知的，要么是已知的，但由于某种原因未被指明。排除行为者有两种基本方式：减少动词配价及行为过程的称名化(номинализация)(以下内容参见 Гак 1991：78-81)。

减少动词配价指的是去除主体配价，所形成的相应的句法结构有以下几种：

1)被动结构①

Книга обсуждена.(*Книгу обсудили.*)

На этом заводе перевыполнен план.(*На этом заводе перевыполнили план.*)

2)反身被动结构

Строится радиоцентр.(*Строят радиоцентр.*)

Вопрос обсуждается.(*Вопрос обсуждают.*)

3)无人称结构

俄语中表达不定人称意义是带有否定意义的无人称结构所特有的。

Ничего не ожидается.(*Ничего не ожидают.*)

Никакой беседы не велось.(*Никакой беседы не вели.*)

排除行为者的另一种方式是行为过程的称名化。使用动词不定式或动名词表达抽离于具体行为者的行为。它们的使用为排除语义主体创造了条件，因此可以表达不定人称意义(Гак 1991：79)。

4)称名句

一些称名句中的名词可以表示相应的行为，它的使用能起到排除行为主体的作用，它可以转化为不定人称句。

Звонок!(*Звонят!*)

Женщине всюду помехи.(*Женщине всюду мешают.*)

Крик, хохот, песни, шум и звон,

Разгульное похмелье…(*Пушкин. Жених*)

这种情况下，称名句还可以和不定人称句并行使用：

А в доме стук, ходьба, метут и убирают.(*Грибоедов. Горе от ума*)

5)主体称名化(субъектная номинализация)

---

①被动结构作为不定人称意义的边缘表达手段与不定人称的核心表达手段——动词复数第三人称形式表达的不定人称意义之间存在差异，复数第三人称形式更加体现出对于说话人而言行为者的不确定性，而被动结构在行为者不确定性方面没有那么强烈，它完全可以是说话人隐匿行为者的一种手段，对此可参见维诺格拉多夫的解释(Виноградов 1947：461)。

被称名化的成分起到主语的功能。

Там стрельба. (*Там стреляют.*)

Произошла ошибка. (*Ошиблись.*)

Раздался крик. (*Кто-то крикнул.*)

Бой шел всю ночь. (*Сражались всю ночь.*)

Как только разговор заходил об этом. (*Как только начинали об этом говорить.*)

Вслед за тем раздались свистки, крики, ударил колокол и возник топот. (*Мартынов*) 该句中可以假设出不定人称：*кто-то засвистел, кто-то ударил в колокол* 等。

6) 客体称名化(объектная номинализация)

被称名化的成分在句法上作句子的次要成分——补语或状语，用于表示过程。

Они получают помощь. (*Им помогают.*)

Я получил приглашение. (*Меня пригласили.*)

Они подвергались преследованиям. (*Их преследовали.*)

Дом находился под наблюдением. (*За домом наблюдали.*)

上述所列不定人称的边缘表达手段虽然都可以转化为不定人称句，但是需要指出形式上的不同还是会伴随意义上的差异，这种排除行为者的表达方式使得行为者的形象更为模糊化。比如下列两个被动结构转化为相应的不定人称句：

Вопрос изучается.

Вопрос изучают.

О результате вы будете своевременно извещены.

О результатах вас своевременно известят. (*Бондарко*)

在被动结构中行为主体被隐匿，行为的发出者是谁无从判断，“不排除说话人参与所述情景的可能”(Бондарко 2002：558)，而不定人称语义的一个特点就是行为主体排除说话人，因此被动结构表达的不定人称意义和不定人称句的人称意义是有区别的。

3.3.4 泛指人称的核心及边缘手段

泛指人称的语义特点在于行为主体为包括说话人在内的任何人。传统句子结构模式的纯形式描写不能明确地体现出泛指人称意义，那里只对动词形式加以描写，而对情景中重要的主体(行为主体)没有给出说明。同样，泛指人称句作为句法人称范畴，它的意义不是词法范畴意义，而是句法层面的，因而它的表达手段不是某一词法范畴手段——动词的变位形式，而是整个句法结构。

我们认为，泛指人称源于说话人所描述的情景为泛指情景，其中的行为主体为泛指主体，因此，俄语中谓语动词第二人称形式的泛指人称句只构成了泛指人称的核心表达手段，还有很多其他语言手段也能起到表达泛指人称意义的功能，这些具有不同形式的句子在《80 年语法》中统称为“带有泛指人称意义的句子”(Русская грамматика т. Ⅱ 1980：245)。在此基础上，我们将泛指人称的核心和边缘表达手段概括如下：

泛指人称的核心表达手段

泛指人称的核心表达手段为泛指人称句：Ø + 动词的第二人称单数形式

Поспешишь —людей насмешишь.

Криком да бранью ничего не возьмёшь. (*Тургенев. Контора*)

泛指人称意义可以使用动词第二人称单数形式表达，但是反之，动词第二人称单数形式不都表达泛指人称意义，动词的人称词法形式只有在整个句法结构中才能表达相应的句法人称意义。

泛指人称的边缘表达手段

1)单数第一人称形式

包括动词的第一人称形式、第一人称代词和第一人称物主代词。单数第一人称形式一般不能表示泛指意义。作为泛指主体意义(即行为可以与任何人有关)的例子在俄语语法及教科书中往往可以见到为数不多的带有第一人称单数形式的谚语、箴言。

Моя хата с краю, ничего не знаю.

Чужую беду руками разведу, к своей — ума не приложу.

Чье кушаю, того и слушаю.

Я Мыслю - следовательно, существую.

人称代词 я 也可以表达“任何人、所有人”(любой, всякий человек, человек вообще)的意思：*Было бы хорошо, если бы книга с шутливым названием « Мама, папа и я » была прочитана каждым « я », каждой матерью и отцом, порождающими новые «я»* (*журн.*). 在这些情况中 я 一词得到阳性特征(Русская грамматика т. I 1980: 532)。

一些学者虽然认为第一人称单数形式可以表达泛指人称意义，但仍然强调它们与第一人称之间存在关联，“第一人称单数形式有时用以表示泛指主体，且在这种情况中个体-人的意义弱化了……然而，在这些情况中，与说话人主体，与‘我’的直接关系依然清楚地保留着”(Виноградов 1947: 458)。巴巴依采娃也有类似的表述，认为如果行为实现的话，那一定是说话人，她甚至将这类表述归入确定人称范畴(参见 Бабайцева 2004: 115-116)。库斯托娃将这些情况中泛指意义的产生归于时间的泛指意义(抽象现在时)(Кустова 2011)。我们认为，此类表述的人称特征从两个方面来界定：首先，从所述情景方面来看，表述指称的情景是泛指情景，具有抽象性。泛指情景中时间、空间、主体各要素均具有抽象性；其次，从言语行为方面来看，此类表述的说话人通常是抽象的说话人，没有明确的所指。泛指的所述情景主体与抽象的说话人之间的对应关系所带来的人称必然具有泛指意义，也就是说，这种抽象的泛指意义的根源并非在语言自身，而是在于人及其所认知和描述的情景，语言终究是人的意识的表达手段。但是，在语言层面形式上的差异会带来意义上的区别。泛指意义的表达采用第二人称单数形式、第一人称单数形式、第一人称复数形式或是第三人称复数形式等其他形式，表明了所述情景主体与说话人之间的距离。说话人对所述对象以自我为参照中心作出人称关系的判断。第一人称“我”为说话人自己，距离最近，“我们”是将听话人也纳入进来，第二人称指示听话人，第三人称与说话人间的距离相较于第一人称与第二人称较远。

2）复数第一人称形式

Авось живы будем, не помрём.

Живём рано, а сеем поздно…（*В. Даль*）

3）单数第二人称形式

Умный бы ты был человек —кабы не дурак.

Ты этого хочешь, ты этого и получишь.

… у каждого дома есть сквозные ворота, и ты так шмыгнёшь, что тебя никакой дьявол не сыщет.（*Гоголь. Ревизор*）

人称代词 я 和 ты 可以表达抽象的泛指意义，对此《80 年语法》的解释是，这种情况是当“与个别且确定的人有关，同时也可能——在类似情景中——与其他任何人有关”：*Я человек и ничто человеческое мне не чуждо*；*Услышишь суд глупца и смех толпы холодной, Но ты останься тверд, спокоен и угрюм. Ты царь: Живи один. Дорогою свободной Иди, куда влечёт тебя свободный ум.*（Пушкин）（Русская грамматика т. I 1980：533）。

4）复数第二人称形式

Говорил он так, что, даже не видя его лица, вы по одному звуку его голоса чувствовали, что он улыбается.（*Тургенев. Ася*）

上句是《阿霞》中人物-叙述者描述人物 Гагин 的一段文字，这不是人物之间的对话，而是人物-叙述者的叙述话语，因此句中的第二人称代词 вы 不是指具体的听话人，而是泛指任何一位读者，使读者更能真切体会到叙述者所描述的情形，“即使不看他的面孔，单凭他的声音您就能感觉到他在微笑”。

《80 年语法》中也提及代词 мы 和 вы 可以用于抽象的泛指意义：*Охотно мы дарим, Что нам не надобно самим.*（*Крылов*）；*В магазине продавались детские игрушки. Привлекали к себе внимание —да просто вы окаменевали, глядя на них! —волшебные фонари.*（*Олеша*）.（Русская грамматика т. I 1980：535）。

5)泛指主体(Ø)+ 动词第三人称复数形式

Цыплят по осени считают.

В чужой монастырь со своим уставом не ходят.

А ведь ворон ни жарят, ни варят. (*И. Крылов*)

6)泛指主体(Ø)+ 动词第三人称单数形式

Под лесом соломинку видит, а под носом бревна не видит.

7)泛指主体(Ø)+ 动词不定式

Руководить —значит проверять. (*Шведова*)

Математика понадобится только для того, чтобы считать деньги на базаре. (*Токарева Виктория. Своя правда*)

从句中 *считать деньги* 的行为主体为泛指主体，采用零形式的表达手段。

8)泛指主体(Ø)+ 动词第二人称命令式

Береги честь смолоду!

Любишь кататься —люби и саночки возить.

Не давши слово —крепись, а давши — держись.

Куй железо, пока горячо.

9)泛指主体(Ø)+ 动词过去时①

Либо пан, либо пропал.

Метил в ворону, а попал в корову.

Людей-то у нас один-другой —да и обчёлся.

10)被动结构也可以表达泛指人称意义

Из любой ситуации найдётся выход. =*Из любой ситуации найдёшь выход.*

---

①动词过去时一般不能用于表达泛指人称意义，如尼基捷维奇所言："过去时形式不具有泛指人称意义，具体的有限制的时间不能与抽象的行为兼容，而抽象的行为无论是在主体上，还是在时间上都不能是受限的"(Никитевич 1963：212)。但是如上述例句所示，动词过去时确实可以使用于格言中表达泛指人称意义，对此维诺格拉多夫的解释是：过去时形式"可以表达行为出自未被称名的或暗指的人。因此它可以在格言中获得泛指人称意义"(Виноградов 1947：461)。对于泛指人称我们认为它与所描述的情景类型有关，具体请见第四章有关人称与情景类型部分。

11）当下列词或词组用于表示泛指主体，泛指“任何人”“人人”“每人”“所有人”时，它们表达的人称意义为泛指人称。

a）限定代词 *каждый*，*любой*

Смерть не шутит, и с нею не пошутишь. Каждый свою получает только раз. (*Олег Павлов. Карагандинские девятины, или Повесть последних дней*)

Да ты так за него цеплялась, так смотрела, что любой бы остался. (*Маша Трауб. Ласточ…ка*)

b）否定代词 *никто не*

Сюда никто не войдёт. = Сюда не войдёшь.

Потому что в нашем районе не было труб. Печку никто не топил. (*Андрей Геласимов. Жанна*)

В слезах никто не видит; а песни всяк слышит. (*посл. Даль*)

От грязи ещё никто не умирал, а от чистоты никто не воскресал. (*Словарь народной фразеологии*)

c）疑问代词 *кто*

— Как не значит! Кому ж не хочется получше пожить! (*Бунин. Темные аллеи*)

Кто же отдаёт родного мужа в чужие руки? (*Токарева Виктория. Своя правда*)

— Кто же из-за этого будет злиться? (*Андрей Геласимов. Ты можешь*)

А кто не рискует, тот не выигрывает. (*Токарева Виктория. Своя правда*)

А кто виноват, что хочется жить? (*Андрей Геласимов. Фокс Малдер похож на свинью*)

d）代词 *все*

Все за одного, и один за всех.

О том, кого уважают все без исключения. (*Сергей Довлатов. Филиал*) е)(*каждый, любой*) *человек, все люди*

И человек лечится любовью интуитивно. Но скорее всего, счастье и горе — два конца одной палки. (*Токарева Виктория. Своя правда*)

Все люди с неясным и туманным ощущением жизни мечтают заниматься философией. (*Сергей Довлатов. Наши*)

А в жизни любой человек немного наигрывает. (*Алексей Слаповский. Большая Книга Перемен*)

3.3.5 无人称的核心与边缘结构

无人称语义的特点在于无人称表达一种自发行为或状态，其行为主体无以名状①，这一特点给无人称意义表达带来独特的形式：没有主语，谓语动词没有人称和数上的变化，只使用第三人称单数形式(*Его знобит*；*Скоро будет смеркаться*)，也没有命令式②及副动词形式，但可以有假定式，在过去时和假定式中无人称动词只具有中性形式(*Ему недоставало/недоставало бы опыта*)。对于无人称的形式特征希密克(В. В. Химик)是这样解释的："用于表达行为与行为主体间的弱相关采用抽象性、不具体性程度最高的形式，专门表达这一属性的形式就是第三人称形式——表示言语行为的非参与者，过去时及假定式形式表示与交际行为参与者的非区分性关联；最后，中性形式表示与现实实体之间没有直接联系"(Химик 1990：21)。

俄语无人称句在意义和形式上具有多样性。根据不同的分类标准可以将无人称句划分为不同的类型。

加尔金娜-费多鲁克按照无人称句的谓语所构成的词类属性，即由动词

---

①无人称句中往往只指出行为，而原因或行为的直接发出者是未知的、不确定的(Галкина-Федорук 2012：123)。

②在沙赫马托夫的无人称句的描写中我们可以看到无人称句使用动词单数第二人称命令式构成，这种情况是"当说话人实现某一行为或状态的要求或愿望不是针对人，而是针对行为或状态本身。这样的例子并不多，而且出自非标准语。*Ишь, дуй его горой, наляпался как Вл. Тьмы*；*Язви тебя* (*т. е. чтобы тебя язвило*)；*Ясни, ясни на небе, мерзни, мерзни, волчий хвост* (*сказка*)"(参见 Шахматов 2011：102-103)。

或静词用作谓语，将俄语无人称句分为两大类，每类又根据不同的词类和词形分为若干次类（Галкина-Федорук 2011）。我们在此基础上将俄语无人称范畴区分出以下五类：

1）动词

如前文第二章所述，对于无人称范畴的认识最早是始于动词词法角度的观察，但动词中的无人称（безличность в глаголе）和句子中的无人称（безличность в предложении）是不同的，“无人称动词是一个词法现象，而无人称句是一个句法现象”（Галкина-Федорук 2012：125）。无人称句中除了动词，还可以有其他词类作谓语，而且仅动词谓语而言，除纯无人称动词外，还可以是人称动词的无人称用法、动词反身形式和不定式。

a）纯无人称动词

俄语中有一类动词不具有任何人称形式，不能与第一、第二及第三人称兼容，“它们只具有一种功能——表达无人称”（Лаврентьев 2013：159），这类动词被称为纯无人称动词（собственно-безличный глагол）。纯无人称动词数量并不多，在使用中动词词尾标记为第三人称单数或过去时中性，还可以有体和时上的变化，例如：*светает*，*светало*，*будет светать*，*станет светать*，*начнёт светать*，*рассветает*，*рассветало*，*рассвело*，*рассветёт*，*недостаёт*，*недоставало*，*недостанет*，*недостало*，*тошнит*，*подташнивает*，*затошнит*，*стошнило* 等。

В самом деле，*уже* <u>*рассвело*</u>. （*Пушкин. Пиковая дама*）

Чудь <u>*брезжилось*</u>，*когда нас разбудили.* （*Аксаков. Детские годы Багрова-внука*）

Меня <u>*тошнит*</u> *от фиолетового лука.* （*Вадим Сидур. Памятник современному состоянию*）

b）人称动词的无人称用法

俄语中一些人称动词可以用于表达无人称意义，这种对于人称动词的使用是当“必须将行为‘剥离于’其发出者，将过程描述为自然发生”的情况（Лаврентьев 2013：177）。俄语中这类动词要多于纯无人称动词，如：

темнеет, *белеет*, *теплеет*, *холодеет*, *гремит*, *дует*, *морозит*, *метет*, *свежеет*, *сыреет*, *тает*, *несёт*, *носит*, *водит*, *везёт*, *придёт*, *горит*, *стучит*, *тянет*, *разносит*, *душит*, *жжёт*, *кружит*, *качает*, *рвёт*, *знобит*, *валит*, *сохнет*, *пахнет*, *воняет*, *давит*, *шумит*, *свистит*, *бьёт*, *убило*, *сбило*, *угораздило*, *надоело* 等。这些动词既可以用于人称句，也可以用于无人称句，它们与纯无人称动词不同，其无人称意义仅产生于句法使用中，例如：

И сырость из оврагов становится всё ощутительнее, в лесу холоднеет и темнеет ... (*Бунин. Антоновские яблоки*) — *Небо темнеет по краям; колючим зноем пышет неподвижный воздух.* (*Тургенев. Лес и степь*)

Меня словно обухом ударило. (*Чехов. Ночь перед судом*) — *Тогда щенок ударил лапой одного волчонка по большой голове.* (*Чехов. Белолобый*)

人称动词的无人称用法并不等同于一些动词仅具有第三人称的情况，后者在实际使用中不能用于第一、第二人称，因而不具有完全的人称聚合形式，“这些动词表达的不是人的行为，而是过程和状态，因此它们不具有按照人称变位的三成分的聚合体(трехчленная парадигма)”(Галкина-Федорук 2012：124)。例如仅用于表达动物或其他事物等的非人的行为：*отелиться* (*Корова отелилась.*)，*убыть* (*Вода убыла.*)，*миновать* 用于表示“过去、结束”意义时(*Экзамены миновали*)等。

c)无人称-反身形式

俄语中有许多动词可以构成无人称-反身形式(безлично-возвратная форма)：*Он не спит. — Ему не спится*; *Я сегодня не читаю. — Мне сегодня не читается*，很多无人称句的谓语是由反身动词(возвратный глагол)构成的。反身动词的基本意义是行为及于主体自身，但是无人称-反身形式却不能表达这一意义，“在现代俄语中-ся 不仅具有反身意义，而且有时赋以动词行为出现的独立性的意义或者表达动词及物性的局限，即促使表意集中于过程本身，或者赋予动词无人称、无主体性的意义”(Галкина-Федорук 2012：153)。常见于表达不可控、无意识的自发行为或生理、心理状态，如：

Что вы за архангел такой, что вам не живётся, не дышится и не сидится так, как обыкновенным смертным? (*Чехов. Безотцовщина*)

Мальчикам посчастливилось поступить в гимназию, а Нина так и осталась неученой... (*Чехов. Три года*)

d) 动词不定式

无人称句的谓语可以由动词不定式构成，"动词不定式，作为动词的一种形式，没有被赘以人称、数和性的意义，非常适于表达与行为人（лицо-действователь）不相关的行为或状态"（Галкина-Федорук 2012：200）。

Нет, тебе не сдобровать! (*Пушкин. Капитанская дочка*)

Уж не видать такого нам царя. (*Пушкин. Борис Годунов*)

А только, если б не барин, не видать бы вам этих самых денег. (*Островский. Лес*)

2) 谓语副词

无人称句中主要成分为谓语副词，包括以-o 为结尾的无人称谓语副词，它们又被称为状态范畴（категория состояния），如：*холодно, весело, спокойно, удобно, хорошо, плохо, жалко, напряженно, сердечно*，还可以是其他副词：*нельзя, надо, можно, нужно, жаль* 等。

И скучно и грустно, и некому руку подать В минуту душевной невзгоды ... (*Лермонтов. И скучно и грустно*)

Было грустно нам, а скучно не бывало. (*Крылов*)

Нет, сладко жить; страшно жить; стыдно жить. (*Распутин. Живи и помни*)

Сестра Терентьева сказала больному, что пить ему нельзя... (*Василий Гроссман. Жизнь и судьба*)

3) 被动形动词短尾

无人称句中的主要成分为被动形动词的短尾中性形式，"这一形式表达结束了的过程，转而进入状态中"（Галкина-Федорук 2012：258），在使用中

还可以带有系词 *было залито*，也可以加其他补语 *не написано ни одной строчки*，*куплено муки*，加动词不定式 *предложено сделать* 等。

Сказано — сделано.

Кто-то бежал из Москвы，а велено всех задерживать да осматривать.（*Пушкин. Борис Годунов*）

Так，видно，небом суждено.（*Пушкин. Евгений Онегин*）

Никому，даже Ленину，не было сказано об опасности.（*А. Толстой. Хлеб*）

在同一表述中无人称意义的表达可以是被动形动词、谓语副词和动词形式的综合使用，如：

В номерке было прибрано，светло，уютно и пахло о. Христофором，который всегда издавал запах кипариса и сухих васильков（*Чехов. Степь*）；

4）名词

无人称句的主要成分为名词，可以有以下一些情况：

a）在否定意义中，被否定的事物用第二格形式，如：*нет воды*，*не было времени*，*не будет войны* 等，表达事物的不存在。

На площади ни души.（*Чехов. Хамелеон*）

На грех мастера нет.（*Пушкин. Капитанская дочка*）

Про чёрный день нет песни у меня.（*Полонский. Дорога*）

b）使用名词第二格形式，表示事物的大量存在，如：*Народу*！；*Мне хочется тебе это сказать，чтобы ты знал，что крови ещё будет.*（*Булгаков. Мастер и Маргарита.*）

c）无人称述谓成分（безлично-предикативные члены）可以是名词，如：*грех*，*стыд*，*досада*，*страх*，*ужас*，*смех*，*жаль*；*охота*，*лень*，*неволя*；*пора*，*время*，*досуг* 等，它们与动词不定式组合参与无人称句的构成，表达行为的情态评价意义（参见 Галкина-Федорук 2012：317-324）。

Пойдём чай пить，— сказал дед … Видно，— судьба тебе со мной жить.（*Горький. Детство*）

Солнце село, и мне уже пора было идти домой. (*Тургенев. Ася*)

Охота вам жить у него да брань переносить. (*Островский. Гроза*)

一些学者还指出，能够起到表达无人称意义这一功能的词汇范围正在不断扩大，彼得罗夫(А. В. Петров)将各种不同词类都引入无人称语义表达的范围(包括感叹词 *Мне было ой-ой-ой*)(参见 Петров 2007：11)。

根据表达的语义类型无人称可以区分出以下几个基本类别：1)有关自然界和周围环境的状态，如：*светает*，*моросит*，*вечереет*，*дождит*，*Ещё нигде не румянилась заря, но уже забелелось на востоке.* (*Тургенев. Бежин луг*)；*За окнами уже совсем стемнело.* (*Солженицын. Матренин двор*)；2)有关人的物理或心理状态，如：*лихорадит*，*знобит*，*нездоровится*，*не спится*，*страшно*，*весело*，*И головке-то тяжело, и кушать-то не хочется.* (*Пушкин. Капитанская дочка*)；3)表示情态意义，如：*следует*，*стоит*，*придётся*，*необходимо*，*Надо всё обдумать всесторонне, обстоятельно.* (*Чехов. Свадьба*)；4)表示事物"有"或"没有"、"够"或"不够"等肯定或否定的意义，如：*Не было ни гроша, а вдруг алтын. Но уже вносила чай Настасья Григорьевна, и опять не хватило сил уйти.* (*Андреев. Ипатов*)。

在描述了无人称范畴的形式和语义类型之后，需要对无人称范畴作为一个功能-语义场进行描写，这就需要界定出该场的核心和边缘结构。彼得罗夫(2007)对俄语无人称范畴的核心-边缘结构作出了大致划分，这里我们也谈谈对于俄语无人称功能-语义场的场状结构的理解。我们知道，功能-语义场的核心应该是该范畴特征最为典型的情况，在场的边缘其核心特质消减至最弱，因而描绘无人称功能-语义场的结构，首先需要明确无人称范畴的主要特征是什么。在第二章讲到 категория личности 和 категория безличности 是一组对立范畴，它们在词汇语义、词法形式、句法结构和所指确定性/不确定性方面体现为不同的特征。如拉夫连季耶夫指出的，категория личности/безличности 是同一现象的两极，本身源自同一抽象意义(行为与语法主体的关系)：行为与语法主体的相关性及行为与语法主体的不相关性

（参见 Лаврентьев 2013：95–96）。与此相应，我们认为 категория личности/безличности 也是句子主体所指的确定性与句子主体所指的不确定性这一同一现象的两极。从这两方面考虑，категория личности 和 категория безличности 分别具有的形式特征和语义特征为：

	категория безличности		категория личности
形式特征	无主语	↔	有主语
语义特征	主体最大程度消除	↔	句子主体有确定所指

我们用双向箭头"↔"表示 категория личности 与 категория безличности 构成一个连续统，它们之间的对立为渐变对立（градуальные оппозиции），即同一特征在不同程度上的差异。在无人称功能–语义场的核心区域是无人称的本质特征最为典型的情况，随着向边缘区域的过渡，категория безличности 的特征逐渐减弱，категория личности 的特征逐渐增强。在无人称功能–语义场的边缘是无人称句与人称句的交界地带，无人称句与人称句之间容易相互转化。无人称范畴包含着丰富的语义类型和多样的表达手段，因此，与不定人称和泛指人称只描写核心与边缘手段不同，我们对于无人称功能–语义场的场状结构的描写分别从形式和内容两个层面进行。

形式层面

位于无人称功能–语义场核心的是无人称语义的典型表达手段，即那些仅用于表达无人称意义的形式。加尔金娜–费多鲁克引证波波夫（А. В. Попов）的观点，认为无人称句的主要区别特征是："它们中没有名词或其他实词类的一格形式的语法主语，而在谓语形式中不表达人称意义并且根据形式无法作出对它的判断"（Галкина–Федорук 2011：123）。

无人称功能–语义场形式层面的核心结构为谓语由纯无人称动词构成的无人称句，这类动词自身在语义和形式上要求参与构建的句子无主语。它们仅具有用于构成无人称结构，表达无人称意义的功能。如拉夫连季耶夫所述："带有以纯无人称动词表达的主要成分的无人称句在双部句中没有与之相应的近义结构，也就是说它们不能被转换为人称句”（Лаврентьев 2013：172）。

俄语中有一些成语表达无人称意义，“无人称范畴的表达手段可以是各种不同结构的成语”，这些成语在无人称句中充当述体，进入一定的句法关系，表达无人称语义（参见 Петров 2007：195–215）。例如：表达人的不可控制的生理或心理状态：*У него темнело в глазах от радости ...*（*Пастернак. Доктор Живаго*）；*У Эраста Петровича отлегло от сердца – не промах Грушин, может за себя постоять.*（*Акунин. Смерть Ахиллеса*）；*Фу, чёрт возьми, что это мне как будто не по себе, нездоровится что-то?*（*Островский. Волки и овцы*）；某种不可知力的行为：*Непонятно, каким ветром его туда занесло...*（*Андрей Геласимов. Рахиль*）；*Дойдёт до жилья, обогреется, поест горячей картошки, и всю хворь как рукой снимет.*（*Быков. Сотников*）；*У доктора от недосыпу ломило голову.*（*Пастернак. Доктор Живаго*）这些由数个词汇单位构成的成语作为一个整体用以表达无人称意义，它们所形成的固定表达只用于无人称结构中，因而我们把它们也列入无人称语义的核心表达手段。

在无人称功能-语义场的最远边缘应该是无人称语义表达的非典型手段，它们所表达的无人称意义需要根据上下文来判断，而且处于 категория безличности 与 категория личности 之间的交界处，这种无人称结构很容易转换为人称句。属于无人称的边缘表达手段的是人称动词用于表达无人称意义的情况——人称动词的无人称用法。试比较：*Холодным ветром дует с севера.* —*Холодный ветер дует с севера*；*В лугах пахнет сеном.* —*В лугах пахнет сено.*（*Лаврентьев*）上述句子是人称句还是无人称句仅从谓语动词的形式和意义无法判断，而且两句之间的意义差别并不大，翻译为中文时这种差异甚至难以体现，加尔金娜-费多鲁克指出这类无人称句与其他无人称句所表示的行为发自某种不可知力不同，她更强调了该力的神秘性、非现实性（Галкино-федорук 2011：141）。有观点认为这类无人称句中有主体，只是表达为间接格形式，是主体语义等级的降低。

俄语反身动词在无人称功能-语义场表达层面的分布应该分情况而定，反身动词中有一类是纯无人称动词，如：*смеркаться*，*нездоровиться*，它们只能表达无人称意义，因而属于无人称范畴的核心表达手段；有一类反身动词既可用于人称句还可用于无人称句，如：*развидриться*，*удаться*，*понадобиться*，试比较：*На завтра развидрилось. Погода развидрилась.* 它们显然处于无人称场的边缘；还有一类是人称动词带-ся后构成无人称-反身形式，且只能用于无人称句中，如：*хотеть — хочется*，*спать — спится*，因而也列入无人称的核心表达范围。

位于无人称功能-语义场的核心与边缘之间的是一些自身形式上不带人称标记的表达手段，如：动词不定式形式、谓语副词、被动形动词短尾[①]等，它们在无人称句中用作谓语，表明对行为或状态本身的强调，相较于作谓语的动词人称形式，它们的这种无人称标记的形式本身体现出去人称、去主体的倾向。

无人称的形式特征为句子中没有一格形式的主语，"谓语根据自身语义不需要主语，因为言语的主要对象是行为本身，而本应充当主语的事物要么完全不被指出，要么表征为某种次要成分"（Попов，转自 Галкина-Федорук 2012：123）。按照波波夫的阐述，无人称的核心手段理解为"本应充当主语的事物完全不被指出"，这种情况应该为只含有纯无人称动词作谓语的无人称句（如：*Смеркается.*），而边缘手段是"本应充当主语的事物"被"表征为某种次要成分"，在这类无人称句中虽然没有一格形式的主语，但是含有名词或代词间接格形式的次要成分：二格形式的名词或代词：*не хватает силы*，*Меня не было дома*；三格形式的名词或代词：*Мне холодно*；*Больному нужно больше отдыхать*；四格形式的名词或代词：*Его знобит*；*От доброго дела тебя не убудет*（*Даль*）；带有五格形式的名词表达工具-主体意义：

---

①一些成语中的核心词为动词不定式、被动形动词短尾或谓语副词，如：（*кому*）*не сдобровать*，（*кому*，*чего*）*не миновать*；（*у кого*）*на роду написано*，（*кому*）*судьбой уготовано*（*что делать*）；*куда как*（*кому*）*нужно/надо*（*что делать*），*сколько можно*（*что делать*），它们作为无人称语义的成语表达手段也应列入核心范围中。

Лодку унесло течением. 等等。

内容层面

从语义方面来看，категория личности 和 категория безличности“指句子主体关联于外部世界某一事物(所指事物)以及该事物在时间及空间中的独立性”，在这种对立等级关系中，“表人主体要高于非人主体”，与 категория личности 一极相对应的典型类型为主体是表人的、个体的以及具体的人称句(其中确定性最高的是带有 я-主体的人称句)，它们往往有“主语和动词-述体的双重标记”，与 категория безличности 相对应的是无人称句，其中不确定性最高的是“表示非限定范围的自然现象的无人称句，其主体总是非人的、非个体的、不确定的，并且是不表达的，即主语空缺”(参见 БЭС 1998：272)。在无人称范畴的内部，依然存在句子主体的所指确定性程度上的序列性，“句子在无人称上的程度越高，其主体(更准确地讲是与其主体对应的所指)在空间意义上的不确定性就越大”(Степанов 1988：230)。

从这一标准出发，在无人称的数种语义类型中，位于无人称功能-语义场核心的显然是表达自然界和周围环境状态的一类(*Смеркается. Холодно. Дождит.*)①，在这类无人称语义中，主体的所指达到最大程度的模糊，在时空上难以明确其独立性，当然，也可以见到在时间或空间上有所限制的情况，如：*А на дворе давно уже побелело.* (*Грибоедов. Горе от ума*)，这时在无人称语义等级上显然低于时空无限制的情况，而且在句子的语义-结构类型上近似于带有空间-主体的句子，试比较：*В лесу тихо. На дворе холодно.* 位于无人称功能-语义场边缘的是含有确定的主体-执行者(субъект-исполнитель)的无人称语义-句法结构，在这类无人称句中虽然没有施事的表征，但是有确定的执行者②，它们是表人的主体，人作为不可控行为的被

①无人称句被区分为绝对无主体的和相对无主体的，奥夫夏尼科-库利科夫斯基提出要对无主体性(бессубъектность)的等级予以划分(参见 Галкина-Федорук 2012：79)。彼得罗夫认为类似 *Смеркается.* 这类无人称句是无主体无人称句(参见 Петров 2007：244-245)。

②根据阿鲁玖诺娃的观点，人称句是兼融“施事”和“行为执行者”二者角色于一体，而无人称句中此二者角色发生分裂，施事未得到表征(力表征为零)，而执行者则得到不同体现(参见 Арутюнова 1999：796)。

动执行者或非主观意志的心理、生理状态的持有者。在无人称功能-语义场核心与边缘之间的是客体-主体、主题-主体等类型，它们既可以是表人主体也可以是非人主体。

在内容层面无人称功能-语义场的核心-边缘结构的划分与无人称语义的主体类型有关。彼得罗夫从结构及语义双重原则出发，将无人称范畴划分出如下结构-语义类型（Петров 2007：244－245）：1）无主体的（бессубъектный）：*Смеркается. Морозно.*；2）方位-主体的（локативно-субъектный）：*В лесу тихо. В трубе гудит. В ухе звенит.*；3）三格表人主体的（дативно-субъектный）：*Мне нездоровится. Ему плохо. Ей горе.*；4）客体-主体的（объектно-субъектный）：*Развезло дорогу. Меня подбросило. Видно деревню.*；5）工具-主体的（инструментально-субъектный）：*Веет прохладой. Ветром сорвало крышу. Лицо перекосило судорогой.*；6）不定主体的（неопределенно-субъектные）：*Под столом зашуршало. Приказано идти.*；7）无人称-结果的（безлично-результативный）：*Славно спето. Так получилось. Вышло хорошо.*；8）工具-主题（инструментально-тематический）：*С хлебом туго. С пенсией не выходит. С парнем беда.*；9）无人称-生格①（безлично-генитивный）：*Нет ветра. Не оказалось книги.*；10）无人称-情态（безлично-модальный）：*Нам надо ехать. Ему хочется спать. Ей не до разговоров.* 11）无人称评价（безлично-оценочный）：*Мне трудно говорить. Ей приятно слушать.*；12）关联-关系的（контактно-относительный）：*Мне кажется，что …*；*Известно，что…*；*Получается，что…*。

依据彼得罗夫划分的无人称主体类型和《大百科辞典》的阐释，我们将无人称功能-语义场的语义层面的核心-边缘结构大致列为下表：

①生格句（генетивные предложения），“生格”是俄语第二格（родительный падеж）的原意（张会森 2012：483）。

<table>
<tr><td rowspan="8">核心→边缘</td><td>无主体</td><td rowspan="3">非人</td><td>自然现象、环境</td><td>Смеркается.
Морозно.
Вечереет.</td></tr>
<tr><td rowspan="7">有主体</td><td>空间-主体</td><td>В лесу тихо.</td></tr>
<tr><td>工具-主体</td><td>Ветром сорвало крышу.</td></tr>
<tr><td rowspan="3">非人/人</td><td>客体-主体</td><td>Развезло дорогу.
Меня тошнит.</td></tr>
<tr><td>主题</td><td>С хлебом туго.
С парнем беда.</td></tr>
<tr><td>无人称-生格</td><td>Нет воды.
Никого нет.</td></tr>
<tr><td rowspan="2">人</td><td>无人称-情态</td><td>Нам надо ехать.
Ему придётся ждать.</td></tr>
<tr><td>三格表人主体</td><td>Мне не спится.
Мне весело.</td></tr>
</table>

如彼得罗夫所指出的，无人称的核心结构是无人称语义内容与语法基础的述谓无人称完全吻合的情况，是无主体的无人称句，而在无人称场的近边缘和远边缘处，行为或状态主体以某种方式得到呈现（参见 Петров 2007：245）。

本章结语

以邦达尔科为主导的俄罗斯功能语法学派对语言范畴采用功能-语义的分析方法，他打破依照形态划分语言系统范畴的一贯做法，从功能-语义范畴具有的共同语义内容出发，将语言系统内不同层面的表达手段：词法的、句法的、词汇的、词汇-语法的、上下文成分等统合在内，形成了以范畴的语法语义为核心的，含有各种核心及边缘表达手段的功能-语义场。在功能-语义场理论框架下，邦达尔科对语言范畴做了较为全面的研究，涉及动词体范畴、时间范畴、人称范畴、情态性范畴、态范畴、存在范畴、空间范畴、所属范畴、数量范畴及质量范畴等。本章对于俄语人称范畴的描写正是以邦达尔科的功能-语义场理论为依据，在其对于人称功能-语义场的研究基础之上作出的详尽阐述。

以邦达尔科的有关人称功能-语义场的论述为指导原则，本章的内容主要包括以下几个方面：

第一，描写了俄语人称功能-语义场的场状结构。这一描写从两个方面着手：人称语义的核心与边缘等级；人称语义表达形式的核心手段与边缘手段；

第二，描写了俄语人称功能-语义子场的场状结构。总结了各个子场在俄语语言系统中的不同表达手段。

本章研究的新意：

根据俄语人称语义范畴划分出的第一人称、第二人称、第三人称、不定人称、泛指人称及无人称类型，将俄语人称-功能语义场视为一个下辖各个人称功能-语义子场的总系统，以功能-语义场理论为描写原则，依据加克、加尔金娜-费多鲁克等学者的有关研究，对俄语人称功能-语义子场做出了较为全面的描写。

对于不定人称、泛指人称和无人称范畴的描写并非针对俄语不定人称句、泛指人称句和无人称句的分析，而是将它们分别视为一个包含着核心及边缘表达手段的功能-语义范畴，传统语法中的不定人称句、泛指人称句及无人称句只是构成上述功能-语义子场的核心表达手段。特别是无人称范畴，根据第二章阐释的一组对立范畴 категория личности 和 категория безличности 所具有的形式及语义特征，本章对俄语无人称功能-语义子场的场状结构分别从形式和内容两个层面进行了描述。

第四章　俄语人称指示范畴

第二章和第三章讨论人称语义的界定、人称类型的划分及人称功能-语义范畴的核心与边缘表达手段，本章在自我中心主义背景下讨论人称形式的使用问题，说话人如何选择人称形式表达其对于世界的认知，说话人如何通过人称形式的选择以构建自我与他人间的关系。

4.1 俄语人称指示范畴与说话人

4.1.1 说话人与语言的自我中心性

20 世纪 50 年代本维尼斯特提出“人在语言中”的观念，语言中的人与人的语言，在这二元关系中，这里的“人”其实核心指向为“说话人”。说话人是语言的操控者，也是世界中的主导人物，在言语活动中“‘我’的地位总优越于‘你’”(本维尼斯特 2008：294)，而我的主体意识是通过语言来实现的。人在语言及在世界中的主体地位离不开其作为“说话人”的这一身份。“人在语言中并且通过语言自立为主体”，主体性体现说话人自立为主体的能力(本维尼斯特 2008：293)。“正是在言说之际，我指代着作为‘主体’进行陈述的说话人。严格来说，主体性的基础正在于语言的使用”(本维尼斯特 2008：296)。

“说话人”在语言研究中的重要性体现在有关语言研究的方方面面：

有表述有言语，就一定有说话人，说话人总是存在的，只不过是内隐的，还是外显的(Овсянико-Куликовский 1912：31)。

人称化(персонализация)又作信源化(авторизация)，是述谓性范畴的最重要方面，句子内容与现实间的对应性是由说话人来实现，说话人作为信息发出者的地位在述谓性的语法形式中找到表达(Ильенко 1975：155)。

斯捷潘诺夫认为语言是一个符号系统，其基本参照点与说话人个体直接相关（Степанов 1975：50)。

维诺格拉多夫指出，人称范畴与时范畴和式范畴联系紧密，并且都取决于说话人的视角(Виноградов 1947：477)。在具体的句子中人称、时间和情态意义是从说话人的角度来确定的。但是该视角本身决定于言语时刻说话人相对于对话方及句子中表达的现实片断的客观情况(Виноградов 1975：268)。

“人在语言中”，这一表达是指语言系统中一些成分与说话人有着直接关联，人称代词“我”及动词第一人称形式指示说话人，“说话者总是通过同一个指示词‘我’来指涉正在说话的自己”(本维尼斯特 2008：142-143)。本维尼斯特注意到一些动词，如“发誓”“承诺”“保证”等的第一人称现在时具有特殊的意义，“我发誓”“我承诺”“我保证”就是说话人作出发誓、承诺和保证行为本身，他将此称为“主观性陈述”，而且“它只相对于说话人我才能存在并具有自己的特征”(参见本维尼斯特 2008：300-301)。对于这种特征的本质性思索，使得本维尼斯特揭示出语言与其使用者说话人之间的内在关联，提出了“语言中的主体性”思想。

语言在其实义化过程中伴有说话人因素的必要参与的这一基本特质引起了哲学家及语言学家的共同兴趣。哲学家从真值条件语义出发，指出代词“我”在所指上的特殊性，客观世界并不存在一个永恒称之为“我”的实体，而含有代词“我”的命题在真值判断中必须考虑说话人的具体所指，比如，“我是拿破仑的母亲”这个命题只有在说话人是莱蒂齐娅・拉莫利诺时为真，否则为假。语言学家从语言形式表达的意义来看，有时形式的意义并非来自对客观世界的反映，对这些语言表达式的理解与说话人及交际语境密切相关，指出语言系统中的一些成分自身包含着对语境信息的编码，它们在话语中的使用直接标示着言说主体的存在。

说话人是世界的中心，他对于世界的认识与构建是以自我为原点的，"根据朴素自我中心主义(наивный эгоцентризм)，人以自我为中心来构建世界，'我'是这个微观世界的中心"(Норман 2009：46)。"自我中心"这一术语是由英国哲学家伯特兰·罗素提出，他将那些意义随着说话人及其所在时空位置变化而改变的词称为自我中心区分符(эгоцентрический спецификатор)(Рассел 1957：119)。他的理论思想为后续哲学及语言学，特别是语用学研究提供了重要理论基础。就俄罗斯语言学界而言，不少学者在语言的自我中心性方面开展了进一步研究，比如阿普列相(1986)、科夫图诺娃(1986)等。帕杜切娃指出语言中存在着一些自我中心成分，对语言的解释会受到交际情境改变的影响，这首先反映在那些所含语义在根本上与交际有关的语言成分上。帕杜切娃将这些语言成分称为自我中心成分(эгоцентрические элементы)，它们是指包含了对说话人(自我)参照的词和结构(Падучева 1996：200)。帕杜切娃对"自我中心"这一术语做了拓展使用，对于语言的自我中心成分的阐释是在叙事语义(семантика нарратива)框架下结合了不同的叙事形式。与术语"自我中心"相应的俄语表达有：эгоцентризм，эгоцентричная техника，эгоцентричка。

说话人问题成为近年来语言学研究的热点，与此相关，对语言的自我中心成分的研究范围也逐步深入与拓宽，从较为典型的指示语到以说话人为取向的，体现言说主体身份的各类语言单位及结构。库布里亚科娃说："语言的人类中心主义性问题最为鲜明地表现在言语的主体成分中。言语的主体成分是表述、语篇中鲜明表达主体存在的成分，体现出主体的心智、情感状态，其对于言语对象、受话人、情景等的态度。最为常见的主体成分是指示语、模态/主观情态、评价、语气词等"(Кубрякова 2011)。

"人的语言"，这一表达是指语言由说话人使用，为说话人所有，它的存在价值体现在言说，它服务于说话人的交际。如本维尼斯特所言，"在陈述之前，语言只不过是语言的可能性"，说话人在言说之时"将语言占为已有"，因此使用语言进行陈述是说话人的个体实现(参见本维尼斯特 2008：161)。

帕杜切娃指出，自然语言的词汇及语法范畴的语义为说话人赋予了不同的角色，在典型言语情景中这些角色都是由现实的说话人来扮演的。她为说话人区分出了以下四种角色：

1)说话人作为指示主体(субъект дейксиса)；

2)说话人作为言语主体(субъект речи)；

3)说话人作为意识主体(субъект сознания)；

4)说话人作为感知主体(субъект восприятия)。

说话人作为指示主体，是指说话人是指示参照系统的原点。说话人以自我为参照中心建立人称、时间及空间等指示关系；说话人作为言语主体，是指说话人是言语交际的参与者，这一点主要体现在言语行为中，说话人作为言语主体应履行一些言语规范和准则；说话人作为意识主体，这主要是通过上下文中的词或句法结构揭示出来，比如，说话人作为心智主体、情感或意愿状态的主体有时没有或无法在表述中获得外显表达，而是由述体语义暗指出来；说话人作为感知主体，是指说话人是所言说内容的感知者。帕杜切娃将说话人角色的划分视为语言的自我中心成分的分类方法之一(参见 Падучева 1996：262-265)。

语言研究的自我中心主义背景下要求更多地关注说话人的作用，对语言的描写结合说话人因素给出更为合理的解释。语言中一些范畴自身体现着与言语交际层面不可分割的联系。时间范畴、人称范畴等都反映着表述与说话人、与言语时刻之间的关联，这些范畴被统称为指示范畴。指示范畴充分反映了人与语言之间的密切关系，是相对于其他范畴与说话人结合最为紧密的。人称作为指示范畴之一，具有指示范畴的基本特征。人称指示关系在语言层面的投射中说话人具有主观作用。从现实到语言及从语言到现实中，轴心作用是作为思维主体及言语主体的说话人。

4.1.2 指示与指示语

Deixis 汉译为“指示”，该词源自希腊语，意为“指点”(pointing)、“指明”(indicating)。语言所表达的内容不只是对现实存在的反映，还有与言语情境的关联，而将语言分析与具体语境的结合正是语用学的研究路径，如列文森(S. C. Levinson)所示，“指示属于语用学的研究领域，它直接关系着语言结构与其使用的语境之间的关系”(Levinson 1983：55)。语言系统自身含有一些与语境密切相关的成分，本维尼斯特将它们称为“语言中的主体性”表达，“语言被深刻地打上了主体性表达的印记”(本维尼斯特 2008：295)，帕杜切娃将它们称为“语言的自我中心成分”。在这类语言成分中具有典型指示功能的是指示语。指示语是语言中自我中心成分的一类，人称代词是指示语的一种。表示时间、空间意义的代词、名词、副词、词组等都是指示语，是指示现象在语言中相应的成分。语言中自身就暗含着自我中心成分，这些自我中心特性影响到语言结构，使得语言得以交际。本维尼斯特认为语言之所以能够用以交际，是语言中自身具备一些特质。“指称词、指示词、副词、形容词，它们围绕着作为参照的‘主体’组织空间及时间的关系：‘这个、这里、现在’，以及众多的相关词语‘那个、昨天、去年、明天’，等等。它们都有一个共同特点，即只有参照它们的话语时位才可以被界定，也就是说要依附于在话语时位中进行陈述的我”(本维尼斯特 2008：296-297)。

传统认为的指示语有人称代词、物主代词、指示代词、一些时间和地点副词等，近些年对于指示概念的理解拓宽了，不同指示类型的参照点是作为言语主体的人，作为对周围现实存在感知和认知的人。主体对现实存在的感知及认知过程在语言形式中找到反映。对于指示开始理解为这样一类现象，对其的解释是有关言语行为所实现的超语言情景(экстралингвистическая ситуация)条件的知识。(Palmer 1976：128；ЛЭС 1990)。

因此，有必要将指示与指示语区分开。指示语“指在语境中才能确定其所指对象或所指信息的词语或结构”(何自然，冉永平 2009：31)。而指示是一种交际现象，它表明语言与说话人及其所处语境之间的密切联系。“指示这一术语指的是在言语活动中，尤其是在有一名说话人和至少一名听话人参与的这种典型的语言交际活动中，对参与者所谈及的人物、事物、事件、过程和活动等作出确切的理解都必须把它们和某些语境构成要素(如交际的时间、空间等）联系起来这一现象”（何兆熊 2000：56）。指示语是指示的符号表达之一，而指示并不是语言成分，它是一种交际现象，一种交际符号。指示表达一种意义，意义的载体可以是语言的，也可以是非语言的，比如手势或路标也可作为指示符号。指示和指示语的共性是都具有鲜明的自我中心性质，它们的不同仅从其术语表达中就可见一斑。姜望琪曾强调指出 deixis 表示“指示”，它不能译为“指示语”，英语中与指示语对应的术语为：deictics，deictic words，deictic expressions，markers of deixis，或来自拉丁语的：indices，indexicals，indexical expressions（参见姜望琪 2002），俄语中用以表示指示的术语有：дейксис（指示）、индекс，индексальность（索引）、эгоцентризм（自我中心主义），它们指的是指示这一现象本身，而术语шифтеры（转换语）、эгоцентритики（自我中心成分）、индексы（索引语）、операторы（算符）用作指示单位的名称。

在进一步对“指示”作出描述之前，有必要谈一下它与“指称”（референция）之间的关系。指称是指语言表达与语言外对象之间的对应关系（Шмелев 1992：267），什梅廖夫指出，在哲学中对于“指称”这一术语有时采用更为广泛的理解，表示介由语言表达的思想与现实存在之间的对应。指称的广义理解将说话人及具体语境因素纳入在内，实际上淡化了语义学与语用学之间的界限。比如，徐烈炯指出，“语义学的一大任务是阐明词语与世界上事物之间的联系”，“词语与事物之间的这种联系称为指称（reference）关系”（徐烈炯 1995：6），同时他表示“词语与所指对象之间的关系是间接关系，由说话者参与起作用”，并强调了指称与具体语境间的联系：“指称关系不是语法中抽象的词语与事物之间的关系，而是话语中具体场合下说的词语与事实之间的关系”（徐烈炯 1995：6-7）。林斯基（Linsky）指出，应该“分清通常所说的指称与哲学家所谓的指称。最重要的是要注意：是使用语言的人在指称，而不是他们所用的词语在指称”（转引自徐烈炯 1995：6）。帕杜切娃同样指出，“指称作为一种行为是由说话人来实现的”，“指称是语言表达在言语行为语境中对应的结果”。所不同的是她将指称划入语用学范围，“自然语言中的指称与语用学密不可分”，“指称实现的手段几乎总是指示性的，而且它们构成了语言自我中心成分的核心”(参见 Падучева 1996：244–245)。

与指称的广义理解不同，狭义的指称仅仅表达语言与所指对象之间的对应关系。指示则强调结合具体语境对所指对象的定位。就这一意义而言，指称与指示之间有区别。指称并非旨在对所指对象的明确，所指对象可以是确定的或不定的个体，还可以是一类事物的集合，甚至是无指。即使在具体语境中词语与所指对象之间也可以不是一一对应的，比如“昨天小王同我讲，说他想娶一个长头发的姑娘”，对于说话人“我”而言，上述内容是具体场合讲述的，但是“一个长头发的姑娘”可以指称任何一个留着长头发的女孩，如果小王不是在暗指某一心仪已久的长发姑娘的话，总之对于听话人(小王的对话方，即上述表述的说话人“我”)而言，小王所说的“一个长头发的姑娘”没有具体所指对象。因此，进一步来看，上述表述中“昨天”“我”为指示成分，结合语境它们获得了具体所指；“他”属于文内照应，指上文的“小王”，是指示语的非指示用法；“一个长头发的姑娘”则是指称成分，是对任何一个长发女孩的指称，可见，即使在具体话语中，指称成分依然保持自身属性，没有因在具体语境中获得明确所指。

对于指示而言，对表述中所指对象结合说话人及其语境因素作出定位很重要。列文森说：“无论语义学和语用学的界限如何划定，重要的一点是，指示涉及对话语本身周围环境的许多不同方面的编码。自然语言话语因此被直接‘锚定’(anchor)到语境的各个方面”(Levinson 1983：55)。有关时间、空间以及人称等的语言表达被“锚定”在说话人所处的语境中，它们自身是对语境信息的编码，受话人只有结合语境信息进行解码才能理解这些语言表达的意义。

因此，“指示本质上与话语语境或言语活动的特征进行语言编码或语法化的方式有关，也与依据于语境的分析对话语作出阐释的方式有关”(Levinson 1983：54)。我们认为，这里列文森对指示本质的概括包含两个方面，分别指向说话人和受话人。“对话语语境或言语活动特征的语言编码或语法化”与信息的发送有关，属于说话人的操作；“依据语境对话语作出阐释”与信息的接受有关，属于受话人的任务。

还应指出的是，指示具有一系列特征：

1）指示具有瞬时性

指示不是称名，它只起到指示标记（указатель）的作用。它不是对对象的稳定而长久的指称，它同所指示的对象之间的联系仅限于言语时刻的条件下，它的意义因使用的人，即说话人的更替而不同。指示与言语行为相伴而生，比如“我”仅仅存在于“我”在言说时，如本维尼斯特所言，“言说的‘自我’即存在的‘自我’”。试想，一群人同时发声说“我”时，每一个“我”都有确定的所指，但却是不同的所指，当言语终结时，这里的“我”都不存在了，有可能转换为他人口中的“你”或“他”。

2）指示具有语境依赖性

指示与语境的关联无需过多解释。指示结合语境才能发挥作用，它要求为意义的生成与理解加入语境参数，而指示语本身就包含着对语境信息的编码。

3）指示具有主观性

指示是由说话人来实现的，语言对主体、时间或空间等的指示必须通过说话人。说话人在指示中具有核心作用，指示受说话人主观因素的影响。比如人称的主观指示体现说话人的选择，更具情景性、特殊性，是说话人根据语境表达自己交际意图的个性选择，这种人称形式的使用更依赖于说话人自身的语言特点，更依赖于语境、交际情景、说话人的意旨等。这里我们将更多地关注人称指示的主观性方面，本章对于人称指示关系的描写主要是针对人称的主观指示。

4）指示具有自我中心性

指示需要通过一定的参照点来构建，情景中的主体、时空等成分是以此参照点来确定的，通常“说话人作为指示主体”，是指示参照的中心。在比勒的指示场理论中“我—这里—现在”主体定位系统（here-now-I system of subjective orientation）是以说话人、言说时刻和言说地点为坐标原点，“我”指说话人，“现在”是“我”作出表述的时间，而“这里”是“我”所处的位置。因此，空间和时间指示也是以说话人“我”为参照的，“语言中一整套指示词语是以说话人，即以‘我’为中心组织起来的”（何兆熊 2000：59）。

指示通常是自我中心的，但是指示具有主观性，指示中心(deictic centre)的设定取决于说话人，受说话人主观因素的影响参照点可以转移为其他参与者，菲尔墨(1975)提到视点的转移(shifts in points of view)，莱昂斯(1977)称此为指示投射(deictic projection)。

现有的有关指示的研究其实大都是对指示语的研究，是以指示语为研究对象，分析指示语(指示代词、人称代词、时间、地点副词等)在不同语境中的意义和用法，是以听话人(读者)的角度来看这一问题，分析语言形式如何依赖语境因素而得到确定所指，研究的是指示语的语用解释问题。但是，指示首先是说话人的操作，作出指示行为的是说话人，对于指示现象从说话人角度的研究尚显不足，说话人在选择语言形式以实现对所述情景及其成分的指示中所起到的核心作用没有被予以应有的强调。因此，我们对于俄语人称指示范畴的描写主要是从说话人的角度看其在人称指示中发挥怎样的主观作用。

4.1.3 人称指示

人称指示(person deixis)是指示中的一类，传统的指示范畴包含人称指示、时间指示及空间指示，列文森(1983)在此基础上又增加了社交指示及语篇指示。其中，他对人称指示的界定是：人称指示涉及对言语事件(speech event)中参与者角色的编码(Levinson 1983：62)。与此相近，我国学者何兆熊(2000)以及何自然、冉永平(2009)对人称指示(包括人称指示语)的解释也是基本界定为对言语交际参与者/非参与者的指示。从交际参与者角色的角度出发，人称指示只包括三种类型：第一人称、第二人称及第三人称。第一人称是说话人对自己的指示(第一人称复数是说话人对包含自己在内的多个人的指示)；第二人称是说话人对受话方的指示；第三人称则是对说话人和听话人之外的第三方的指示。

与西方学者不同，俄罗斯语言学家邦达尔科对人称指示(персональный дейксис)的理解要更为广泛，他认为人称作为一个指示范畴的特征在于："对人称的指示，如同对时间的指示一样，不仅包含了具体的及确定的，而且还包括了不具体的(泛指的)以及不确定的”(Бондарко 1991：28)。因此，他划分出来的人称指示类型不仅包括第一、第二及第三人称，还包括了泛指人称和不定人称。邦达尔科对其人称指示类型的划分理据作了如此说明：人称指示中心(персональный дейктический центр)分为两类：1)现实的(реальный)，语言之外的(внеязыковой)；2)系统-语言的(системно-языковой)。现实的指示中心是具体的说话人，而系统-语言指示中心固定在代词及动词人称语法形式体系中，作为参照点的说话人是从众多“现实说话人”中得出的一个抽象概念的“说话人”(参见 Бондарко 1991：26)。现实的“我”首先在动词及代词人称形式体系中找到反映，不过指示中心超出了语法人称范畴(грамматическая категория лица)的界限，扩展到整个人称(персональность)范围，将其边缘成分也包含在内(Бондарко 1991：27)。

通过比较可以看出，西方学者对人称指示的界定是从交际参与者角色的角度出发，是对以人称代词为主的人称指示语的描写，将一些人称形式(如第一人称或第二人称代词)用于表达泛指意义之类的情况视为人称形式的转义用法，需借助于语境来解释。俄罗斯学者邦达尔科对人称指示的界定则涉及了言语交际参与者与所述情景参与者这两个方面，描写的范围不仅限于人称代词及动词人称形式(语法人称)，因而将泛指人称、不定人称作为独立的人称指示类型划分出来。

其实，我们从俄罗斯学者对于“指示”的界定就可以看出，俄罗斯学者对于指示的理解包含着两方面的内容，“指示用于言语情景成分(компонент ситуации речи)和表述的所指内容成分(компонент денотативного содержания высказывания)的实义化”(БЭС 1998：128)。指示不仅与言语情景及其参与者有关，还与所述情景的所指对象有关。

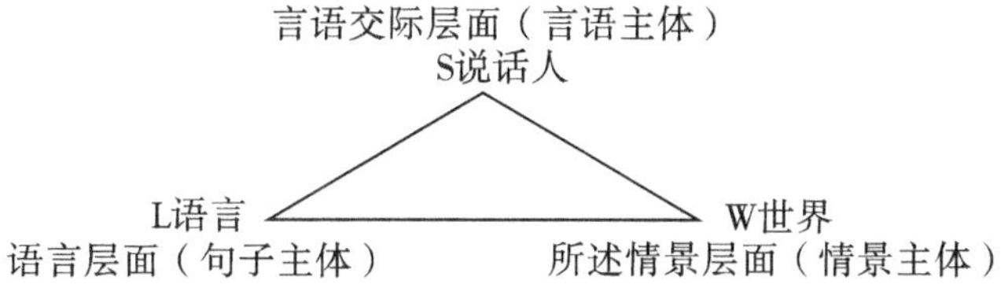

图 1

我们认为，人称指示不仅是对说话人及其所处语境的索引(参照)，还是对所述情景中的对象的定位。概括来说，人称指示是说话人依据语境因素对所述情景主体的定位。与“人称语义”的界定相似，它们都涉及所述情景层面与言语交际层面，都反映着情景主体与言语主体之间的对应关系。但是，与人称语义的静态对应关系不同，人称指示产生于现实的交际中，说话人在人称指示中具有一定的主观作用，结合具体的语境，说话人可以作出反常于人称语义的人称指示。总之，相对于人称语义，上图 1 中作为三角形一极的说话人的作用被大大凸显出来。

从人称指示的主观类型看，人称作为实义化范畴指示的本质在于人称的定位是从说话人的角度出发，说话人被确定为言语行为的核心人物。“语言的自我中心性与自我-主体(Я-субъект)在人称场的核心地位有关，与相对于说话人的各种人称关系类型有关”(Миниярова 1993：4)。

什维多娃在《人称是否进入构成述谓性的句法范围范畴》一文中提到对待句法人称的一种广义理解：认为每一个句子中都有人称，“自然，这只能是‘说话人’，对说话人的‘必要’表达手段的寻找会导致纯语法因素、词汇-语义因素以及超语言因素之间的界限彻底消融”。我们认为，对人称指示现象的理解与解释，确实需要超出纯语法、纯语言层面的界限，除了上述什维多娃说明的有关人称的判断需要依据上下文和语言外情景才能得出的情况，还有一些人称形式的使用超出了该形式原本的人称意义，如 *Вам говорят*，从形式上看是一个不定人称句，行为主体应是某一不定主体，而且按照不定人称句的意义，该行为主体还应该是说话人之外的其他人。但是，这里的不定主体的所指恰恰是说话人自己。请见契科夫短篇小说中的一个片段：

Через минуту он требовал от нас, чтобы мы все подвинулись.

— Подвиньтесь! Вам говорят! Дайте мадаме место! Будьте повежливей! Кондуктор! Подите сюда, кондуктор! Вы деньги берёте, дайте же место! Это подло! (Чехов. Двое в одном)

类似这种不合乎语法规则的人称现象有必要依据语用因素，同时结合说话人的主观心理因素来解释。

而且我们认为，人称语义本质上是所述情景主体与言语交际主体之间对应关系在语言层面的投射，人称语义根源是超语言性质的。与此相同，人称指示关系也只是在语言层面找到自身的各种表达手段①，现有人称范畴研究大都是对人称指示在语言层面投射结果的反观。这里我们想说明的是，人称范畴不是一个纯语言范畴，而是在语言中所表达的范畴（категория, выражаемая в языке）。如拉伯夫（У. Лабов）所言，从最为一般的层面来讲语言的研究可以被确定为“语言中所表达的范畴”的研究（Лабов 1983：133）。语言体现出人对外部世界的体验与认识，语言是人对其所获知识的主要表达方式。在语言学发展的新阶段，其跨学科的综合性研究以及实用性倾向成为新范畴诞生的基础，同时对已有的范畴要求作出更新更为透彻的阐释。从说话人作为意识主体来看，其对于世界的认知首先在于他对世界的解释，这在很大程度上“取决于一系列主观因素，而这一认识则成为一些学者划分出语言中的主-客观范畴的原因，其中也包括人称范畴”，“人称范畴表达说话人对于他通过词语所建构起的各种关系的态度”（Бойко 2008：18）。说话人作为意识主体，从自身角度对世界、对语言的阐释赋予了主观因素。语言中的主观性范畴（包含人称范畴在内）需要结合说话人的主观因素来解释。本节旨在阐明人称是一种主观指示现象，说话人在人称形式运用中起到积极的作用，对人称的灵活表达以形成说话人特有的语言个性。

因此，我们对于人称指示范畴的描写是从自我中心主义出发，突出说话人在对世界表征以及语言运用中的主体地位。人称指示涉及说话人如何对情景主体进行定位以及采用怎样的语言形式来实现这一定位的问题。说话人如何来对情景进行描述，这无疑需要经历一个认知过程，在这一过程中说话人面临的任务之一是对情景主体与其自身之间关系作出识解，并结合语境对该

①这一点从第三章人称功能-语义范畴的描写可以看出，但如果说第三章所描写的人称功能-语义范畴依然是以语法人称为核心，其表达手段也以静态描写为主，那么第四章对人称现象的分析及人称表达手段的描写则不仅限于人称的语法语义，而是以说话人为轴心展开的，同时这也更为有力地说明了语言层面的人称形式和手段只是人称语义在语言层面投射的结果。

指示关系给出恰当的表达。人称指示涉及一系列复杂的认知及心理因素，本文尝试性地给出一些解释，主要包括说话人对情景的认知加工和对指示中心的设定这两个问题。

4.2 俄语人称指示范畴与情景类型

4.2.1 情景及其类型

情景(ситуация)是句子语义研究所指观(денотативная концепция)的关注内容。所指观将确定表述与其所称名的语言外情景、事件之间的关系视为己任(Арутюнова 1976：6)。阿鲁玖诺娃指出，情景在不同学者那里有着不同的阐释：情景或被归属于世界，或被归于语言(语言的语义)，或属于有关世界的思维方式，即属于语义三角的任意一端(Арутюнова 1976：7)。

阿鲁玖诺娃从赫拉科夫斯基(В. С. Храковский)对句子的语义结构的定义中分析出情景的三方面理解。赫拉科夫斯基认为，句子的语义结构是思维及语言对现实片断的选取及加工，该现实片断往往被称为个体所指情景或事件。阿鲁玖诺娃评价道：上述定义不仅将情景这一概念与世界(现实片断)关联，而且与语言语义(句子的语义结构)，以及在一定程度上与思维(现实片断是由思维选取及加工)关联(Арутюнова 1976：7)。

一些学者对于情景的分析则涉及上述两个方面，比如苏索夫(И. П. Сусов)，他认为情景是“客观现实的事实，是该现实在意识中反映及加工的事实”(转自 Арутюнова 1976：8)

阿鲁玖诺娃指出，对于情景的三方面或两方面的理解占少数，大多数情况下情景指句子的语言外所指(экстралингвистический референт)、现实存在的片断(отрезок реальной действительности)、个别事件(частное событие)、具体表述中所报道的事实(Арутюнова 1976：7)。

加克对情景作出了详细研究，他认为情景是反映在语言中的现实存在片断，是运动性的物质。他对情景的一般结构（общая структура ситуации）作出了描述。他指出，人的意识首先区分出客观现实中稳定的对象——实体。但是单独的实体还构不成情景，还不能称其存在着。情景的构成是实体及其状态在时空坐标中定位的结果。坐标分为时间和空间两种，“空间——是表达共存客体的坐标系，它们彼此间的相对位置及相对度量值（距离及方位）的关系总和；时间——是表达状态（现象）交替的坐标系，它们的交替性及持续性的关系总和”（Физический энциклопедический словарь 1965：227，转引自 Гак 1998：252）。

可见，加克的情景结构包括了对象实体+其状态或彼此间关系的坐标系。情景结构说明在自然语言中存在两个彼此对立的语言成分——名词及动词。名词表达实体，而动词原则上表示坐标系（координация）。时间坐标系反映人所感知的情景中某一对象及现象状态的改变，这是就对象本身的变化而言，该对象这一时刻的状态相对于其潜在的其他可能状态之间的对立。而空间坐标系中该对象的确定不是相对于自身另一可能状态，而是相对于另一对象。空间坐标必需有另一对象，某一对象的空间定位是通过另一对象来确定的（参见 Гак 1998：252-253）。加克认为，时间及空间坐标是将某一对象纳入情景的唯一方式，是迫使它“存在”（Гак 1998：252）。

在时间及空间坐标与情景类型方面，加克描述道：每一个现实情景中都可以找到时间和空间坐标，但是在构建表述时，说话人可以突出某一类型的坐标，或者两种坐标类型同时突出，这样可以区分出三种情景类型：

1）带有时间坐标的情景；

2）带有空间坐标的情景；

3）混合情景，两个情景以不同比例同时出现。

我们认为，加克对于时空坐标的理解依据于物理学的客观角度，这种对于情景结构的描写依然停留在二维层面，而语言学对于情景中的对象及时空关系的阐释不能脱离说话人，从语言的三维研究出发，说话人在语言中的主体地位不能忽视，我们将说话人相对于情景的定位（позиция говорящего）分作两个方面：主体定位（субъектная позиция）和时空定位（пространственновременная позиция）。情景中包含对象-实体及时空坐标，说话人将情景转化为语言时，需要对情景因素进行思维加工，除了对时空定位问题的处理，说话人需要对情景中所述对象-实体进行定位，人称指示便是以说话人为参照对情景中的某一对象-实体作出的定位。

说话人通过人称指示关系以自我为参照为各个情景主体定位，同时通过这一指示关系在语言层面的投射，也实现了自我在语言中的定位，因而人称反映的是说话人的主体定位。

根据情景所含主体、时间及空间三成素的所指特征及其在指示坐标中的定位性/非定位性，我们认为可以对情景作出分类。

加克认为，情景具有多面性，语言的不同功能正是源自对情景反映的需求。他指出，在雅各布森划分出的语言的六种功能中，最具本质性的是反映表述与所指之间联系的指称功能（参见 Гак 1998：251）。根据所指的确定性与不确定性，我们将表述所反映的情景分为"具体情景"和"抽象情景"。

如果说情景包含三个主要成素：主体、时间和空间，那么情景在具体性与抽象性上的特征也应涉及主体、时间和空间这三个方面。在抽象的情景中，情景内容是概括的，作为情景成素的主体、时间、地点没有具体所指，无法对表述情景中的主体、时间及地点给出明确定位。反映这类情景的可以是谚语、俗语、常识性或哲理性的语句、规约性的条文或说话者个人经验的总结等；在具体情景中，构成情景内容的成素，如主体、时间及地点也是具体的，即有明确所指，日常言语大多属于此类。抽象情景与具体情景是从情景在所指特征方面的大致划分，现实的表述中抽象情景与具体情景时有混杂，对此后文再举例阐述。

邦达尔科在有关"人称情景"的阐述中提到了对人称情景在所指类型上的划分，他指出"为了分析人称语义范畴的言语实现的类型、变体等体系可以使用人称情景（персональная ситуация）这一概念［作为范畴情景(категориальная ситуация)这一属概念下的种概念］。人称情景——是基于语义范畴及人称场的典型的内容结构，是表述传达的总情景的一个方面，总情景中包含了人称关系。例如，具体人称（确定人称）情景［конкретно-личные (определённо-личные) ситуации]、不定人称情景(неопределённо-личные ситуации)及泛指人称情景(обобщённо-личные ситуации)”(Бондарко 2002：549－550)。他将人称指示分作“具体人称指示”(конкретный персональный дейксис)和“非具体人称指示”(неконкретный персональный дейксис)，其中非具体人称指示表现为泛指人称和不定人称的变体(Бондарко 2002：558)。

从邦达尔科对于“泛指人称指示”的解释中，我们可以看出他对此类人称指示所具有的情景特征的概括，“缺少具体所指的情景(重复的情景、通常的情景或泛时情景(вневременная ситуация)”，与泛指情景相对应的说话人的特征是“1)自身经验的持有者；2)呈现或分享泛指类型的所有人的经验及判断的人”(参见 Бондарко 2002：558－559)。

布雷金娜和什梅廖夫也对泛指人称的情景及其说话人的特征作出过论述。他们指出，Ø/ты 不可能指具体时-空实现的说话人(或某一其他个体)，按他们的术语说，Ø/ты 不可能是“即时体(инстант)”(Булыгина，Шмелев 1991：55)。也就是说，泛指人称句的说话人与情景主体没有具体的时-空实现，Ø/ты 不可能出现在具体的时空中，表述 * *Идёшь вчера по Кузнецкому*... 不能成立，而 *Идёшь*，*бывало*，*по Кузнецкому*... 则是正确的表述。

在第二章我们讲到泛指人称与不定人称在语义上的不确定性，其行为主体在所指上的不具体，本章我们将人称语义所涉及的情景因素作为参考，同时结合说话人在情景类型与人称类型的认知加工中的主观作用，对表述中所表达的总情景中包含不同人称特征的复杂交织的现象作出解释，呈现出人称指示的动态性与变化性。

下面我们首先从情景类型的角度，对情景与时空、说话人及人称指示关系的问题作出一些说明。

4.2.1.1 具体情景

具体情景(конкретная ситуация)或确定情景(определённая ситуация)在所指信息上是具体而明确的。典型的具体情景中所含三个成素在所指上均具有确定性，即确定主体、确定时间和确定空间。对于人称范畴而言，主体的确定性是判断人称的确定性/不确定性的决定性因素。即使时间和空间是具体的，但是行为主体为不定主体，那么整个表述的人称应该判定为不定人称，比如：*Вас ждут внизу.* 表述所指情景中含有确定的时间和地点，但是行为主体为不定主体，通过动词的第三人称复数形式（*ждут*）表达出来，该表述的人称为不定人称。再如，*Каждый раз, когда я проезжаю через Москву, я захожу （как магометанин в Мекку） на поклонение этой картине...*（*Чуковский. Репин — писатель*）上述例句的所述情景中含有确定的主体和地点，但是时间具有多次重复的非定位性，通过句式 *Каждый раз, когда...* 以及动词的时体形式 *проезжаю, захожу* 表达出来。因为情景中行为主体为与说话人同一的确定主体，因此该例的人称为第一人称。俄语中动词兼可表达人称和时间，从上述两例可以看出，相互对立的两个范畴确定性与不确定性，定位性与非定位性（локализованность/нелокализованность）可以在同一动词形式中兼容。

从说话人自身的所指性质来看，如果一个表述反映的是具体情景，那么该表述应是出自具体的说话人。当然，转引的表述情况应另当别论。

4.2.1.2 非具体情景

非具体情景（неконкретная ситуация）是情景中所含的主体、时间及空间三个成素在所指上具有不同程度的不确定性，包括泛指情景和不定情景。加克认为，不同的表述对应不同的情景。和其他任何符号一样，表述是概括的（表述是对情景的指称，但是这种指称具有概括性），因为它指的不是情景的所有成分和细节，而只是对于称名和理解起到基本作用的部分成分。表述的概括性特征也表现在其相对的稳定性。在同一类型及类似情景中说话人使用同一类型及近似的表述。这些表述具有一定的稳定性，甚至转变为接近于成语的固定表达（Гак 1998：246）。

1）泛指情景

泛指情景（обобщённая ситуация）具有的概括性、抽象性及不确定性程度最高，往往是人类生活经验及群体智慧的结晶，或者是说话人个体经验的总结。泛指情景在主体、时间及空间上均表现为不确定的、泛指的。邦达尔科指出，对于 *Без труда не выловишь и рыбку из пруда*；*Плетью обуха не перешибёшь. Цыплят по осенью считают.* 这类在时间上非定位的“泛时”情景（вневременная ситуация），无论是从时间非定位性还是从人称“非定位性”来看，都是泛指的和不确定的（Бондарко 1991：28）。

反映泛指情景的表述通常是谚语、格言一类，或是名人箴言、规约性的条文等，这类表述的说话人也具有抽象性，即使源自具体的个人，但是它们的说话人或者已经无从查证，或者往往被人遗忘，又或者被匿去，抑或如邦达尔科所言，成为“所有人经验的代言者（为其代表）”（Бондарко 2002：455）。还有一类表述，如：*Он очень упрямый человек. Его никак не уговоришь.* 后一个表述中人称和时间均具有非定位性，通过动词 *уговоришь* 表达出来。尽管表述中行为的客体 *его* 对于说话人而言是确指，但是整个表述所反映的情景为抽象的，而非具体的行为，行为主体及时间均具有泛指性。不过，该表述出自具体的说话人，相较于前一类谚语、格言等说话人具有抽象性而言，该类表述所表达的泛指情景在确定性等级上明显高于谚语类。

谚语类的表述，例如：*Без труда не выловишь и рыбку из пруда.* 其中行为主体及时间均具有泛指性、非定位性，表示空间意义的句素 *из пруда* 其所指也不是具体的，不是某一确指的池塘，而是普通名词表达的类指。但是专有名词表达的所指具有很大的确定性，试比较：*В Тулу со своим самоваром не ездят.* 该谚语中表示空间意义的句素 *в Тулу* 则有确定所指，Тула（图拉）是俄罗斯的一个城市。不过，谚语中反映的是一个抽象的情景，不是描述有关图拉的某一具体事件。谚语的寓意——勿要“多此一举”“班门弄斧”概括了此类现象。

泛指情景含有泛指主体，该主体在时空轴上具有非定位性，泛指情景的行为表现为一般恒常意义、重复性行为，往往使用动词未完成体来表达。帕杜切娃指出，这些表示泛指人称意义的动词第二人称形式必须表达重复的行为，她举了下面的例子并给出解释：*Тут за день так накувыркаешься! Придёшь домой — там ты сидишь.*（*Высоцкий*）该句使用了完成体动词的直观示例意义；而句子 *Ах，когда б вы знали，как тоскуется，Когда вас раз сто в теченье дня На ходу на сходствах ловит улица!*（*Пастернак. Разрыв*）使用的是未完成体动词的多次重复意义。而在句子 *Горько это，сынок，горько，когда нету у тебя отчего дома.*（*Казаков. Свечечка*）重复性是通过连接词 *когда* 表达出来的（Падучева 1996：212－213）。

就人称指示而言，反映泛指情景的表述具有的人称无疑是泛指人称。泛指情景主体的表达手段在第三章泛指人称功能－语义子场已经作了描述。在具体言语行为中如果说话人将行为主体定位为泛指主体，则说话人旨在突出所述情景的普遍性、惯常性，行为的重复性，以及类似于一种规律或规则，行为及其结果对于任何行为主体的普适性。

2）不定情景

不定情景（неопределённая ситуация）是情景所含成素对于说话人具有不确定性，是说话人所不能明确描述出的情景。与泛指情景具有的高度抽象性、普适性不同，不定情景属于现实的情景，反映不定情景的表述出自具体的说话人。当说话人没有或无法对情景主体给出明确定位，而是描述为不定主体，说话人旨在突出情景主体的不确定性，或是对情景主体的有意隐匿。

我们来看下面一组对话，此例摘自诺尔曼（Б. Ю. Норман）：

— Но я не думаю，что всё，как вы утверждаете，скоро вернётся на круги своя. То，что происходит，— устойчивая тенденция. Она если не навсегда，то очень надолго.

— Может быть. Посмотрим. Кто-то посмотрит.（*Московские новости.* 1998. № 40）

这组对话中交谈双方表达各自对问题的看法，在第二个话轮中说话人先是使用了复数第一人称 *Посмотрим*（我们走着看），紧接着使用了不定人称 *Кто-то посмотрит*（会有人看得到），行为主体从第一人称复数确定主体 мы（我们）转换为不定主体 кто-то（有人），说话人将情景主体从与说话人自己和受话人对应转变为与不定主体对应，其实是将所述情景从确定情景引申为不定情景，暗示“形势可能会发生变化，只不过不在我们这一代发生：我们活不到这个时候”（引号内的解释转自诺尔曼对该例的分析），不定情景中“谁会看得到”，“什么时候看得到”对于说话人而言都是不确定的。如诺尔曼所言：“人称的更替不单可以表示‘空间的转移’、情景参与者之间角色的重新分配，而且是‘时间的转移’，是情景本身的原则性的更换”（Норман 2009：122）。

情景转换为句子内容时必须通过说话人，对于情景的描写不能脱离说话人这一维。从说话人角度来讲，情景的转换具有鲜明的主观性，是说话人对情景内容的能动反映。

4.2.2 情景类型与人称类型的划定

人称类型的判定、表述中人称形式的使用与情景的属性有着直接关系。如果不依据于言语情景的属性，有时很难对一个表述的人称类型作出判断。静态的脱离于具体语境的抽象的句子，如：*Я люблю яблоко.* 在没有进入交际层面时，这里的 *я* 没有明确所指，行为主体与说话人同一，因而采用第一人称。

巴巴依采娃在分析确定人称句时指出，动词第一人称单数的陈述式形式是确定人称句的最典型类型，但是“该形式依据上下文及言语情景会有不同程度的确定性”（Бабайцева 2004：115）。她举例解释了确定人称句在确定性程度上的差异，如下：

Люблю грозу в начале мая.

巴巴依采娃指出，此句中的«я»可以是说出该句的任何人，但是该句出自诗人丘特切夫（Ф. Тютчев），这里发生了说话人与诗人间的错合。接着她指出，在谚语及概括性的论断中概括性加强，而个体人的意义[①]

---

①Индивидуально-личное значение 是维诺格拉多夫的术语，参见 Виноградов В. В. Русский язык. Грамматическое учение о слове. Стр. 458.

(индивидуально-личное значение)极度弱化。因而，下列句子有时会被确定为泛指人称句：

Еду, еду — не свищу, а наеду — не спущу.

Моя хата с краю — ничего не знаю.

巴巴依采娃将概括意义的色彩归结于它们的谚语用法(Бабайцева 2004：115)。谚语所描述的情景是一种没有明确时空定位及具体说话人的泛指情景，其中的第一人称不能指示具体的说话人。只有当它被某一具体说话人在现实交际中运用时，它才有真正的说话人。因此，我们虽赞同巴巴依采娃指出的这类句子中“行为的发出者总是说话人”(Бабайцева 2004：116)，但是她认为这里的行为发出者是“具体的人(说话人)”的观点还值得商榷。

我们的观点是，第一人称表示行为主体与说话人重合，但是在谚语、俗语等所描述的泛指情景中，第一人称形式所表示的说话人不是具体交际中的说话人，而是抽象的说话人，所述情景中的行为主体是泛指主体，因而第一人称形式可用以表达泛指人称语义。

这也说明了谚语俗语在被具体说话人引用时，通常以泛指人称或不定人称的插入结构出现，如：*как говорят*, *как считают*, *как считается*…等。

Но, как говорят у нас, скупой платит дважды. (*Архипова. Музыка жизни*)

Как говорят в таких случаях — лиха беда начало. (*Архипова. Музыка жизни*)

— Софья Трофимовна, мы с женой хотели ребёнка, да Бог не дал, как говорят. (*Фридрих Горенштейн. Куча*)

插入的谚语俗语的抽象的说话人作为泛指主体在具体的表述中成为信源主体。

因而，判断人称形式不能仅从动词及代词的人称形式(词法形式)出发，更要结合表述所反映的整个情景的性质以及说话人所在的语境，注重人称形式的交际语用功能。

如果一个情景是抽象的情景，所述情景主体也是泛指主体，整个表述应该确定为泛指人称，无论该表述采用了怎样的人称形式，是第一人称，还是第二人称、第三人称或是不定人称形式等，第三章我们列举的泛指人称的核心及边缘表达手段的共性是表述所指称的情景为抽象的情景。

但是如巴巴依采娃所言，确定人称具有不同程度的确定性，当 *Люблю грозу в начале мая.* 被具体的说话人引用于具体的交际情景中时，行为主体与具体的说话人同一，表述的人称属性则转换为确定人称，毕竟相较于泛指人称的核心表达手段，用于表达泛指人称的第一人称形式作为该范畴的边缘表达手段在具体语境的作用下，很容易转变为该形式作为核心表达手段的第一人称。

4.2.3 俄语人称指示范畴与情景的认知加工

世界与语言表达之间没有直接联系，而是通过保存在人的意识及记忆中的"现实形象"(образ действительности)，这种对情景的理解是将情景视为"处于心理空间及心理时间的心理情景"(Лекомцев，转自 Арутюнова 1976：8)。的确如此，对于语言的描写与解释不能只从语言形式与语言外现实间的联系着眼。从语言的三维研究来看，需要全面考虑情景、人的思维及语言表达三方面间的联系。情景是表述(句子)所反映的内容，在具体的言语行为中，对情景的反映与说话人对情景的感知、认识及情感有关，说话人的思维意识不仅完成对情景的感知与思维加工，并且通过语言表达形式的选择以实现对情景的表述。表述反映的是情景，但不是单纯的情景，而是经过自我意识"过滤"后的内容。

人的主观意识与情景及语言间的双向作用最终给言语产品带来丰富的样态。句子的指称对象是情景，而说话人可以对所述情景进行加工，使得语言层面对情景的呈现具有多样性。说话人将所述情景从抽象或具体的不同角度作以识解，在语篇片段内若干表述之间，甚至同一表述内部可以有数个不同类型的情景片段共存的现象，形成情景切换的动态感。就人称指示而言，说话人对情景主体的定位可以伴随着情景类型的变化而有多种方式的设定，这样，语篇片段或表述内部可以有不同人称指示类型的切换。对此，我们举例说明如下：

具体情景+抽象情景

Жила я радостно, по-детски, проснёшься утром и запоёшь. (Чехов. Чайка)

我曾经生活得很愉快，如儿时一般，早上醒来便歌唱起来。

该表述含有两个情景，一是参照言语时刻发生于过去的具体情景，该情景中主体是确定主体“我”，另一个是泛指情景，情景主体不是确定的某一人，而是泛指主体，动词的第二人称单数形式 *проснёшься*，*запоёшь* 作为泛指人称的表达手段。说话人在同一表述内将确定人称指示转换为泛指人称指示，旨在说明自己曾如同所有人一样有过孩童般的快乐生活。在该表述中实现了不同情景、时空、主体的拼接。

请再看下面一个例子：

Прежде я каждый вечер перед сном заходила в панин кабинет … А теперь, когда ни зайдёшь, там он. (Кавер.)

以前我每晚临睡前都会去趟爸爸的书房，而如今无论什么时候去，他都在那里。

该例句转摘自《80 年语法》有关俄语动词体的部分，对上述例句中动词 *заходила* 和 *зайдёшь* 体的用法，《80 年语法》分别解释为未完成体动词的不限-次数的（неограниченно-кратный）使用类型和完成体动词的直观-示例的（наглядно-примерный）使用类型，它们都属于重复行为情景（ситуация повторяющегося действия）①（Русская грамматика т. I 1980：604）。复合句的两个从句中都是重复的行为，行为发出者应该都是说话人，为什么前句用了第一人称形式，而后句使用了泛指人称形式？*Прежде…*，*а теперь…* 引导的带有比较意义的时间状语从句将过去的情景与现在的情景做比较，前句中行为者与说话人同一，因而采用第一人称，通过第一人称代词 *я* 表达，其

①《80 年语法》在分析动词体时区分出四种类型的情景：1）单一具体行为的情景（ситуация единичного конкретного действия）；2）重复行为的情景（ситуация повторяющегося действия）；3）惯常关系情景（ситуация постоянного отношения）；4）概括事实情景（ситуация обобщенного факта）。这种对于情景类型的划分是用以解释动词体的用法，主要针对行为本身与情景类型之间的关系，而不是行为主体与情景类型的关系。

每一次在时空上都可以找到确定的定位，这一点从句子中时间状语 *перед сном* 可以得到提示（试想，每天晚上在睡觉前我都顺便去趟爸爸的书房），由此得出所述情景为确定情景的多次重复，其情景主体为确定主体。后句所述情景没有具体的时间定位，这一点从句子中时间状语 *когда ни* 可以看出（无论什么时候），即使现实的行为主体依然是说话人自己，但是说话人可以使用泛指人称来加强这种泛指主体的意义（无论谁，任何人）。此句若换为 *А теперь, когда ни захожу, там он.* 在情景抽象性的等级上降低了，其泛指意义明显减弱，用泛指人称句显然更能强调说话人想表达出“爸爸总在书房”的意思。两个句子虽都描写重复行为的情景，但是它们在具体-抽象等级上是不同的。因此，决定确定人称、泛指人称并不在于所述情景是否为重复的，而是情景的确定性或泛时性类型，情景主体的具体或泛指。

确定情景+不定情景

Прощаясь, Ипполитов поцеловал ей руку. Впервые в жизни ей целовали руку. (*Гранин. После свадьбы*)

道别时，伊波利托夫吻了下她的手。生平第一次有人吻了她的手。

前一个表述中行为主体是第三人称的确定主体，述谓人称决定了整个句子的人称为第三人称。在后一个表述中说话人采用了不定人称句，所述情景为不定情景，所述情景中行为主体为不定主体。可以看出，在这两个表述之间说话人运用了从确定人称指示到不定人称指示的转换。确定情景中发生的单一具体行为通过动词完成体过去时形式表达，而在不定情景中行为及其主体的具体性被弱化，行为主体没有以单独的句法位出现，行为本身通过动词未完成体来表达。说话人这里先是描写了具体情景本身，紧接着给出表达同一行为（亲吻）意义的不定情景，指出对于女主而言生平第一次有人亲吻她的手，至于这个人是谁，相较第一次亲吻这一行为本身并不重要，语义重心从第一句确定主体的确定行为，提升到较为抽象的不定情景，从而增强了“亲吻”这一行为的意义，烘托了女主的心理感受。

抽象情景+具体情景

Человек обидел тебя, ты рассердился на него и, разумеется, сдержался, не обидел его. И что ж? В сердце у тебя злоба, и ты не можешь относиться к этому человеку добро… Вчера испытал это… (*Л. Толстой*) (*см. Шмелев Д. Н.* 1961：45；*Малеев* 1979：401).

别人欺负了你，你生他的气，当然，你忍住了，没有冒犯他。那又怎样呢？你心生怨恨，无法善意对待这个人……昨天我就体会到了这点……

我们来看一下上文所示语篇片段中的情景类型。在最后一句话之前其他表述所反映的情景均为具有抽象意义的泛指情景，其所述情景中的主体均为泛指主体(*человек*，*тебя*，*ты*，*его*，*у тебя*)，情景时间也是泛时的(尽管有的表达为动词过去时形式，这只是体现了行为时间的时序关系，就整体而言，所述一系列情景均为泛指情景，在时间坐标上找不到具体的时间定位)，最后一句话 *Вчера испытал это…* 表达的是具体情景，其情景主体、时间等要素都是具体的，时间副词 *вчера*(昨天)作为时间指示语标记出说话人及其语境的存在，说话人以自我的言语时刻为参照将该表述所反映的情景时间确定为说话人言语时刻的前一天，动词 *испытал* 表达单一具体行为，行为主体是具体的人，因此该动词与前文的 *обидел*，*рассердился*，*сдержался* 等虽同为过去时，但是它们之间有着本质性的区别。概括起来就是，泛指情景中泛指的主体、泛指的时间，以及具体情景中具体的时间、具体的主体。

在现实言语行为中，不同情景类型的拼接以及人称指示类型的转换其实并不罕见，在文学作品的开篇部分就较为常见。比如小说《安娜·卡列尼娜》的开篇：*Все счастливые семьи похожи друг на друга, каждая несчастливая семья несчастлива по-своему. Всё смешалось в доме Облонских.* (*Л. Толстой. Анна Каренина*)小说的作者托尔斯泰先是采用了泛指情景，高度概括出寻常家庭的普遍情况，紧接着转换为具体情景，展开对发生在奥布隆斯基一家的故事的叙述。

再如下文是契科夫的一则短篇小说的开篇：

Не верьте этим иудам, хамелеонам! В наше время легче потерять веру, чем старую перчатку, — и я потерял! (*Чехов. Двое в одном*)

勿要相信这些叛徒、变色龙！在我们这个时代丧失信仰，要比丢失旧手套更为容易，——而我就弄丢了。

该小说也是从泛指情景过渡为具体情景，其中反映泛指情景的主体及其行为分别使用了动词命令式 *не верьте* [对所有人的劝告(*всем*) *не надо верить*...]以及动词不定式 *потерять*(泛指人称表达为：零形泛指主体 Ø+动词不定式)，紧接着采用第一人称代词 *я* 表示所描述的事情是发生在说话人自己身上的，动词 *потерял* 使用过去时形式表示行为发生在言说时间之前。

4.3 俄语人称指示范畴与指示中心

指示的一个重要特征是具有指示中心(deictic centre)[①]。指示由说话人构建，通常说话人作为指示主体，以自我为参照来建立指示关系。因此，指示中心一般被设定为说话人自己，这又被描述为指示的自我中心性。

邦达尔科在描述人称指示中心(центр персонального дейксиса)时区分了人称指示的系统-语言中心和人称指示的现实中心，前者以抽象的说话人作为参照点，在人称形式系统本身中，第一人称形式被确定为初始参照点(исходная точка отсчёта)，在此基础上来确定第二及第三人称抽象的语法概念；后者以现实的说话人作为参照点，反映人称指示的言语现实性的方面(参见 Бондарко 1991：26)。人称指示的系统-语言中心具有抽象的稳定性，而人称指示的现实中心因具体说话人的主观因素呈现出动态的变化性。

在现实言语交际中，说话人并不总是作为指示中心，这体现出说话人作为意识主体的主观性，参照点的设定取决于说话人，受话人在言语交际中首先需要对参照点的定位作出正确的识解。对于人称指示不以说话人为参照的非常规现象，语法学家将其描写为语言形式的转义用法，比如，动词人称形

①有关“指示中心”的研究中，英文里除了使用术语 deictic centre，常见的术语还有 reference point(参照点)、point of view(视点、视角)、pragmatic stance(语用立场、语用视点)、perspective(透视、视角)。

式和人称代词用以表达其自身原有意义之外的其他人称意义在苏联科学院《70 年语法》和《80 年语法》中解释为人称形式的转义（переносное значение），但对于这种现象背后的语用含义没有给出更多的解释。这些“从语义上看似乎是异常的现象”引起了语用学研究者们的极大兴趣，“这些现象只能从语用的角度借助语境去解释”（何兆熊 2000：63）。菲尔墨（1975）采用“视点的转移”（shifts in points of view）来解释这些指示现象，莱昂斯（1977）将其称为指示投射（deictic projection），还有一些学者从语用移情、心理距离的角度分析指示语的用法，将它们理解为说话人用以实现某种语用意图的手段。参照点、视角以及语言的主观性也是认知语言学关注的问题，该领域的学者们也对指示作出了研究。兰盖克（R. W. Langacker）指出，指示表达式“包含着认识性述义（epistemic predication）”，它们需要“与言语情境成分建立起参照关系”，言语情境（ground）表示“言语事件、言语事件的参加者和所涉及的场景”（Langacker 2013：131）。可以看出，兰盖克将指示理解为参照言语情境对所标示的实体作出定位以及对这一过程本身的认识。我国学者采用认知语言学相关理论对指示现象作了进一步研究。例如，文旭、熊荣敏（2010）运用兰盖克的“参照点构造理论”（reference-point construction）说明了参照点对于空间认知的重要作用。他们将空间方位参照视为一个认知过程，旨在描写空间指示的抽象而深层的认知结构，而非其线性而表层的句法结构，指出对同一情景的表达可以采用不同的观察视角，尤其阐释了空间指示的非常规视角。杨佑文、管琼（2015）借助于语言的主观性理论对人称指示语的使用分别从说话人视角、说话人的情感与认识来阐释，指出人称指示语的转换体现说话人视角的转移，比如说话人以“你”自指是说话人从听话人的视角作出的言语行为，说话人“常常站在对方的角度看待自己”。

指示从典型的自我中心转移的非常规现象无论是被称为“指示投射”，主体-时-空坐标的原点投射为说话人之外的其他言语主体，还是被称作“视角转换”，即说话人采用他者视角或立场来作出指示，其本质都是对参照点转移的阐释。

典型的人称指示是说话人以自我为参照点对情景中的某一对象-实体作

出的定位，这种定位与系统-语言指示中心的常规规则相符合；在以其他言语主体为参照的人称指示中，说话人虽“跳离”了指示中心，不再担任指示主体，但是说话人作为言语主体、意识主体的主体地位并没有改变，我们认为在参照点转移的指示类型中说话人的主观性得到更大程度的发挥，说话人没有遵循常规规则，自身充当“游戏”规则的制定者。另一方面，这对受话人提出了更高的要求，受话人需要依据于语境(按照兰盖克的术语“言语情境”)对所述情景主体的定位作出合理的识解，才能真正领悟说话人表达的真实涵义。有时这对于受话人是难以理解的，特别是对于外语学习者。比如，下面一段俄语歌词：

Тут за день так накувыркаешься! Придёшь домой — там ты сидишь. (*Высоцкий*)

我折腾了一整天！回到家——你就坐在那里。

从词法来看，整段歌词使用的是第二人称(动词第二人称变位形式和第二人称代词)，但仔细看来却令人费解，后两句 *Придёшь домой — там ты сидишь.* 由破折号连接了一个无连接词复合句，二者之间有时序关系，动词 *придёшь* 和 *сидишь* 所表示的行为主体如果均指向受话人，则翻译为“你回到家——(就看到)你在那里坐着”，前一个从句的行为主体应是后一个从句所述情景的观察者，这样就产生了矛盾，一个主体不可能既为情景外的观察者，在他观察的同时又作为情景内的行为者。诺尔曼对此例的解释为：前两个动词形式 *накувыркаешься* 和 *придёшь* 表示说话人自己的行为，是说话人对自身生活经验的概括，但是以泛指人称呈现出来。而 *ты сидишь* 是第二人称的直接意义，指受话人(Норман 2009：123-124)，也就是说，后一句 *там ты сидишь* 是常规的人称指示，说话人以自我为参照点对受话人的指示，而前两个句子 *Тут за день так накувыркаешься!*；*Придёшь домой* 是非常规人称指示，说话人将所述情景概括为抽象的情景，不是指具体时-空定位的某一次具体行为，而是对自己重复生活经验的概括，行为主体转换为泛指主体，指示参照点(坐标原点)也不是设定为说话人个体，而是获得了抽象性。

上述例子中可以说存在着两个参照点，参照点不同，陈述的方式也就不同。单一表述甚至一个词组内部也可以采用不同的参照点。例如：

Твоя мать тебе ничего не покупает!

你的妈妈什么都不给你买！

假设上面一句是妈妈给自己哭闹着要买玩具的孩子说的话，行为主体其实是说话人自己，试比较：妈妈生气地说："我什么都不给你买！"参照点的转移造成"妈妈"这一表人的第三人称名词替代了第一人称的"我"，但是物主代词"你的"依然是以说话人自己作为参照点对于听话人（孩子）的指示，这样，在词组"你的妈妈"中就包含了两个参照点。

可见，人称形式的使用与说话人对指示中心的设定或是视角的选取有着密切的关系。指示中心的设定是一个复杂的问题，与说话人的心理意图、交际语境及语体要求等因素有关。这里我们以说话人对自我的指示为例，对人称指示的指示中心的设定及其带来的相应人称形式的使用作出一些解释。

通常，"说话者总是通过同一个指示词'我'来指涉正在说话的自己"，"这个'我'在语言形式的范围里，只是个词汇材料，与其他材料并无不同"，在言语活动中，每一个"说话人都把'我'占为己用"（本维尼斯特 2008：143）。从本维尼斯特的论述中可以得出：第一、说话人在自我指涉时使用指示词"我"；第二、指示词"我"只是一个语言符号，属于语言形式范畴；第三、"我"在使用于言语交际中被具体说话人"占有"时才具有真正的意义。这也说明了"我"这一形式的意义正在于它在言语交际中的使用。但是，指示语"我"与说话人头脑中自我意识的"我"不能等同而视，前者是语言符号，后者反映说话人对自我的认知，是一个更为抽象的概念。说话人头脑中的概念"我"并不一定都表达为语言符号的"我"，这是语言"形式"与"意义"的非对称性的体现。如列冈特所指，句子表达形式与其传达意思不对称，但是正是这种不对称产生了表现力（экспрессивность），不对称有时是说话人（作者）自己为了形象性的描写而有意为之（Лекант 2007：86-87）。

"人称"与"人称形式"相区别，表示情景主体与说话人同一的第一人称并不一定采用第一人称形式来表达。下文我们列出说话人对"自我"指示的一些其他表达形式。

1）复数第一人称表示的“我”

第一人称复数形式可以指说话人，“在作者的言语中表示作者，即所谓的‘谦逊表达’（формула скромности）或‘作者的我们’（авторское мы）。*В своей предыдущей работе мы уже писали…*；用在插入结构中：*как нам кажется*；*нам представляется, что…*”（Русская грамматика т. I 1980：532）。

维诺格拉多夫对此有过较为详细的解释，他指出，说话人以第一人称复数形式自指，或者是出于谦逊，以隐藏自己的个性于众人之后，或者相反地，是为了凸显自己的个性，视己为众人、集体的思想和意志的表达者，抑或赋以自己言论以崇高、隆重、重要性等表现力色彩（Виноградов 1947：458）。

说话人采用第一人称复数形式代替第一人称单数形式，大都出于交际语境及语体要求，特别是在科学语体中，作者或学术报告人使用“我们”来代替“我”，这具有一定的规约性。

Мы будем говорить о системе, автоматизирующей написание сценариев всякого рода бесконечных сериалов, детективов и прочих им подобных литературных поделок. [*«Информационные технологии»* (2004)]

我们将谈谈有关各种大型电视连续剧的剧本、侦探及其他类似文学作品的自动生成系统。

说话人使用复数第一人称佐证自己的个人观点，*как мы полагаем*（正如“我们”所认为的）。这时说话人似乎不是站在个人的主观立场，而是从众人视角来进行论证，为观点的阐述或结论的证明增加客观性和说服力。

В изложенных трёх отношениях, как мы полагаем, выразилось уже сходство устройства животных, но оно ещё яснее будет в следующих. (*Рулье. Общая зоология*)

在上述三个方面，正如我们所认为的，已经体现出动物机体的相似性，但是接下来这一点会表现得更为鲜明。

从上述两例来看，参照点的转移表现得并不是很明显，复数第一人称的功能主要在于将观念主体的范围扩大，将说话人之外的“他者”拉入“自我”的范畴。下面一个例子表明：作者将读者加入所描述的行为中，邀请他参与到作者的论述中：

Сегодня в нашей рубрике мы рассмотрим комплекс рукопашного боя РБ-1. [«*Боевое искусство планеты*» (2004)]

今天在我们的专栏中我们来看看 РБ-1 综合格斗术。

在交际双方地位不平等时，使用“我们”代替“我”就体现出参照点的转移，说话人在观念上跳出自我中心范围，站在受话人的立场上看待二者间身份地位的差距，采用“我们”旨在消除这种差距，增进彼此间的亲密感。根据说话人相对于受话人的地位的高低，以受话人为参照，说话人或抬高或自降身份带来指示中心的上移或下移。这在语用学中被称为移情指示（empathetic deixis）。日常交际中指示中心的下移常常发生在上级对下属、老师对学生以及医生对患者的话语中，此类例证举不胜举。下面一则摘引自《80 年语法》的例子说明了指示中心上移的情况，说话人使用“我们”以便与受话人“套近乎”。

“使用*мы*来替代*я*有时是为了自我肯定，为了提高自己在对话方、受话人心中的权威：— *Мы тоже из комендатуры*, — *говоря о себе во множественном числе и простодушно улыбаясь, сообщил Алехин.* (*В. Богомолов*)”（Русская грамматика т. I 1980：532）（——我也来自卫戍司令部，——阿列欣朴实地笑着，用复数自称道）。

此外，《80 年语法》中还列出了复数第一人称使用的其他一些语体要求：在嘲笑、戏谑的言语中：*Видали мы таких*（我见过这样的）；*Слыхали мы о ваших похождениях*（我听说了您的一些遭遇）；*Знаем мы вас, как вы плохо играете!*（*Гоголь*）（我知道您，您玩得糟透了！）；мы 的古旧用法，用于隆重的称呼中，如皇帝的自称：*Мы, император всероссийский.*（Русская грамматика т. I 1980：532）（我，全俄罗斯皇帝）。

2）第二人称表示的"我"

说话人用第二人称来称呼自己，这主要是当说话人自言自语时，这时说话人身兼二职，也充当谈话的对话方，"'你'和'我'其实是同一人，通过这种人称的转换，让自己站在对方的角度看待自己，从而增加对话性，体现语言的主观性"（杨佑文，管琼 2015）。

Ты захотел вторично изведать счастья в жизни, — говорил он сам себе…（Тургенев. Дворянское гнездо）

你想要再次感受到生活中的幸福，——他自言自语道……

还有一种情况，说话人明明在向受话人讲述有关自己的行为、感受或经历，但是却使用了第二人称，这其实是说话人的一种交际策略，说话人从受话人的角度来讲述自己，选取受话人作为指示中心，将自己指示为"你"。而且，这便于受话人设想置身在所述情景中，营造出一种假象，似乎受话人成为情景主体，从而引起他对于说话人的同情。

Этак, батенька, в промежутке между службой и поездом бегаешь по городу, как собака, высунув язык, бегаешь, бегаешь и жизнь проклянёшь. Из магазина в аптеку, из аптеки к модистке, от модистки в колбасную, а там опять в аптеку. Тут спотыкаешься, там деньги потеряешь, в третьем месте заплатить забудешь и за тобой гонятся со скандалом, в четвертом месте даме на шлейф наступишь… тьфу! … Так-то, брат… Жизнь, доложу я тебе, анафемская, и врагу такой жизни не пожелаю!（Чехов. Один из многих）

得，老兄，你走出机关，在坐火车之前，就得跑遍全城，像狗似的吐出舌头，跑啊跑的，诅咒生活。从商店跑到药房，从药房跑到女服店，从女服店跑到腊肠店，从那儿又跑到药房。你在这个地方绊个跟头，在那个地方丢了钱，在另一个地方忘了付款，惹得人家来追你，闹出一场笑话，到另一个地方又踩了一位太太衣服的长后襟……呸！……就是这样的，老兄。……我跟你说，这种生活苦极了，我都不希望我的仇人过这样的生活！（汝龙译）

上面一段节选内容是小说的主人公在向自己的一位朋友诉苦，讲述发生在自己身上的种种不幸，除了后面的插入语 *доложу я тебе* 和 *пожелаю* 使用了以自我为中心的常规人称指示，小说主人公在自己的话语中大量使用了第二人称，将指示中心置于受话人身上，以期引起受话人在情感上的共鸣。

3）第三人称表示的“我”

说话人采用第三人称指示自己，表面上看来，说话人似乎是在讲述有关他人的事情，其实是转移了视角，说话人站在第三方立场上看自己，借他言己，以给人客观陈述的印象。

如维诺格拉多夫所述，“在一些情况中，第一人称形式采用第三人称形式得以富有表现力的替换，当主体（这里指言语主体说话人，笔者注）作为局外人从旁对自己描述，例如列夫·托尔斯泰的《战争与和平》中有关娜塔莎的片段：‘*Это удивительно, как я умна, и как ... она мила*’，— *продолжала она, говоря про себя в третьем лице и воображая, что это говорит про нее какой-то очень умный, самый умный и самый хороший мужчина.*”（Виноградов 1947：458）“这太不可思议了，我多么的聪明，而且……她多么的可爱”，——她以第三人称继续讲道，并想象着这是一位非常聪明、最聪明最优秀的男士对她的评价。

как я умна（我多么的聪明），*как она мила*（她多么的可爱）其实都是娜塔莎在指示自己，第一人称代词“*я*”是娜塔莎以自我为参照的人称指示，第三人称代词“*она*”是娜塔莎想象着以“一位最聪明最优秀的男士”的视角对自己的指示。通过人称指示参照点的转移，说话人娜塔莎希望对自己的肯定性评价得到他者视角的证明：如果这样一位优秀的男士都认为她是可爱的，就足以说明她确实是可爱的。

此外，在一些公文事务性语体中说话人须避免直称“我”，采用自己的姓名、职务或所在单位来指代自己。在新闻报刊中，新闻记者通常使用职业身份或所在刊物名称以回避对作者身份的直接指示。

4）泛指人称表示的“我”

帕杜切娃认为代词类型中应该划分出施为代词（иллокутивное местоимение）这一类，用以表示说话人及受话人（但不是第三人称）的人称代词，并进一步指出施为代词的泛指用法，例如，“你”实际上指“我”：*Ну что ты будешь делать*！（Падучева 2012：27）。

佐洛托娃解释了俄语人称代词 ты(以及动词第二人称形式)用以表示泛指的“我”，以引起受话人对讲述者的同情：你与我一样，以及在我位置上的任何人(Золотова 1982：110)。

我国学者张会森写道：“有时，说话人明明是讲述自己的动作、行为，但却使用泛指的单数第二人称形式，仿佛别人也会如此”，如：

Летом приезжал сюда, а вы в отпуск укатили. Где же вас увидишь！(*Симонов*)

夏天我来过这里，而您跑去度假了。(我)上哪找您啊！

Тебя не поймёшь. Сам приглашал, а теперь бранишься. (张会森 2012：269)

(我)真不明白你。(你)自己发了邀请，现在却又骂骂咧咧。

С тобой серьезно разговариваешь, а ты — как балаболка！(*Нилин. Жестокость*)

(我)跟你讲真，而你却闲扯！

我们认为，虽然俄语的第二人称与泛指人称具有相同的核心表达手段，但是二者意义并不同，从它们的人称指示类型与所述情景类型来看，第二人称是对受话人的指示，属于具体人称指示，其所述情景为具体情景，在主体-时-空上有很大的确定性、定位性。泛指人称是对泛指情景主体的指示，属于非具体人称指示，所述情景为抽象情景，在主体-时-空上具有非定位性。这样，说话人将对自我的人称指示转换为第二人称还是泛指人称具有本质性区别。因此，与前文采用第二人称形式指示说话人不同，泛指人称形式的使用表明说话人将行为主体从自身扩大为受话人以及交际参与者之外的任何人，整个情景也得到一定程度的泛化。

因此，我们认为帕杜切娃对下例的解释没有明确地区分说话人采用“第二人称形式”与“泛指人称形式”进行自我指示之间的区别。

Вспоминается мне урожайный год. На ранней заре, когда ещё кричат петухи и по-чёрному дымятся избы, распахнёшь, бывало, окно в прохладный сад, наполненный лиловатым туманом, сквозь который ярко блестит кое-где утреннее солнце, и не утерпишь — велишь поскорее засёдлывать лошадь, а сам побежишь умываться на пруд. (*Бунин. Антоновские яблоки*)

我记得一个丰收年。大清早，鸡刚叫，一家家农舍就冒起了黑烟。打开面向凉爽的园子的窗户，园中还浮动着淡紫色的雾气，有的地方透过来耀眼的朝阳的光辉。我急不可待地命人备马，自己则跑到池塘边去洗脸。(陈馥 译)

这则片段摘引自布宁的小说《安通苹果》，上述片段所描述的情景中 *распахнёшь*(打开窗户)、*утерпишь*(忍不住)、*велишь*(吩咐)、*побежишь*(跑)这一系列行为的发出者为故事中的主人公"我"，可是小说中这些动词采用了单数第二人称变位的词法形式，我们需要根据语境来进一步判断这里的动词形式是第二人称还是泛指人称。帕杜切娃对此解释为"第二人称的泛指人称用法表达说话人(叙事文本中的叙述者)"。她指出，之所以没有直接使用第一人称，是因为第二人称形式的泛指人称意义保持着与受话人的联系，这一用法的语义中含有这样的语义成分，即"我希望你能设身处于我的位置，想象一下我讲述的关于自己的一切似乎发生于你自己的身上"(参见 Падучева 1996：213)。从帕杜切娃的上述论述中我们不能清楚地得知她认为例句中说话人是使用第二人称还是泛指人称来表达自己。一方面，她认为这是第二人称形式用于表示泛指人称意义；另一方面，又将此解释为是与受话人的联系，特别是"我希望你能设身处于我的位置，想象一下我讲述的关于自己的一切似乎发生于你自己的身上"这句解释，我们认为更适合于说话人采用第二人称形式自指的情况，试比较，前文所示契科夫小说中的片段：*Этак, батенька, в промежутке между службой и поездом бегаешь по городу, как собака, высунув язык, бегаешь, бегаешь и жизнь проклянёшь… Тут спотыкаешься, там деньги потеряешь, в третьем месте заплатить забудешь и за тобой гонятся со скандалом, в четвертом месте даме на шлейф наступишь…* (*Чехов. Один из многих*) 细看来，契科夫的这个小说片段与布宁的小说片段有着不同的性质，契科夫的这个片段是故事中人物的话语，是主人公与其朋友间的对话；而布宁的这个片段是叙述者(人物-叙述者)的话语，交际对方为受述者。叙述者的话语与人物间的对话是两种不同性质的话语类型。契科夫的这个片段中主人公对自己的朋友诉说自己的痛苦遭遇，对话方是具体而现实的个体，因而说话人(小说主人公)很容易将指示参照点转移为受话人(主人公的朋友)以引起受话人的同情，达到帕杜切娃所说的效果：“我希望你能设身处于我的位置，想象一下我讲述的关于自己的一切似乎发生于你自己的身上。”而在布宁的这个片段中，只是叙述者的讲述，并不存在一个具名的受述者，指示参照点无法转移给一个具体的受话人，因而不能理解为说话人使用第二人称来自指，而应是泛指人称。

另外，从汉译的角度来看，说话人以第二人称还是泛指人称自我指示时翻译成汉语有着不同的表达。说话人采用第二人称自指时，参照点转移为受话人，旨在引起受话人的同情，翻译为汉语也相应地使用第二人称代词“你”，请参见契科夫一例的译文(你在这个地方绊个跟头，在那个地方丢了钱，在另一个地方忘了付款，惹得人家来追你，闹出一场笑话)。当说话人以泛指人称自指时，这时应该根据说话人的意图、语境以及汉语使用规则来具体对待，如果是说话人对自身生活经验的概括，而且这种经验并不是能普及为任何人，则翻译为“我”，直接指明说话人身份，尽管采用第一人称失去了人称指示的变化性及伴随意义，但是保证了语义的顺达，如果翻译为“你”则会令人不明所云，试比较布宁一例的译文[我(*你)急不可待地命人备马，自己则跑到池塘边去洗脸。]；如果说话人所述的泛指情景适用于包含自己在内的任何人，这时汉译文中的泛指主体通常采用零形式来表达，特别是所述情景并非为谚语类的典型抽象情景，如果翻译为“你”会造成逻辑语义矛盾(*您上哪找您啊)，如果翻译为“我”就失去了泛指意义，尤其是说话人在向受话人表达不满时，采用泛指人称能有效隐蔽个人身份，避免说话人自我情绪的过度强调，可以起到缓和交际气氛的作用，翻译为汉语时隐去行为主体“我”以零形式来表达。试比较：

Летом приезжал сюда, а вы в отпуск укатили. Где же вас увидишь!

(*Симонов*)

夏天我来过这里，而您跑去度假了。Ø 上哪找您啊！

Тебя не поймёшь. Сам приглашал, а теперь бранишься. (张会森 2012：269)

Ø 真不明白你。自己发了邀请，现在却又骂骂咧咧。

С тобой серьёзно разговариваешь, а ты — как балаболка! (*Нилин. Жестокость*)

Ø 跟你讲真，而你却闲扯！

5) 不定人称表示的"我"

说话人表面上将情景的行为主体定位为不定人称，但事实上行为主体其实是说话人自己。对此，舍利亚金指出，不定人称句可以用于表达各种不同的情感表现力及修辞色彩，"如果现实的主体是说话人自己，那么不定人称句表达的行为处于一种强化的、紧张的语境性质中，比如：*И ты знай: пока я жива, у тебя есть место, где тебя ждут, всегда ждут, всякого ждут* (*Б. Полевой*)" (Шелякин 1991：71－72) 而且你要知道：只要我活着，就有这么个地方，在那里有人等你，永远等着你，无论怎样都等着你。

说话人使用不定人称来表达自我行为要比第一人称在修辞表现力上更强，更能体现出其坚决的语气，再如：

Не хочу я, говорят тебе! — возразила Настенька. (*Писемский. Тысяча душ*)

我不想，我跟你说！——娜斯坚卡反对道。

Подвиньтесь! Вам говорят! Дайте мадаме место! (*Чехов. Двое в одном*)

请您挪一下！我跟您讲呢！给女士让个座！

6) 无人称表示的"我"

说话人将第一人称形式表达的自主行为转换为无人称句表达时，旨在强调所述行为不是发自自己的意愿，不受其主观意志控制。无人称句的特点就在于表达行为与其主体的不相关性，行为主体在很大程度上被削弱，甚至被排除了。

Я, когда работаю, ограничиваюсь до вечера только кофе и бульоном. Утром — кофе, в полдень — бульон. А то плохо работается. (Бунин)

我在工作时，只有咖啡和汤可以让我精神到晚上。早上——咖啡，正午——汤。否则完全不在工作状态。

Вы не верите слезам... Но я плачу не для вас: мне просто плачется. (Гончаров)

您不相信眼泪……但是我哭不是为了您：我只不过是(忍不住)想哭。

通过上例可以看出，说话人将第一人称形式(*Я работаю*，*я плачу*)和无人称形式(*работается*，*мне плачется*)对比使用时，积极的行为主体转变为所述状态的消极承受者这一点表现得更为突出。

总之，根据说话人的交际意图、语境要求，或是为了增加某种修辞表现力，说话人转移指示中心，采用其他人称来替代第一人称指示自己，使得语法人称形式获得了丰富的语用功能，体现出说话人在人称指示中的核心作用及其在言语交际中的主体地位。

本章结语

在世界—人—语言的三维格局中，人是最为核心的一极。随着人类中心主义原则在科学研究中的指导作用的提升，语言学研究领域也相应发生了重要变化。其研究对象与方法从对语言形式本身的关注，到发展为形式与语义的结合，对语言与现实世界间关联的二元关系的思考，再到纳入人的因素这一分析视角而得到更为全面的拓展，由此提出了语言的主观性、自我中心性等特征。本章正是在这一背景下来分析俄语人称范畴的。

从语言的自我中心性特征出发，说话人在言语交际行为中的主导作用，在语言形式运用中的主观作用被突出强调，同时，这为语言使用者——说话人的个体言语面貌带来丰富而生动的样态，也在一定程度上影响着语言系统的构造。语言的自我中心性就反映在语言系统自身之中，指示语便是语言自我中心性在语言系统中的典型体现。

对指示现象的分析与解释是语用学研究的主要对象之一。本章是对已有相关理论及研究成果的运用，在此基础上对俄语人称范畴从语用维度上进行了进一步分析与阐释。现有的关于指示范畴的研究旨在强调指示语语义的理解及其所指的明确对于语境的依赖性，其研究的对象主要是“指示语”而不是“指示”，是从语言层面出发，总结语言系统中所含指示语(人称代词、时间、地点副词等)表达怎样的意义，比如对人称指示语的研究以描写人称代词的直义，以及结合语境所表达的转义为主要内容。本章强调了指示与指示语在概念及术语表达上的区别，将研究对象确定为指示，对于俄语人称范畴的研究不是对作为指示语的俄语人称代词的意义和用法的描写，而是试图对人称指示现象的特征作出揭示，说明说话人在人称指示中的主观作用以及对人称形式的灵活运用。

西方学者与俄罗斯学者在人称指示的界定及人称指示范畴类型的划分上并不一致。通过对比，我们发现，西方学者从交际参与者的角色来界定和划分人称指示范畴，因此人称指示范畴包含第一人称、第二人称及第三人称；俄罗斯学者对人称指示的理解更为广泛，从言语交际参与者及所述情景参与者两个方面来考察，得出的人称指示范畴不仅包含第一人称、第二人称及第三人称，还划分出了泛指人称指示和不定人称指示类型。本章对于人称指示范畴的描写正是依据于俄罗斯学者的理论，特别是邦达尔科对于人称指示的相关研究。我们对于俄语人称指示范畴的界定也是从所述情景层面及言语交际层面两个方面出发，结合本书第二章对于人称语义的界定，本章将人称指示定义为说话人依据语境因素对所述情景主体的定位。

本章遵循以说话人视角为观察导向，对俄语人称指示范畴的阐释以反映说话人在言语交际中的主体地位为目标。通过例证说明，现实存在(情景)与其语言表达形式之间不是直接的对应关系，这种对应关系的建立必须通过说话人。说话人在作出具体的言语行为时，在进行人称指示时，对情景及其主体向语言表达转换的过程中，需要经过一个自我主观意识的“过滤”环节，最终形成的言语产品时有附着说话人鲜明的个性特征，特别是体现作者个性且语言形式多样而生动的文学作品。

本章研究的新意：

第一，将俄语人称指示范畴的描写与情景类型结合起来。以对所述情景在主体、时间及空间三成素的所指的确定性/不确定性、在指示坐标中的定位性/非定位性特征为考量，将情景类型大致划分为具体情景和抽象情景。就人称指示而言，根据所述情景主体在确定性/不确定性上的特征，将相关情景类型进一步划分为确定情景、不定情景和泛指情景。举例证明了人称指示与情景类型之间有着密切的关联：一方面表现在情景类型在人称类型判断中的作用；另一方面表现在说话人对所述情景的认知加工，对于不同情景类型的拼接，从而带来人称指示的动态变化性。

第二，运用指示投射理论说明了俄语中说话人自我指示的多种表达。“人称”与“人称形式”不同，说话人并不只是采用第一人称形式来指示自己。人称指示参照点的设定是说话人根据语境、交际目的以及语体等要求的相应操作。本章以俄语为语料论证了说话人自指的多种人称形式选择的可能性，指出表述甚至是一个词组的内部可以发生指示参照点的转移，尝试结合汉译对说话人以俄语“第二人称形式”及以“泛指人称形式”进行自我指示之间的区别给出了解释。

第五章　俄语人称范畴与文学叙事文本分析

本章对人称范畴的研究不是分析叙事文本中所使用的俄语人称形式的意义与用法，即不同于传统意义上对词法人称和句法人称以文学作品为语料的举例说明。本章将对俄语人称范畴的描写与文学叙事学结合起来，一方面，借助于叙事学研究理论与方法阐释人称范畴，特别是模态人称在文学叙事的特殊语境中所具有的有别于日常言语交际的特殊性；另一方面，基于前文我们对人称语义的界定和描写为叙事文本分析，尤其是叙事人称类型的划分依据问题提供一些支撑。因此，本章对俄语人称范畴的描写不仅仅是借助于文学叙事文本来分析俄语人称范畴，而是在语言学与叙事学之间找到某种互通交流，叙事文本是语言学与叙事学共有的分析对象，两者之间存在互融互通的“中间地带”，而人称范畴则是其中的一个最为基本的、重要的范畴。

在第二章 2.1.2 人称概念的基本内涵部分我们提及人称范畴的描写应该包含两个方面：事态人称和模态人称。没有模态人称问题的探讨，人称范畴的描写是不完整的。模态人称与不同言语主体之间的相互作用有关，这不仅可以实现于单个表述中，而且鲜明地体现在语篇中，特别是蕴含复杂主体结构的文学叙事文本。本章第一节 5.1 阐述了模态人称的表达方式，分析了单个表述范围内通过插入句法位介入言语主体带来的模态人称问题；5.2 探讨了叙事文本主体结构及叙事文本中说话人的问题；5.3 在前两节阐述的基础上进一步分析了叙事文本中模态人称与事态人称的问题。

5.1 模态人称

5.1.1 俄语人称范畴的两个方面：事态人称与模态人称

术语事态（диктум）和模态（модус）①由瑞士语言学家巴利（Ш. Балли）引入用以对句子的逻辑分析。“句子是报道思想的最为简单的可能形式”，“思想不能被归结为排除思想主体任何积极参与的简单表象”（Балли 1955：43-44），这样，句子由两部分组成：一部分“与构成表象的过程相对应”，称作“事态”；另一部分“是表达思想主体所产生的相应活动的情态”，称作“模态”（Балли 1955：44）。因此，一个句子（表述）中所报道的内容不仅包含所述情景的相关信息，而且含有所述内容的报道者的相关信息，句子的内容层面被切分为事态层面（план диктума）和模态层面（план модуса）②，事态层面与所述情景层面相关联，是对所述情景的报道；而模态层面与言语交际层面相关联，是对言语交际主体的感知、观点、意愿、交际意旨等的反映。

上文 2.1.2 中我们提及人称的描写分为两个方面：事态人称（лицо диктума）和模态人称（лицо модуса）。也就是说，出现在语言层面（单个句子或表述以及整个语篇）的人称可以是事态层面的，也可以是模态层面的。事态人称是所述情景主体相对于言语主体，首先是说话人的对应关系；模态人称是作为言语主体的说话人与其他言语主体之间的对应关系。

有关事态人称语言学界已有较多论述，对它的界定也比较符合对于人称范畴的普遍理解，比如邦达尔科对人称语义的界定：“所述情景的参与者

---

①диктум 和 модус 可见不同的汉译，“客观陈述”和“主观述评”（吴贻翼，宁琦 2001：61），“事态”和“模态”（李勤 2006）。前一种译法有助于这一对术语的直观理解，后一种译法更便于表达。为便于相关术语的表达，本文采用“事态”和“模态”这一译法，术语 субъект диктума 和 субъект модуса、лицо диктума 和 лицо модуса 等也相应地译为“事态主体”和“模态主体”、“事态人称”和“模态人称”。

②在逻辑分析中也采用术语命题（пропозиция）和命题态度（пропозициональная установка）。

（участник обозначаемой ситуации）相对于言语情景参与者（участник ситуации речи）——首先是说话人的关系”（Бондарко 2002：543－544）。与此定义近似的有，“人称描述所述事实的参与者相对于报道事实参与者的关系”（Якобсон 1972：100）。“事态主体与模态主体的重合/不重合反映人称词法范畴”（Золотова，Онипенко，Сидорова 2004：234）。有关模态人称的问题一些俄罗斯学者已有相关阐述。什维多娃指出“表述中可以发现各种‘人称’的存在”，其中包含“作为对报道内容持有自身主观态度的说话人”（Шведова 2005：151），她提议对“句法人称”的描写可以从“句子主观-情态意义的角度出发”（Шведова 2005：153）。与模态人称有关的，伊里恩科提出言语人称化理论（теория персонализации речи），她认为该理论有待深入研究。人称化（персонализация）取广义理解时，按照巴利的术语就是“信源化”（авторизация），它与说话人的定位有关，在言语中有不同程度的具体化，通过词汇、语法、主观情态性及插入结构等手段表达（参见 Ильенко 2003：23-25）。列冈特对句法人称范畴的描述事实上包含了事态人称和模态人称两个方面，“句法人称范畴指出表述及其成分相对于说话人的关系。这种关系可以表现为主体与说话人一致，与交谈者一致或是与第三方一致，也可以指示情态评价的信源”，因此他认为句法人称的表达不仅可以通过“动词人称形式、人称代词以及句法结构”（事态人称的表达手段，笔者注），同时“句法人称在句子中还可以有其他表现（模态人称的表达，笔者注）：表现为情态-评价意义的信源，借助于插入成分 *по-моему*，*по-твоему*，*по мнению многих* 等，指出某一人称作为信息的来源”（Лекант 2004：8）。此外，沃斯托科夫（В. В. Востоков）（1978）和拉夫连季耶夫（2010）也划分出句法人称的客观层面和主观层面。句法人称的主观意义在于“说话人在说出自己对于所述内容的态度的同时，表明自己的作者身份”。正式提出模态人称问题的是俄罗斯交际语法理论创建者之一的奥尼边科（Н. К. Онипенко）。她在主体透视理论（теория субъектной перспективы）基础上来描述人称范畴，“人称范畴体现主体域之间的关系：1）模态与事态之间；2）不同模态之间，即言语行为参与者与信源主体（信息的持有者、意识主体）之间”（Онипенко 2013а：

96–97）。

我们同样认为模态人称是人称范畴不可或缺的一个方面，人称意义不仅来自所述情景参与者与言语行为参与者之间的对应关系（S 与 W），而且产生于不同言语交际参与者之间（S 与 S′）。

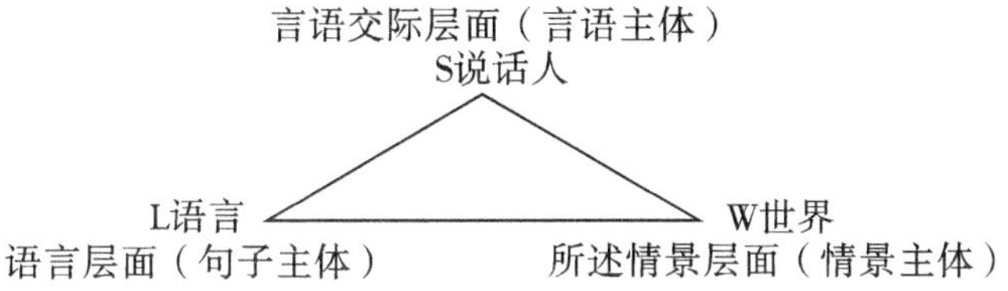

图 1

所述情景参与者在转化为语言表达时必须被说话人赋以一定的人称标记，不然无以明确所述对象为何，与说话人、听话人等是怎样的关系。同样，言语交际行为的参与者在转化为语言表达时也应被赋以一定的人称标记，否则无法得知言述内容为谁所有，是说话人的自身所观、所想，还是听话人的言论，抑或是其他。这样，出现在语言层面的人称就包含了事态人称和模态人称两种类型。

事态人称	模态人称
$S \nearrow W, W_a, W_b, \ldots$	$S \nearrow S', S_a, S_b, \ldots$

图 2

表述的内容可以切分为事态和模态，人称范畴在语言层面可以同时出现在事态层面和模态层面。例如在下面一则表述中：

По-моему，*я его видел на твоём стенде.*（*Александр Савельев. Аркан для букмекера*）

该例中有两处第一人称标记，分别是 *по-моему* 和 *я*，虽然它们都能表达第一人称语义，但是它们所处的层面不同，起到的功能也不同。*я* 是所述情景的参与者，表示该情景主体与说话人同一，因而是事态层面的第一人称；而 *по-моему* 表明所述内容是言语主体的个人观点，它所指示的主体是言语交际的参与者，表示该言语主体与说话人同一，因而是模态层面的第一人称。

我们再来看一则语篇片段：

①*Матушка, однако же, прибавила,* ②*что она позвала её с дочерью на завтрашний день обедать* (③*услыхав слово «с дочерью», я уткнул нос в тарелку*) , ④*потому что она всё-таки соседка, и с именем.* ⑤*На это отец объявил матушке,* ⑥*что он теперь припоминает, какая это госпожа;* ⑦*что он в молодости знал покойного князя Засекина, отлично воспитанного, но пустого и вздорного человека…* (*Тургенев. Первая любовь*)

然而母亲又说，她已经请她同她女儿明天中午来吃饭(我听见说“同她女儿”，便做出埋头吃东西的样子)，——因为她总算是我们的邻居，何况又是贵族。父亲听见这些话，就告诉母亲，他现在记起了公爵夫人是谁了；他年轻时候，认识已故的扎谢金公爵。公爵受过很好的教育，却是一个头脑简单、荒唐无聊的人……(智量译)

这段语篇片段涉及的情景主体有故事主人公“我”、“我”的母亲和父亲以及扎谢金娜公爵夫人和已故的扎谢金公爵。片段中言谈内容主要来自母亲(*Матушка прибавила, что…*)和父亲(*отец объявил, что…*)，并由“我”转述出来，因此这里的言语主体为母亲、父亲和我。故事中的人物相对于叙述者(此例为讲述人)而言分别是主人公自己——第一人称的“我”，母亲、父亲、公爵夫人及公爵——第三人称的其他人物。这则片段中可以切分出 7 个句子，再细分来看可以发现：其中①⑤属于模态层面，②③④⑥⑦属于事态层面。在事态层面可见的事态人称为 *она*(指代“我”的母亲)、*я*(“我”)、*она*(指代公爵夫人)、*он*(指代“我”的父亲)、*госпожа*(指公爵夫人)，表达手段包含了人称代词及表人的称名词，它们同时也是句子的述谓人称；在事态层面还可以看到一些非述谓人称：如 *её*(指代公爵夫人)，*с дочерью*(指公爵夫人的女儿)，*покойного князя Засекина*(已故的扎谢金公爵)，它们采用第三人称代词或是根据上下文判断为指示第三人称的表人的普通名词和专有名词。片段中模态人称除了采用表示亲属关系的称谓语 *матушка*，*отец*（它们相对于讲述人而言可判断为第三人称）作为模态人称的显性表达手段，还使用了一些逻辑推理词及表评价语义的词汇作为模态人称的隐性表达手段，如：*потому что*，*всё-таки*，*и* 反映出母亲表述内容时的思维逻辑和观点，而 *однако же* 则体现出讲述人"我"的态度（母亲所述内容对于说话人而言是出乎意料的），而 *теперь* 指示出父亲在做出表述时的言谈时刻，*отлично воспитанного*，*но пустого и вздорного человека* 则是来自父亲对于扎谢金公爵的评价，而不是讲述者"我"的评价。

通过上述例子分析可以看出，相较事态人称，模态人称的人称语义关系较为隐蔽，它反映在语言的模态层面，建立于不同言语主体之间。"人称范畴表示两个主体角色间的重合/不重合，在语篇中该范畴在两个方向发挥作用：模态与事态之间以及模态内部"（Онипенко 2013a：96-97）。

因此，模态人称是人称范畴的一个组成方面，缺少模态人称的人称范畴描写是不全面的。如第二章所指出的，完整的人称范畴语义表述为：人称语义的界定包括两个方面，事态人称和模态人称：1）事态人称建立于言语交际层面和所述情景层面之间（S→W），是情景主体与言语主体之间的对应关系；2）模态人称产生于言语交际层面内部（S→S′），反映说话人与各个言语主体之间的对应关系。

5.1.2 言语主体与模态人称的类型

上一节指出模态是语言层面反映出的所述内容的一个方面，由此引入模态人称的问题。这一节则详细阐述什么是模态人称，对模态人称语义的界定和分类作出基本概括。

首先需要作出说明的是"言语主体"（субъект речи）。在第二章 2.1.3.2 中我们对言语主体已经给出了基本阐释。言语主体是言语交际行为的参与者，主要是说话人和听话人，其中说话人是言语交际中的核心人物，是积极参与者，而听话人是言语交际的消极参与者①。除了说话人和听话人之外，言语交际层面还存在其他言语主体，他们是言语交际的潜在参与者。之所以说他们是“潜在”参与者，是因为他们尽管没有直接参与言语交际，但仍可以是某言论的发出者，某种感知、观点等的持有者，他们构成言语交际模式中的一极。说话人与听话人之间往往发生直接对话，但说话人在其言语中也可以与其他言语主体产生间接对话。

这样，在言语交际层面可以同时存在数个言语主体：说话人、听话人以及其他言语主体。言语交际行为不仅发生于说话人与听话人之间，说话人与其他言语主体之间也可以发生潜在交际。这对于模态人称语义的理解具有本质性的意义。上文什维多娃提及的“与对话人、第三方对立的说话人”，“作为对报道内容持有自身主观态度的说话人”正是作为言语主体的说话人。“表述中的主观意义通常来自于说话人，但是也可以来自交谈对方，或者是交际行为的非参与者(即我们所言的‘潜在参与者’，笔者注)。‘说话人—对话方—言语的非参与者’的区分不仅对于句子的事态层面是重要的，对于模态层面同样如此”(Лаврентьев 2013：401)。

说话人、听话人及各种不同言语主体作为言语交际的参与者反映在语言的模态层面，因而在交际语法理论中被称作“模态主体”(субъект модуса)，与事态层面的主体——“事态主体”(субъект диктума)区别对立②，又因为模态层面报道有关言语主体的信息，其中一个重要方面就是指出所述内容的信源，因此各个言语主体又作为不同的信源主体(субъект-авторизатор)。

我们明确了模态人称产生于不同言语主体之间，接下来看看模态人称都包含哪些类型。以说话人为核心，模态人称表达言语交际中各个言语主体相对于说话人的对应关系：一般来说，如果言语主体与说话人同一则为第一人称的模态人称；如果言语主体与听话人同一，则表示第二人称的模态人称；如果言语主体是说话人和听话人之外的确定的第三方，这时的模态人称为第

①雅各布森将说话人作为报道事实的积极参与者，将受话人作为报道事实的消极参与者(Якобсон 1972：100)。

②有关模态主体与事态主体及其分类请参见 Золотова，Онипенко，Сидорова 2004：232。

三人称；当言语主体为表人的泛指主体时，这时模态人称是泛指人称；当言语主体为不定主体时，这时模态人称表达不定人称意义。下面我们分别举例来看这几种模态人称语义类型：

1）第一人称

模态人称的第一人称也分为单数和复数。当言语主体是说话者本人，即所述内容出自说话人“我”，这时模态人称为单数第一人称。

说话人作为感知主体，所述内容源自说话人的感知：

Я вижу, как из кухни выходит мой двоюродный брат и смотрит в нашу сторону. (*Фазиль Искандер. Дедушка*)

说话人作为评价主体，所述内容出自说话人的个人观点、判断：

Мне кажется, например, что все толстые женщины — лгуньи. (*Сергей Довлатов. Наши*)

А ты, я вижу, меня не узнал! (*Николай Дежнев. Принцип неопределенности*)

复数第一人称的模态人称是言语主体包含说话人在内的多个主体，所述内容是属于“我”和其他某一（些）人（“我们”）的感知、观念等，例如：

Литвинов и Молотов, как мы знаем, ненавидели друг друга. (*Александр Терехов. Каменный мост*)

2）第二人称

当言语主体为对话方时，即报道内容源自受话人的感知，体现受话人的思想观念，这时模态人称为第二人称。该受话人可以是单一个体——单数第二人称的“你”，也可是多个主体——复数第二人称的“你们”。

Что же, ты думаешь, он мне ответил? (*Л. Толстой. Война и мир*)

Значит, по-вашему, всё дело в следователе. (*Домбровский. Факультет ненужных вещей*)

3）第三人称

当所述内容源自说话人和听话人之外的确定的第三方，是第三方确定主体的感知、思想、立场等，这时信源主体与第三方确定主体重合，模态人称为第三人称。

Он услышал, как хлопнули боковые дверцы, и машина тут же тронулась. (*Виктор Пронин. Банда 8*)

Насколько ему известно, будут предложены семь вариантов выхода из кризиса. (Александра Маринина. Не мешайте палачу)

Женя написал, но клубные работники заявления не приняли, потому что, на их взгляд, уж больно он хорошо смотрелся в роли козла отпущения. (*Владимир Рецептер. Ностальгия по Японии*)

4)不定人称

模态人称为不定人称的情况是当言语主体为不定主体时，即所述内容或是某言论、思想和观点来自不确定的表人主体。

По преданию, первое слово, сказанное Державиным, было — Бог. (*Ходасевич. Младенчество*)

А учитель математики Пётр Максимович, говорили, стал полицаем в районе. (*Василь Быков. Болото*)

5)泛指人称

当所述内容属于包括说话人在内的所有人，即言语主体为泛指主体时，这时模态人称为泛指人称。

Всем известно, как трудно получить деньги; к этому всегда могут найтись препятствия. (*Булгаков. Мастер и Маргарита*)

同事态人称一样，模态人称的泛指人称意义也可以通过带有人称代词 *мы* 的手段来表达：

У всякой дружбы есть, как мы знаем, свои слова и словечки, свои шутки и шуточки, не понятные непосвященным. (*Алексей Макушинский. Город в долине*)

上句中的 *как мы знаем* 同义于 *как все знают*，指示模态主体的泛指人称意义。

由此可见，与事态人称表达不同情景主体相对于说话人的对应关系，且从情景主体的所指特征出发可以对事态人称进行归类一样，不同言语主体相对于说话人的对应关系也会带来不同的人称语义类型，并且按照其在所指方面的特征相应地分作三类：确定人称的（определённо-личный）、不定人称的（неопределённо-личный）和泛指人称的（обобщённо-личный），其中确定人称又可以分为三类：第一人称、第二人称和第三人称。这样，完整的人称范畴的语义类型可以表示为下图3。确定人称的模态人称与不定人称和泛指人称的模态人称在言语主体的所指确定性与不确定性上呈现对立。当说话人不能确定言语主体是谁，或者不愿明说言语主体为何人时，可以采用不定人称的模态人称，比如：*говорят, что…* 。泛指言语主体发出的言说内容往往是人所共识的事实、道理或观念等，说话人常常借助于泛指模态人称来佐证自身的观点，比如：*как все говорят*（*думают*）。

事态人称　说话人与情景主体（S → W）

- 确定人称
  - 第一人称
  - 第二人称
  - 第三人称
- 不定人称
- 泛指人称
- 无人称

模态人称　说话人与言语主体（S → S′）

- 确定人称
  - 第一人称
  - 第二人称
  - 第三人称
- 不定人称
- 泛指人称

图3　人称范畴的语义类型

5.1.3 模态人称的表达方式

上文第三章俄语人称功能-语义场描写了事态人称范畴不同语义类型的核心及边缘表达手段，这一节我们来阐述俄语中模态人称的表达方式。对此我们将从模态人称表达的语言手段和模态主体占据的句法位两方面来作出阐释。

5.1.3.1 模态人称的表达手段

事态人称在俄语的语言系统中有专门的语言表达手段——人称代词和动词的人称形式，模态人称也借助于人称代词和动词人称形式来形成模态结构，但其表达手段不仅限于此，拉夫连季耶夫将模态人称表述为“句法人称的主观方面”，指出“当代俄语有着很丰富的用以表达句法人称主观方面的语言手段：代词、插入语、语气词、感叹词以及专门的句子结构和语调”(Лаврентьев 2013：401)。这些不同类型的语言形式都具有两个主要功能：第一，表达言语主体对于所述内容的态度；第二，标志着言语主体自身的存在。如拉夫连季耶夫所言：“模态主体表达对于所述内容(语言中事态部分)的态度、观点，说话人(作者)使用其他语言手段(情态词、各种语气词、感叹词等)，它们不仅给句子带来了主观情态意义，而且以这种方式‘标记出’作者本人”(Лаврентьев 2013：400)。

拉夫连季耶夫所探讨的“句法人称的主观方面”其实为人称范畴在模态层面的表现问题，依据于他对于句法人称主观意义的表达方式的分类描写，我们将俄语模态人称的表达手段举例说明如下：

1)人称代词

人称代词可以用于对言语主体的指示。比如，俄语人称代词 *я* 用以表达作为言语主体的“我”，具体来说，可表现为感知主体的“我”、观念主体的“我”，等等。

Я вижу, как из кухни выходит мой двоюродный брат и смотрит в нашу сторону. (*Фазиль Искандер. Дедушка*)

模态人称是言语主体与说话人之间的对应关系，在模态层面人称代词不限于作主语的一格形式：

Мне кажется, например, что все толстые женщины — лгуньи. (*Сергей Довлатов. Наши*)

2)模态述体

模态人称还可以通过模态述体来表达。模态述体根据其主要构成成分的词类属性可以分作动词的[*верю*，*веришь(ли)*，*поверишь (ли)*，*верь (те)*，*поверь(те)*]、副词的(*верно*，*вернее*)、形容词的(*уверен*，*рад*)和名词的(*для верности*，*по всей вероятности*)，其中，动词类的模态述体可以带有外显的人称形式，其他类型模态述体需要借助于人称代词或是上下文语境来表达模态人称，比如：*Для вас не секрет*：*бывают дни*，*когда совершенно нет никакой работы.*（*Анатолий Гладилин. Прогноз на завтра*）= *Вы знаете*，*что…* 该句模态述体的人称语义借助于人称代词得以明确；下述两个例句中泛指人称的模态人称意义分别通过疑问代词的否定形式和上下文来辅助表达：*В то же время ни для кого не секрет*，*кто является прототипом главного героя.*（*Леонид Юзефович. Князь ветра*）= *все знают*，*кто является …*；*Впрочем*，*не секрет*，*что стремительный взлёт Китая нравится не всем.*（*Овчинников. Размышления странника*）= *все знают*，*что…* 。需要指出的是，并非所有的动词人称形式都可用以表达模态人称意义，具有这一功能的是那些具有模态语义的模态动词。阿鲁玖诺娃(Арутюнова 1988：109–132)对模态语义作出了基本划分，除了言语模态，她详细阐述了感知模态、心智模态等四种模态语义类型，相应地，具有这些模态语义类型的动词，即模态动词，通过词尾变位形式可以直接表达模态人称。

(1)感知模态[перцептивный (сенсорный) модус]

俄语中用作感知模态语义的词有：*видеть*，*слышать*，*чувствовать*，*замечать*，*ощущать*，*слышно*，*видно* 等。

Чувствую，*мимо меня пробежал кто-то.*（*Марк Сергеев. Волшебная галоша*）

Было видно，*что Алечка соскучилась по дому и с удовольствием вернулась.*（*Токарева Виктория. Своя правда*）= *Мне было видно*，*что Алечка…*

(2)心智模态(ментальный модус)

俄语中表达思维、认知、理解、评价、建议、判断、怀疑等心智活动的动词、谓语副词以及该模态语义类型的结构有：*думать*，*обдумывать*，*продумывать*，*задумывать*，*мыслить*，*знать*，*считать*，*рассчитывать*， *полагать*, *представляться*, *казаться*, *признавать*, *анализировать*, *оценивать*, *советовать*, *рекомендовать*, *критиковать*, *хвалить*, *доказывать*, *мотивировать*, *сомнительно*, *возможно*, *может быть*, *правда*, *ложь*, *верно*, *невозможно*, *невероятно*, *известно*, *быть известным*, *понятно*, *тайна*, *не секрет*, *ещё вопрос*, *ешё не решено*, *трудно сказать*, *хорошо*, *плохо*, *дурно*, *скверно*, *странно*, *странное дело*, *без сомнения* 等等。

Знаю только, что про деньги с ней лучше не говорить. (*Андрей Геласимов. Ты можешь*)

Ты не знаешь долгу чести, доктор, и советуешь, чтобы я согласился сыном своим назвать…(*Нарежный. Российский Жилблаз*)

А правда, что в Израиле живут одни евреи? (*Сергей Довлатов. Заповедник*)

Мне странно, что дедушка, такой маленький, мог посадить такие гигантские деревья, самые большие в лесу. (*Фазиль Искандер. Дедушка*) = *Я удивляюсь, что...*

(3) 情感模态(эмотивный модус)

俄语中用于表达人的快乐、喜爱、憎恨、厌恶、遗憾等情感模态语义的词、词组有：*надоедать*, *сожалеть*, *любить*, *радоваться*, *ненавидеть*, *испытывать отвращение*, *расстраиваться*, *жаль*, *рад*, *противно*, *радостно*, *грустно* 等。

Он до сих пор сожалеет, что в свое время упустил несколько «золотых» возможностей. (*Мария Соколова. Остров погибших кораблей*)

Ненавижу, когда меня используют. (*Александра Маринина. Последний рассвет*)

Я очень рад, что вы согласились нам помочь... (*Грекова. В вагоне*)

(4) 意愿模态(волитивный модус)

俄语中表达想要、希望、要求、命令等意愿模态语义的词有：*хотеть*, *желать*, *надеяться*, *требовать*, *стремиться*, *добиваться*, *держаться*, *настаивать*，*приказано*，*велено*，*необходимо*，*нужно* 等。

А вот твои бывшие учителя хотят, чтобы ты пела в клубе. (Анатолий Рыбаков. Тяжелый песок)

Надеемся, что эта рубрика поможет разобраться с некоторыми сложными моментами в твоей жизни. (Александра Герасимова. Волшебное слово «Стоп»)

（5）言语模态（речевой модус）

俄语中具有报道、通告、应答、允诺、解释、评论、论证等言说意义的动词及词组：*говорить*，*сообщать*，*отвечать*，*информировать*，*передавать сведения*，*консультировать*，*аргументировать* 等。

Во первых строках моего письма сообщаю, что мы живы-здоровы, чего и вам желаем. (Василий Шукшин. Печки-лавочки)

3）插入结构

插入结构可以表达言语主体对于所述内容的态度，同时也指示着该言语主体的身份。拉夫连季耶夫指出，插入结构在句子中表达着人称的主观意义（参见 Лаврентьев 2013：402–407）。瓦西连科（Л. И. Василенко）认为，各种情态词①表达的主观情态评价是关于言语主体的重要的信息来源。主观情态意义，从广义而言，是关于言语主体信息的意义（转引自杨明天 2002：75）。

插入结构提供有关言语主体的信息，成为模态人称的表达手段之一。有时模态人称的语义类型鲜明地反映在插入结构的形式中，"包含着对于交际行为的参与者/非参与者的直接指示，也就是说它们能够清楚地区分模态主体在人称范畴上的区别"（Лаврентьев 2013：403）。比如：*по-моему*，*по-твоему*，*по-вашему*；*на мой взгляд*，*как я вижу* 等，*По-моему, Ася права*：

---

①对于情态词（модальное слово）与插入词（вводное слово）学界没有给出一致的区分界限，从广义来讲，所有的插入词都属于情态词，从狭义来讲，并非所有的插入词都是情态词，但是对于它们的严格区分是情态范畴研究的重点，而对于句法人称范畴的分析而言情态词与插入词之间的区别并不是本质性的（参见 Лаврентьев 2013：402–403）。

самое лучшее — уехать нам обоим отсюда. (*Тургенев. Ася*); *У тебя, чувствую, тоже жизнь замотанная.* (*Владимир Маканин. Отдушина*)。一些插入结构在形式上虽没有直接的人称标记，但是带有明显的人称语义上的区别，比如：1)插入自我言语，模态人称为第一人称：*Конечно*, *кстати*, *между прочим*, *однако*, *к сожалению* 等，*Тут был, конечно, маленький обман, хотя вакса как вакса, ничего особенного.* (*А. Толстой. Чёрная пятница*); *Правда, в отдельных случаях человеку удаётся навязать окружающим свой желательный образ.* (*Фазиль Искандер. Начало*)。在有关某一事实的表述中插入自我言语，表明说话人对于所述内容的态度、立场，突出其个人观点；2)在说话人的表述中插入"他者言语"(чужая речь)或"他者观点"(чужое мнение)，如：*дескать*, *мол*, *по слухам*, *по преданию*, *судя по рассказам* 等，这些插入结构成为他者言语的标记，将"自我言语"与"他者言语"予以区别。*Цивилизация и мораль — вот, дескать, беды, к оторые приводят человека к страданиям.* (*Зощенко. Перед восходом солнца*); 3)还有一些插入结构同时指示着交际双方，比如说话人为了使交谈对方信服，或引起其注意可以使用 *послушай*, *представь(те)*, *честно говоря* 等插入结构，它们不仅标记出说话人，而且也指示着对话方，即使在独白语中也可以通过使用插入语，说话人(作者)设想面对听话人(读者)，可以起到增加表述对话性的作用。*Но, честно говоря, детские и юношеские годы никогда не обходятся без экзотики, будь это экзотика тропических стран или гражданской войны.* (*Паустовский. Золотая роза*) 如列冈特所言，插入结构不仅表明说话人的存在，而且"直接指出，说话人将受话人'视为'就在眼前"(Лекант 2007：106)。

4)语气词

语气词可以"传达表述的交际地位，疑问(*разве*, *ли*, *неужели*)或否定(*не*, *ни*)，也可以表达表述及其作者对于所表达的或暗指的上下文的态度，即所谓的情态语气词(*только*, *и*, *даже*, *ещё*, *уже*, *ведь*, *же*, *тоже*)"(БЭС 1998：579)，也就是说，语气词体现着说话人的态度、情感、意愿，标志着作者身份。

Дама взглянула на него и тотчас же опустила глаза. (*Чехов. Дама с собачкой*)

Хоть бы один человек, с которым можно было бы поговорить, отвести душу! (*Чехов. Архиерей*)

5)感叹词

感叹词表达着说话人的惊讶、赞叹、兴奋、气愤、失望、懊悔、嘲讽等情绪，维诺格拉多夫指出“感叹词构成了现代语言中鲜活而丰富的纯主观言语符号的一面，是服务于表达主体对现实的情感–意志反应的符号”（Виноградов 1947：745）。俄语中常用的感叹词有：*а*，*ах*，*ай*，*ай-яй-яй*，*ого*，*ой*，*ох*，*э*，*эх*，*гм*，*ну*，*ну и ну*，*фу*，*тьфу*，*вон*，*вот так*，*вот чёрт*，*браво*，*боже мой*，*господи*，*батюшки* 等。

Собакам чучье заливает; ружья осекаются … Тьфу! Задача! (*Тургенев. Живые мощи*)

Господи, как же хорошо нам было смеяться, всем вместе, обнявшись… (*Екатерина Орлова. Такой же хороший, как ты*)

6)特殊句法结构

拉夫连季耶夫指出，通过一些特殊句法手段可以起到增加情感表现力的作用，比如，谓语动词附以一些类似 *взял* (*и*，*да*)，*знай*，*поди* 等的复杂成分(*Я повода врагам своим не дал — Не взрезал вену, не порвал аорту, — Я взял да как уехал в Магадан. К чёрту!* [*В. Высоцкий*])；或者是谓语动词的重复(*... он должен считать, что всё это время ты бегал по комнате, держась руками за голову, и думал, думал, думал.* [*В. Пелевин*])。他认为这些句法手段是句子主观方面实义化的一种方式，相应地也是人称的主观意义的表达方式(参见 Лаврентьев 2013：427–429)

7)语调

“语调是形成表述以及表达其意义的重要手段”（БЭС 1998：197）。任何主观意义的表达都会伴随着语调，在没有任何其他手段的情况下语调也能表达说话人的主观意义（Лаврентьев 2013：431）。在语调所具有的一系列功能中，有相当一部分与表述主观意义的表达有关："区分表述的交际类型（陈述、疑问、感叹、命令）"；"根据意义上的重要性对表述内部成分作出强调区分"；"表达具体的情感"；"揭示表述的言外之意"；"对说话人以及交际情景作出描述"，"对听话人产生情感-审美影响"（参见 БЭС 1998：197-198）。

8）零形式

拉夫连季耶夫虽提及"句子的主观层面往往并没有物质表达"（Лаврентьев 2013：399），但并未就模态主体的零形式问题展开论述，因而相应地，并未对模态人称表达的零形式作出描写。这或许是因为他认为在不包含说话人主观情态的表述中不存在模态层面。事态层面是所有表述都具有的，而模态层面只有当说话人想要表达出主观意义的时候才具有（参见 Лаврентьев 2013：401）。对此我们认为，说话人可以在表述中突出事态语义，而将模态语义尽力缩减，但是无论如何说话人作为言语的发出者而存在着这一事实无可否认，任何表述都有自己的说话人，否则表述自身丧失存在的可能性。模态主体，尤其是说话人的内隐，要么是说话人刻意隐藏自身，以零形式表达出来，如上文瓦西连科指出的"在没有情态词和其他主体化手段存在的情况下，说者不强调自己的观点，不引起听者对说者'我'的注意"；要么说话人在所指上具有很大的不确定性而采用省略的方式。因此，我们赞成沃斯托科夫（В. В. Востоков）的观点：人称主观意义也可以有消极表达。当说话人不使用专门的"标识"来表明自己在句子中的作者身份：*Береза белая*；*Брат приехал*；*Морозит* 等等（Востоков 1978：35-36）。

5. 1. 3. 2 模态主体的句法位

模态层面像是覆盖于事态层面之上，使得它较为模糊，对模态人称的描写首先需要找到模态主体，就模态的言语化标记而言，除了表达手段，在语言层面所占据的句法位是一个很重要的方面，它使得我们更加清楚地看见模态在句子结构中的位置。

奥尼边科对于模态主体的句法位问题作出了基本概括（参见 Онипенко

2013：102-103)，对此我们在上文 2.1.3.2 中已经作了介绍。这一节我们在此基础上结合模态人称对这一问题进行进一步阐释。

奥尼边科指出模态主体的句法特征在于，内部句法位（внутрисинтаксическая позиция）不是其专有句法位，对于模态主体而言，专有句法位是言语化的模态框架以及在句子中作插入成分，即占有外部句法位（внешнесинтаксическая позиция），处于事态句法结构之外。因此，这里我们对于模态主体的句法位也分为外部句法位和内部句法位两个主要方面。

外部句法位

1）框架句法位（рамочная позиция）

模态主体的表达方式中框架句法位是一个显性特征鲜明的专有句法位。基于阿鲁玖诺娃的模态语义类型划分，在交际语法中列举了五类模态框架（модусная рамка）（参见 Золотова，Онипенко，Сидорова 2004：280）。模态框架中的主要成分是上文我们已经列举的模态述体，包括模态动词、以-о结尾的模态述体、具有模态意义的副词以及一些词组，而且，文中我们选取的例句均为模态主体占据框架句法位的情况，因而这里不再重复列举。一般来说，占据框架句法位的模态人称除了第一人称（*видно*，*что*…；*очень рад*，*что*…）可以有零形式的表达外①，其他模态人称均应带有外显的人称标记（*он видел*，*что*…；*ты сказал*，*что*…；*некоторые считают*，*что*…；*все знают*，*что*…）。

2）插入句法位（вводная позиция）

插入句法位是模态主体的另一专有句法位。上述处于框架句法位的模态述体大都可以用于插入句法位。

框架句法位	插入句法位
Я думаю/Думаю，（*что*）…	…，*я думаю/как я думаю/думаю*，…
Видно，*что*…	…，*видно*，…

①泛指人称在框架句法位也可以有零形式的模态主体，比如：*известно*，*что*…，*понятно*，*что*… 后文会有举例解释。

Как жаль, что... *..., как жаль, ...*

无论是框架句法位，还是插入句法位，模态主体时而与模态述体共现：*я думаю*, *думаю*[①]，时而表现为零形式：*Видно, что...*; *..., видно, ...*; *Как жаль, что...*; *..., как жаль, ...*，模态主体的零形式往往与第一人称有关，试比较：(*мне*) *видно* 与 *ему видно*，以及(*мне*) *жаль* 与 *ему жаль*。也就是说，在框架句法位以及插入句法位都存在模态主体，只不过它们有时体现为外显表达，有时则为零形式 Ø。我们再来举例分析：

a) *Я думаю, у любви вообще нет размеров.* (*Сергей Довлатов. Чемодан*)

b) *Среди неточных, я думаю, первое место занимает филология.* (*Сергей Довлатов. Чемодан*)

c) *От того, что в какой-то ситуации промолчал или мне сказали — я не ответил. Но никогда такого не было и, думаю, не будет.* (*Арас Агаларов, Ольга Ципенюк. Мне создавать хочется*)

d) *Теперь, Ø видно, только хирургическое вмешательство поможет!* (*Неверов. В защиту правительства*)

e) *Молчит, курит, и ему видно, как дрожат ее пальцы.* (*Александра Маринина. Не мешайте палачу*)

可以看出，例 a) 中模态主体占据框架句法位，例 b) 和例 c) 中模态主体占据插入句法位。例 a) 和 b) 中模态主体分别由人称代词和动词人称形式表达，而例 c) 中模态主体仅由动词人称形式表达。例 d) 中模态主体为零形式，而例 e) 中模态主体通过人称代词 *ему* 来表达。

需要指出的是，模态人称在插入句法位的表达还有一些应注意的情况：

俄语中一些动词用作插入语时常常具有惯用的，或是固定的人称形式。

(1) 动词第一人称单数形式，如：*подчёркиваю*, *повторяю*, *признаюсь*, *обещаю*, *напоминаю* 等这类表示警告、提醒、允诺、提示等语义的施为动词

---

①邦达尔科认为主体可以有非离散表达，体现于述体形式中(参见 Бондарко 2002：585)，这不仅适用于事态层面，模态层面同样如此，在 *думаю* 这一词形中同时表达着模态主体和模态述体。

用作插入语时，使用第一人称形式，在时态上为现在时，它们行使相应的施事功能。

Я, признаюсь, с совершенным изумлением посмотрел на странного старика. (*Тургенев. Записки охотника*)

Размягчаться здесь — предупреждаю честно — не следует, да и жизнь в больших городах мало кого настраивает на сентиментальный лад. (*Алексей Мокроусов. Почему звонки трамваев про тебя напоминают?*)

这种以言行事的功能是其他人称形式所不具有的，一些施为动词的其他人称形式也可以用作插入语，但是并不具有施事功能，而只是对事实的陈述，因而使用过去时①，如：*Решение этих социально значимых проблем, как подчеркнул А. Кравченко, возможно только при комплексном подходе к ним.* (*Михаил Букатов. Осуждены на туберкулез?*)。言语行为的发出者只能是说话人，是说话人通过话语在实施某种行为，因而只能是第一人称单数“我”，不过根据语体要求说话人有时须避免使用第一人称单数而采用复数形式，且俄语中偶见将来时形式，如：*напомним*。

(2) 动词第一人称复数形式，比如：*допустим*，*положим*，*предположим*，表达说话人对所述内容的推测、假想，拉受话人进入对话语境。

Любой человек, между прочим, может оказаться иностранцем, предположим, филологом – русистом. (*Василий Аксенов. Таинственная страсть*)

(3)动词第二人称或命令式形式：*видишь (ли)*，*веришь (ли)*，*знаешь (ли)*，*представьте*，*послушай* 等。说话人为了强调说话内容，同时引起受话人的注意。

Сегодня, видишь ли, суббота, у него чтение, так он не может

---

①请参见何自然、冉永平列出的显性施为句特征，包括“主语是第一人称单数”“动词是施为动词”“时态为一般现在时”等(何自然、冉永平 2009：149)。不过，施为动词的语义类型多样，在具体言语交际中并非所有的施为动词都可占据插入句法位来使用。

пропустить…（*Максим Горький. Мать*）

Веришь ли, *это не ужас*, *не горе*, *не пароксизм*, *а какая – то бесконечная тоска и даже*, *представь*, *удивление*, *покорное*, *тоскливое удивление*…(*Рассадин. Книга прощаний*)

（4）动词第三人称单数或是第三人称过去时中性形式，比如：*разумеется*，*помнится*，*оказывается*，*кажется*；*разумелось*，*помнилось*，*оказалось*，*как оказалось*，*казалось* 等，这些动词用作插入语有固定的形式。

插入语 *разумеется* 用于表达说话人的补充说明，或是对所述内容的肯定：

Я сам люблю подшутить при случае, *но*, *разумеется*, *над близкими людьми*, *реакцию которых хорошо знаю и понимаю*, *на что они могут обидеться*, *а на что нет.*（*Вы над собой смеяться не боитесь?*）

помнится，*как помнится* 意思为说话人"记得"，这里第一人称的模态主体表达为零形式，不过模态主体也可借助于人称代词获得外显的表达，试比较：*мне помнится*，*ему/нам помнится*，人称代词需要使用三格形式，动词也只能使用第三人称形式。相较于其他人称类型，*помнится*，*как помнится* 这一插入结构使用第一人称更为普遍，即表达"我记得"的意思。

Помнится, *танцевали в комнате на ковре*, *отчего было неудобно.*（*Булгаков. Театральный роман*）

(5)动词第三人称复数形式，比如：*говорят*，*говорили*，*как говорили*，*как считают* 等，表达不定人称语义。

Режиссёр Юрий Завадский, *говорят*, *любил длинные*, *красивые разноцветные карандаши и всегда носил их в боковом кармане пиджака.*（*Наталья Склярова. Если бы у медведя было ружье*）

俄语中还有一些插入结构的主要成分为动词的非人称形式，如动词不定式、被动形动词、副动词。

(1)动词不定式形式，如：*видать*，*слыхать* 等，或是与情态动词、副词搭配使用，比如：*может*（*могло*）*статься*，*прямо сказать*。这些动词虽

为不定式形式，自身反映着去人称的倾向，但是它们作为插入语均表示说话人的言论、见闻、观点等，因而指示着第一人称的模态人称。*видать* 表示“显然”“看来”“看得出”，同义于 *очевидно*，*по－видимому*，*я вижу*；*слыхать* 意为“听说”，同义于 *как я слышал/слышала*，也可转义为“有人说”，同义于 *говорят/говорили*。

Ты，видать，не знаешь，что в мужской пиджак на плечи подкладывают вату.（Виктор Астафьев. Затеси）

Райка，слыхать，на развод подала. Суда ждём.（Алла Боссарт. Повести Зайцева）

（2）插入结构的主要成分为副动词形式，如：*короче говоря*，*честно говоря*，*благодаря кому-чему* 等，它们也表示着说话人的言论、观点，属于自我言语范畴。

Честно говоря，ни один из этих вариантов меня не устраивает.（Екатерина Завершнева. Высотка）

（3）插入结构中主要成分为被动形动词短尾，如：*как было сказано*，意为“正如所言（写）”，被动结构中模态主体未被显示，模态主体的人称类型需要通过上下文来进一步判断。例如：

下述例句为小说中的讲述人叙述自己与人物 *Виталий* 结识的一段内容，*как было сказано* 指讲述人自己在前文已经讲过了的，因此模态主体应为第一人称，即相当于 *как было сказано мной*：

Как было сказано，мы с Виталием встречались каждую неделю. А работал он медленно，вдумчиво，и мы проводили вместе довольно много времени. Можно，пожалуй，сказать，что мы подружились.（Грекова. Дамский мастер）

在下面的例句中同样没有给出模态主体，但是从上文判断可知，给 *тётка Однухи* 说把 *дядя Фэй* 带走是为了给他治病的人是那些僧侣。

Дядя Фэй был увезен монахами Ордена Голубых Кругов в их главный монастырь，где находился дом призрения，как было сказано тетке Однухи， для излечения.（*Сергей Осипов. Страсти по Фоме. Книга первая. Изгой*）

下文两个例句在后文中给出了模态主体，分别为第三人称表人主体 *моей матери* 以及表物主体 *в билете*：

Меня после звонков, унижений и хлопот с потерей года перевели на заочное отделение, чтобы, как было сказано моей матери, я «дурно не влиял на соучеников».（*Сергей Гандлевский. НРЗБ*）

Тогда, из Москвы, я вылетел не в 12.15, как было сказано в билете, а в 3 часа дня.（*Лидия Вертинская. Синяя птица любви*）

通过上面的举例分析，可以看出，位于插入句法位的模态主体在人称语义上的类型不能单纯以动词的人称形式作为判断依据。插入语在很大程度上与说话人有关，它本身首先反映着说话人的身份。其次，一些插入语的信源需要根据上下文来具体判断。

占据插入句法位的除了模态动词，还可以是体现模态语义的副词（*видно, удивительно, верно*）、带前置词或不带前置词的名词格形式（*к сожалению, по обычаю, одним словом*）、语气词（*вот так, конечно*），以及一些词组（*скорее всего, к тому же, по крайней мере*）等。那么，这些插入结构是否也可以表达模态人称语义呢？首先，除了个别插入语（*по-моему, по-твоему, на мой взгляд*）带有人称标记外，大多数插入结构从其自身形态来看并不具有任何人称形式，但是，如上文所述，插入语指示着言语主体的信息，根据其言语主体的类型——言语交际的积极参与者、消极参与者或是潜在参与者，插入语可以列属于不同的模态人称类型，有自我言语与他者言语之分。因此，从这一意义上讲，任何插入结构都具有模态人称，因为它必须表达出作为插入的话语内容、思想观点、情感态度等是属于说话人自己的，还是其他人的。

一般来说，插入结构是说话人在自己发出的有序言语流中介入补充言语的一种操作，因此在不作强调时，插入结构通常为说话人的言语，属于自我-模态，但是，如果插入的话语或观点等并非出自说话人自己的时候，说话人就需要借助于人称表达手段来予以区分标明。比如：*Лишь бы Бог меня простил. А ты, видно, простила.*（*Бунин. Темные аллеи*），插入语 *видно*（看得出）指的是说话人对所述内容作出的个人判断，说话人认为是这样（此句为说话人认为听话人已经原谅了自己），而不是其他人的判断，这里第一人称的模态主体“我”表达为零形式，插入语 *видно* 可以转换为带有外显模态人称标记的表达：*как мне видно*，*я вижу*。

再例如：

Когда он подплыл ближе, я заметил, к удивлению, плывшего перед лодкой лебедя.（*Мамин-Сибиряк. Приёмыш*）

上句表达了说话人自己的惊讶之情，在小船的前面竟然游来了一只天鹅，这是说话人没有料想到的，插入语 *к удивлению* 意为“令我感到惊讶的是”，模态主体为零形式。

第一人称的模态人称在插入句法位，模态主体往往表达为零形式，但是它也可以带有人称标记，比如下面例句中插入结构通过加入第一人称物主代词使得模态主体及其人称属性得到了外显表达。

И чем больше веселился Княжевич, я становился, к удивлению моему, всё напряжённее.（*Булгаков. Записки покойника*）

如果插入结构的模态主体不是说话人自己，则插入结构通常必须带有外显的模态主体和人称标记，如下述例句中使用第三人称物主代词 *его* 标明插入结构的模态主体为第三方，意为“令他吃惊的是”，根据上文读者可判断其为 *Ташков*。如果没有第三人称物主代词而只使用 *к удивлению*，读者就无法分辨吃惊、感到意外的这一情感是发自叙述者，还是人物 *Ташков* 了。

Ташков приготовился к тому, что придётся долго и упорно пробиваться к директору фонда, но, к его удивлению, всё получилось легко и быстро.（*Александра Маринина. Иллюзия греха*）

如果插入结构带有物主代词 *свой*，它的模态人称需要根据上下文具体判断，如果与说话人同一，则为第一人称的模态人称；如果与说话人之外的其他言语主体同一则为相应的模态人称。比如下面两个例子中插入结构 *к удивлению своему* 所表达的模态人称根据前文分别为第一人称和第三人称，可以分别理解为“令我惊讶的是”“令他惊讶的是”。

Читал я, например, путевые заметки русских туристов, посетивших Америку сто лет назад, и, к удивлению своему, обнаружил, что ничего, практически ничего в американском характере не изменилось… (*Дмитрий Шляпентох. Конец Истории: благословенный Иов*)

Всматриваясь внимательнее, он, к удивлению своему, увидел, что дикие эти звери были не что иное, как большие крысы, кроты, хорьки и подобные им звери, живущие в земле и под полами. (*Антоний Погорельский. Черная курица*)

插入句法位模态主体表达为零形式并不是第一人称模态人称所特有的。比如，*известно*，*как известно* 其自身语义更倾向于表达泛指人称意义（*всем*）*известно*，*как*（*всем*）*известно*，无论是占据框架句法位，还是插入句法位，都可以表达带有零形式模态主体的泛指人称。

a）*Известно, что в культуре Древней Руси существовало два важных направления: одно, связанное с поклонением Солнцу, и другое — культ воды, купальские обряды и т. д.* (*Седов. Этногенез ранних славян*)

b）*Церковь, как известно, боролась с язычеством, но я не могу сказать, что она его победила.* (*Л. Ермолинская С. М. Толстая. Этнолингвист Светлана Толстая: Нас обвиняли в том, что мы проповедуем религию*)

c）*В России, известно, можно ожидать чего угодно…* (*Александр Дейкин. Своя игра*)

上面三个例句中，（*как*）*известно* 分别在例 a）中占据框架句法位以及例 b）和例 c）中的插入句法位，它们均同义于 *всем известно*，*как все знают*（众所周知），表达泛指人称的模态人称。因此，*известно* 在模态主体为零形式时通常被理解为泛指人称，如果要表达第一人称时，反而需要带有第一人称的表达形式，如 *как мне известно*，*насколько мне известно*（据我所知）。

Последним, кто в одном томе предложил оригинальный обзор мировой истории, был, насколько мне известно, Уильям Макнил. (*Дмитрий*

Панченко. Когда закончилось Новое время?)

此外，副词 *понятно* 占据框架句法位以及插入句法位时，零形式的模态主体所表达的人称类型需要根据上下文判断。

a）*Ø Понятно*，*что такие договорённости никак не документируются. Всё оговаривается только на словах.*（*Леонид Беррес. Прокуратура похоронила дело Кукуры*）很清楚，这样的协议是不会立个文证的。一切都不过是口头协议而已。

上面一段话在没有上下文的情况下，可以有不同的理解：

b）谁都明白，这样的协议是不会立个文证的。一切都不过是口头协议而已。

c）我明白，这样的协议是不会立个文证的。一切都不过是口头协议而已。

从句子 b）和 c）可以看出句 a）中的零形式可以分别填补为泛指人称 *всем понятно*（谁都明白）以及第一人称 *мне понятно*（我明白）。

在插入句法位，带有零形式模态主体的 *понятно* 插入结构可以有不同的模态人称：

A）第一人称

Меня много раз подмывало уйти из дому и поселиться где-нибудь в другом месте. Для этого，*понятно*，*пришлось бы бросить университет и найти работу.*（*Вера Белоусова. Второй выстрел*）有很多次我都恨不得离开家去某个其他什么地方。为此，我很清楚，就必须得辍学并且找个工作。

上句中 *понятно* 带有的零形式模态主体可以还原为 *мне хорошо понятно*（我很清楚），即第一人称的模态人称。

B）第二人称

То есть я её люблю，*не понятно*，*что ли?!*（*Марина Палей. Поминовение*）也就是说，我爱她，难道你/您不明白么？

понятно 用于疑问，表达对受话方的询问，即第二人称的模态人称，意为"你/您明白么？"

C）泛指人称

a）*Ну, всемирная выставка, это, понятно, крупнейшее мировое событие.* （*И. Э. Кио. Иллюзии без иллюзий*）嗯，全球展览，这，显然，是一项最大的国际盛事。

b）*Интрига закручивается вокруг брачных дел. Старый, богатый и иностранный хочет жениться на нашей, красивой, бедной. Короче, Золушке. Но всё кончается, понятно, как надо.* （*Юлия Рахаева. Не репринт. Коричневый с золотом*）婚姻被阴谋缠绕。老的、有钱的和外国人想要娶我们漂亮却穷苦的，简单说，就是灰姑娘。但是这一切，显然，会是应有的下场。

在上述两个例子中，说话人插入的 *понятно* 并不是说话人自己的或其他某一人的个人认识，而是众人都持有的理解 *всем понятно, как все знают*（大家都知道、谁都明白），近义于"显然"。

内部句法位

模态主体还可以出现在句子模式范围内，占据内部句法位，但内部句法位不是模态主体所专有的，因而奥尼边科将其称为非专有句法位（несобственная синтаксическая позиция），她列举了模态主体的三种内部句法位。但是，从实际语料分析中我们可以看出，并非所有的模态语义类型都能实现于内部句法位，较常见的仅是心智模态。

1）非展词句法位（неприсловная позиция）

模态主体表达为前置词+名词格形式的名词句素（именная синтаксема），比如：*для меня, для нас, для тебя, для него, для них, для всех, для некоторых, у тебя, у нас, по мне, по твоему, с твоей точки зрения* 等，在句子中用作全句限定语。

У тебя (для тебя, тебе, с твоей точки зрения, по твоему) каждый человек способен на подвиг. （*Шведова*）在你看来

По мне сторож не спи ночь, стереги народное добро. （*Шведова*）在我看来

Для него руководить — значит проверять.（*Шведова*）对于他而言，他认为

У сильного всегда бессильный виноват. 强者总是认为

Впрочем, для некоторых водка на самом деле благоухает.（*Эркин Тузмухамедов. И немедленно выпил*）对于一些人而言，某些人认为

从上述例句可以看出，这类结构中名词句素表达“在某某看来”、“某某认为”的意思，它们可以转换为表达心智模态语义的模态主体占据框架句法位的句子。比如：

Ты думаешь, что каждый человек способен на подвиг.

Я вижу, что сторож не спи ночь, стереги народное добро.

Он полагает, что руководить — значит проверять.

Сильный всегда считает, что это бессильный виноват.

Некоторые чувствуют, что водка на самом деле благоухает.

除了心智模态，前置词+名词格形式的名词句素所表达的模态主体还可以是感知模态（перцептивный модус），如：*передо мной*（在我眼前），*напротив него*（在他对面）等。这些带有表人主体的空间方位表达其实暗示着后续所述内容是通过哪个主体的感知而获得，也就是说所述对象的感知主体为何人，这种模态语义较为隐晦。对此，我们举例分析：

a）*Передо мной его портрет.*（*Алексей Варламов. Купавна*）在我面前的是一张他的肖像画。

b）*Это его портрет.* 这是一张他的肖像画。

c）*Я вижу его портрет.* 我看到他的一张肖像画。

上面三个表述所共同含有的事态层面为：*Это его портрет.*（这是一张他的肖像画。），形同于例 b)。在没有加入模态层面之前，我们不知道它作为所陈述的内容源自于何人，是谁看到了“这是一张他的肖像画”，又是谁说出“这是一张他的肖像画”这句话。相较于例 a) 和例 c)，例 b) 的模态层面消减为最弱，但是作为现实的表述，我们依然能确定它有一个隐藏的说话人，而且我们可以假设其感知主体与说话人同一，这里模态主体没有得到言语化

表达。例 a)和例 c)中模态主体以不同的表达方式得到了外显表达，分别为前置词+名词格形式 *передо мной* 和名词+动词的述谓结构 *я вижу*，而且感知主体及言语主体与说话人同一，均为第一人称的模态人称。

2)带有模态繁化述体句子中的主语

这种类型的句子中模态述体用作句子基本模型中的述体，模态主体为句子的主语(即主体①)，表述的事态层面和模态层面融合为一，难于分离。俄语中一些模态繁化述体(модусно осложненый предикат)可以组成常用搭配结构，如：*считать кого кем/каким*，*видеть кого в ком*，*видеть кого каким* 等。

Все считают его талантливым человеком. (*Онипенко*)

Мне грустно，*потому что я тебя люблю.* (*Онипенко*)

Ты советуешь мне прощения просить. Зачто? (*Чехов. Леший*)

Я вижу его всегда живым，*молодым*，*исполненным вдохновенных мыслей*，*и таким он навсегда останется в моём сердце.* (*Ю. Сазонова*，*Н. Н. Евреинов*，*А. А. Евреинова. Переписка*)

3)词组内的展词成分

模态主体用作展词成分，作为词组的构成成分，比如：

Моей душе покоя нет. (*Онипенко*)

В ее глазах он герой. (*Онипенко*)

与非展词句法位一样，这种结构中模态述体被消除，语言层面只保留了模态主体。上面两个句子转换为带有模态述体的结构可以是：

Я чувствую в душе беспокойство.

Я чувствую，*что душа моя беспокойная.*

Она видит в нём героя.

Она считает，*что он герой.*

相较于外部句法位，在内部句法位上模态主体的身份较为隐蔽。这种句

①交际语法理论认为主语不应该限于一格形式，也可以是其他间接格形式，如：*Мне грустно*。

法位分析有利于我们认清语言的事态层面和模态层面的分布，把握模态主体的言语化表达方式，在此基础上才能根据其与说话人的对应关系来判断模态人称，从而鉴别所述内容或思想情感是自我言语抑或为他者言语范畴。

5.1.4 主体性与非主体性：自我模态与他者模态

语言的模态层面反映着言语主体对所述内容的观念、态度及情感等，当言语交际出现数个参与者，他们之间或直接或间接或潜在产生言语交际时，在语言的模态层面也会同时反映出数个言语主体之间的相互作用。在这些言语主体中说话人占据核心地位，按照本维尼斯特的观点，只有说话人体现出语言的主体性，第一人称与其他人称之间的对立首先是主体性与非主体性的对立(参见本维尼斯特 2008：258)。在模态人称的语义类型中，第一人称作为体现说话人(语言)主体性而与其他人称具有本质性不同，第一人称与其他人称之间的对立是自我与他者之间的对立。奥尼边科将模态主体区分为自我模态(Я-модус)与他者模态(Он-модус)。模态人称体现不同言语主体之间的相互作用，不同类型模态人称之间的对立关系主要是自我模态与他者模态之间的对立，因此，模态人称语义的对立关系中，根据自我与他者之间的区分，第一人称与第二人称、第三人称、泛指人称及不定人称之间相区别对立。

自我模态与他者模态间的相互作用有多方面的表现，本节讨论在表述范围内自我模态与他者模态之间相互关系的一个方面：自我与他者在立场上的对立统一问题。自我与他者在叙述视角上的融合与分离在模态人称与叙述视角部分再做讨论。

模态主体表达的专有句法位是框架句法位和插入句法位。不同言语主体之间的相互作用在语言层面实现为框架句法位时主要表现为句际之间模态主体的对立关系(*Он уверен в том, что…, а вот я думаю, что…*)，不过，框架句法位言语主体间的对立关系不是我们讨论的重点，这里我们要分析的是在单个表述范围内不同言语主体之间的相互关系，因而插入句法位的模态人称是我们分析的主要对象。

我们知道，通过插入结构在单个表述范围内可以实现另一言语主体的介入，这一介入的言语主体(вводный субъект речи)相对于说话人之间的对应关系可以为该介入言语主体确定一定的人称类型，当介入言语主体与表述基本结构的言语主体(субъект речи базовой структуры высказывания)不一致，其中之一为说话人之外的其他言语主体时，就出现了自我与他者之间的对立，自我与他者作为独立的意识主体发出各自的声音，拥有各自的观念及立场，它们或统一或对立。

根据表述的插入结构和基本结构的言语主体在自我与他者、立场上的一致或背离的不同情况，我们分别作出举例描述。

自我与他者的立场一致

1)基本结构的言语主体为他者模态，插入结构为自我模态

表述中使用 *правда*，*конечно*，*недаром*，*правильно* 等一些表达肯定、赞同语义的副词、语气词作为插入语，表示说话人与他者的一致立场。

Он, *конечно*, *догадывался*, *что старшина связан с органами*, *хотя и не видел в том ничего особенного — кто с ними теперь не связан?* (*Василь Быков. Болото*)

上一例句中第三人称的模态人称通过人称代词 *он* 表达，“长官与一些部门有关系”这是“他”料想到的，说话人通过插入 *конечно*(当然)一词表达了自己对“他”猜想行为的肯定。

Правда, *создавалось впечатление*, *что эта верхняя дорога идёт несколько вбок.* (*Людмила Улицкая. Казус Кукоцкого*)

上句中的他者实际上是不定人称的模态主体，“上面这条路略有侧斜”这一认识正是来自某一不定言语主体，这里不定人称语义是由被动结构 *создавалось впечатление*, *что* 来表达的[①]，说话人插入 *правда*(确实)表达了对这种感觉的肯定。

---

①加克指出，被动结构是不定人称的最为常见的表达方式之一(Гак 1991：78)。此句中 *создавалось впечатление* 表达了不定言语主体 *у некоторых было впечатление*, *что*…。

Да, — сказал себе Трегубец, выливая остатки водки, которую им принесла официантка, в рюмку, — недаром говорится, многие знания — многие печали. (*Петр Галицкий. Цена Шагала*)

上面的例句中 *многие знания — многие печали*(知识越多，苦恼就越多)表达一种通识的观念，因而其言语主体为泛指主体，这里体现为零形式，翻译为汉语时需将这一泛指言语主体表达出来，可译为“人们”“大家”，说话人使用副词 *недаром*(难怪)表达出自己与泛指言语主体观点的一致(难怪人们常说，知识越多，苦恼就越多)。

2)基本结构的言语主体为自我模态，插入结构为他者模态

这种情况下，说话人在自己的表述内容中插入他者言语，二者立场一致，说话人借助于他者为自己思想观点的表达作支撑。

Как писал Пруст, «жизнь есть усилие во времени» — и если усилия нет, то и ощущения жизни нет. (*Андрей Константинов, Александр Поддьяков. Трудно быть человеком*)

Если усилия нет, то и ощущения жизни нет. (如果没有努力，就会失去生命感)是说话人要表达的主要观点，这里说话人引用法国作家马塞尔·普鲁斯特的箴言来进一步阐明自己的观点。

除了名人名言以及权威人士的话语，较为常见的是说话人援引泛指言语主体作为自己言论的佐证，所引内容往往是成语、习语等人所共识的言论、常理。

У везучего и нескладно, да ладно, у него, как говорят, и петух несётся. (*Даниил Гранин. Зубр*)

… подумал Милий Алексеевич с той поспешностью, с какой, как говорят, хватаются за соломинку. (*Юрий Давыдов. Синие тюльпаны*)

上文两个例子中插入语 *как говорят* 汉译为“常言道”，无论是俄语还是汉语泛指言语主体均为零形式，*как говорят* 中尽管有 *говорят* 一词，但是该插入语不能理解为表达不定人称意义，后面 *петух несётся*(公鸡下蛋)以及 *хватаются за соломинку*(抓住救命稻草)的言语主体显然不是某一不确定的

人，而是泛指主体，即为“人们常说”，因此插入语 *как говорят* 表达泛指人称意义。

插入结构 *как все считают*，*как все думают* 可以表示包含说话人在内的“所有人”的共同观点，这时插入的言语主体理解为泛指主体。

У Витьки золотые фиксы, и человек он, как все считают, страшный и одинокий, ребята его боятся, но не Мушка. (*Эдуард Лимонов. Подросток Савенко*)

说话人描述了 *Витька* 的外貌及性格特征，其中对于他性格上的“可怕的”“孤僻的”特点说话人通过插入语 *как все считают* 来表明大家都是这么认为的。

自我与他者的立场对立

1) 基本结构的言语主体为他者模态，插入结构为自我模态

说话人在他者观念表述中插入 *ошибочно*，*зря*，*даже* 等表达否定意义的副词、语气词来加入自我观点，同时表示其与他者观点相左。

Зря только она думает, будто ей страшнее всех. (*Андрей Волос. Недвижимость*)

上句为说话人对第三人称模态主体“她”的观点的否定，她认为自己比任何人都感到害怕，而说话人认为她的这种想法是徒劳的。

Вообще-то его в милицию пару раз сводили, конечно, потому как ошибочно думали — вор. (*Евгений Попов. Статистик и мы, братья славяне*)

“他是小偷”是“他”被两次带到警察局的原因，说话人没有指出认为“他是小偷”的人是谁，而且也没有必要指出这些人是谁，重要的是通过 *как ошибочно думали* 说话人清楚地表达出“他是小偷”是他者的论断，而说话人自己对此并不赞同。

2) 基本结构的言语主体为自我模态，插入结构为他者模态

自我与他者立场不一致时，常见的是在他人言论中说话人插入自己反驳性的话语。由于插入语的补充强调作用，插入语为他者的否定观点的情况很少见。说话人在自己的表述中插入他人反驳性话语来否定自己这本身不合乎

逻辑。

下面举的两个例子中插入结构为他者模态且与基本结构中自我模态的观点相斥，但是基本结构中采用了否定词 не，否定意义表达于基本结构而不是插入结构，所以依然是说话人否定他者观点。

Вы не думайте, в учёбе я тоже не такая тупица, как все думают. (*Драбкина. Волшебные яблоки*)

上句中说话人的观点表达于基本结构“*в учёбе я тоже не тупица*”（在学业上我并不笨），说话人使用插入语 *как все думают* 是为了作出区别，“认为我学习上很笨”那是“别人”的观点，而不是“我”的。

Арбуз — это не плод, как все считают, и не ягода, как его объяснили в школе, арбуз — это мера времени, приблизительно полчаса. (*Андрей Битов. Попугайчики*)

上句依然是说话人对他者观点的否定，否定意义也表达于基本结构中 *Арбуз — это не плод и не ягода*（西瓜既不是水果，也不是浆果），插入结构 *как все считают, как его объяснили в школе* 的使用在于表明与说话人的否定性的判断相悖的是他人的判断。

此外，与插入句法位模态主体的人称问题有关的，我们想要再说明两点：

第一，插入句法位是模态主体的专有句法位，伴随着插入句法位的出现一定会有模态主体的存在，尽管它有时表达为零形式，并且该模态主体作为一个独立的言语主体与说话人之间的对应关系可以为该言语主体带来人称语义。插入结构的模态主体与基本结构的模态主体在人称上不一致时就出现了不同言语主体之间的相互作用。这里我们列举的自我模态与他者模态在立场上的统一与对立只是不同言语主体间相互作用的一个方面。自我与他者之间在立场上的一致或背离通过使用插入语可以得到明确的表达。但是，需要强调的是，插入结构本身属于说话人的操作，体现着说话人的主体性，始终服务于说话人的立场需求。使用插入结构说话人要么佐证自己的观点，要么强调某一对立观点并非自己而是他人的。

第二，插入结构的模态人称类型不能依据其所含词的语义或词法形式作出判断。例如，上文的两个例句：*Вы не думайте, в учёбе я тоже не такая тупица, как все думают.* (*Драбкина. Волшебные яблоки*)；*Арбуз — это не плод, как все считают, и не ягода, как его объяснили в школе, арбуз — это мера времени, приблизительно полчаса.* (*Андрей Битов. Попугайчики*)，这里的 *как все считают*，*как все думают* 所表达的言语主体不能一概理解为泛指主体，它们相对于说话人并不是泛指人称，尽管其中含有全指代词 все。泛指人称的特点是包含说话人在内的任何人，上述两个例子中，我们可以看出 *как все считают(думают)* 指示的可以是不包含说话人在内的观点，全指代词 все 在这里起到不定主体的作用，排除说话人在外的其他第三方不确定主体，特别是在后一个例句中，这一点从后文中不定人称的插入结构 *как его объяснили в школе* 的并列使用可以看出。再如一些插入语：*как говорят*，*как помнится*，*как говорится* 等，它们的模态人称并不能简单地判断为第三人称、不定人称或是无人称。

但是，有些插入语用于表达一定的模态人称语义，而且它们的表达形式中往往并不带有模态人称标记。比如，用于表达第一人称：*по-видимому*，*правда*，*често говоря* 等，这些插入语只能表示自我模态，它们只能是第一人称的；用于表达泛指人称：*всем известно*，*как известно*，用于表达不定人称：*по преданию*，*по слухам*，*по сообщениям*，*говорят* 等。

有的插入语需要结合上下文来判断其模态人称类型，如：*как полагают*，*как говорят*，*как говорилось* 等。这里我们以 *как говорилось* 为例来作出说明。*как говорилось*(如……所说的)根据上下文这里省略号所代表的"某某"可以有泛指言语主体或确定言语主体，因而该插入语可以表达不同的模态人称。

как говорилось 之后常常引入习语、俗语、成语、格言等，这些话语内容的言语主体为泛指主体，插入结构表达的模态人称为泛指人称。

При последнем прыжке Арлекин, прокатившись на задних ногах, как говорилось, добыл хвостом земли и, круто собравшись, плавно опустил передние ноги на землю. (*Фет. «Не те»*)

Меня вела, как говорилось в старину, таинственная сила предопределения. (*Катаев. Святой колодец*)

下文两个例句中 *как говорилось* 所引入的言语内容«*Соснуть*»«*залечь на матрацы*»应该确有出处，但是说话人没有指出其言语主体具体为何，有时无从查证或没有必要指出其确定的言语主体，这些表达可以被广泛接受而成为普遍性的用语，这种情况下 *как говорилось* 所指示的模态人称介于泛指人称和不定人称之间。

«Соснуть», как говорилось в старых добрых романах. (*Куприн. Поединок*)

Как говорилось в фильме «Крестный отец», нужно «залечь на матрацы». (*Андрей Ростовский. По законам волчьей стаи*)

有时候 *как говорилось* 表达的泛指人称意义具有范围上的限制，言语主体在所指上并非是“人人”“所有人”，比如下面例句中“*серая порция*”仅是军队中的普遍用语，其言语主体的泛指性仅限于军队士兵。

Но с точки зрения старых солдат, канонир был всего лишь самым младшим солдатским званием, как говорилось в армии, серая порция.

有时说话人指出所引语录出自具体某人，比如诗人、作家、思想家等，这时所插入的言语主体为确定主体，模态人称为第三人称。

Как говорилось М. Ю. Лермонтовым, «подожди немного, отдохнешь и ты». (*Евгений Попов. Подлинная история «Зеленых музыкантов»*)

如果是说话人对自己已述内容的引用，这时插入语 *как говорилось* 的言语主体为说话人自己，因而是第一人称。

С 1924 по 1930 год имелся, как говорилось выше, специальный аппарат политической и дипломатической разведки при министерстве иностранных дел. (*Иван Кононенко. Бюро Янке*)

因此，俄语中有些插入语兼具标识言语主体和模态人称类型的双重功能，而类似于 *как говорилось* 这样的插入结构只是表明言语主体的存在，对于该言语主体的人称类型没有提供直接的指示，这就需要根据上下文和具体情景来进一步明确其与说话人的对应关系，从而作出模态人称类型的判断。

5.2 俄语人称范畴与文学叙事的主体问题

这里我们所研究的不是以文学叙事文本为分析材料，描写人称代词和动词人称形式的意义和用法，而是在文学叙事框架下描写人称语义关系的复杂构成形式。在与叙事文本分析相关的人称范畴研究中，我们主要探讨三个问题：第一，在叙事文本中决定人称语义对应关系的主体成分是什么；第二，相对于一般言语交际，叙事文本中的主体成分具有怎样的特征；第三，不同主体之间相互作用的方式是怎样的。针对上述三个问题，我们分别从叙事文本的主体结构、说话人与叙述者和人物、叙述视角与叙事人称这三个方面来阐述。

本章上一节介绍了人称范畴的两个方面：事态人称和模态人称，从人称语义界定的两个方面来看，事态人称是所述情景主体与言语交际主体，首先是说话人之间的对应关系；模态人称是言语交际层面内不同言语主体之间的对应关系。事态人称与模态人称在叙事文本中均有反映，但与一般言语交际显然不同，本质上的原因在于叙事文本所具有的复杂的主体结构，在此基础上带来的不同主体间复杂的相互关系。根据“世界—人—语言”的三维关系以及在人称语义界定中我们划分出的“所述情景层面—言语交际层面—语言层面”，我们将文学作品分析的三个主要方面表示为下图4：与语言层面这一极所对应的是文学文本；与“世界”这一极对应的是文学作品中所反映的独特的文学世界；三角形的上端“人”这一极，我们很难找到合适的词来概括表达，因为文学作品的交际层面是一个复杂的交流模式，结合本论题的研究设计，我们在此只涉及在人称语义界定中具有积极作用的主体——说话人，后文就叙事文本中的“说话人”问题会有较为详细的论述。

图 4

要描写文学叙事框架下的人称范畴，首先需要明确在此框架下人称语义界定的层面及其主体。在第二章我们指出语言层面是对所述情景层面和言语交际层面的反映，并且论证了句子主体对于人称语义界定不具有本质作用。与此相同，文学叙事中的人称问题也不单单是叙事文本中使用的动词及代词的人称形式，而是与叙事结构的不同层次及其主体之间的相互作用有关，文学作品中所蕴含的不同层次及其主体形成了复杂的主体结构，我们对于文学叙事框架下的人称范畴描写首先从叙事文本的主体结构出发。

5.2.1 叙事文本的主体结构

在描述叙事文本的主体结构之前，我们需要先概述一个它的上位概念——叙事结构，这是对叙事文本主体结构作以描述的前提。

从结构主义观点来看，任何一个结构都是一个由各个层次及不同层次包含若干构成成分的统一体，层次与层次之间、层次内部不同构成成分之间存在彼此的相互作用。

结构主义叙事学认为叙事是一种结构①，叙事学研究的一个主要任务便是从各种类型的叙事作品中抽象出共同的特征，构建一个基本的叙事结构。构建叙事结构需要区分出其各个层次及所含的诸成分。层次的划分对于叙事理论的建构以及实际的文本分析都是十分必要的，如米克·巴尔(Mieke Bal)所言，层次的区分“作为旨在考察文本的工具，其理论是建立在层次区分的

①对于叙事是一种结构，西摩·查特曼在《故事与话语：小说和电影的叙事结构》一书的导论部分依据皮亚杰提出的结构的整体性、转换性与自我调节性特征很好地论证了这一观点。

概念上的，这一区分对于细致的分析必不可少”（巴尔 2015：5）。

“文学作品的结构（композиция）[①]是文学作品的不同成分（элемент，компонент）之间的区分及相互联系。”（Кожинов，转自 Тамарченко 2004：179）。但是，如科日诺夫（В. В. Кожинов）指出的，术语“结构”并非只有单一意义的解释，有时结构理解为作品的纯外在组织，即它的“外在结构”（внешняя композиция），比如小说的一章、一节，或是戏剧的一幕、一场；也可指作品的艺术内容结构，是作品的内部基础——“内在结构”（внутренняя композиция）。此外，“结构”在文艺理论中往往等同于“情节”（сюжет）“本事”（фабула），甚至是形象系统（система образов）（参见 Тамарченко 2004：179）。

可见，对于“结构”的理解不同，其相应的构成成分也不同。这里，我们倾向于将叙事结构理解为与文学叙事作品的情节和本事有关的方面，并在此基础上区分叙事结构的构成成分。

俄国形式主义者区分“本事”（фабула）和“情节”（сюжет）[②]，前者指故事的原初素材；后者是被施以各种叙述方式而最终讲述出来的故事。与此相近，荷兰学者米克·巴尔（Mieke Bal）将叙事作品分别置于三个层次：文本（text）、故事（story）、素材（fabula）（参见巴尔 2015：3-4）。对于“文本”她的解释是，“文本并不等同于故事”（巴尔 2015：3），“已被编排到故事中的素材还不是文本。叙事文本是用语言所‘讲述’的、传达给受众的故事，而且，这一讲述要具有媒介物，也就是说，它要被转换成为符号（signs）”（巴尔 2015：6）。

美国学者西摩·查特曼（Seymour Chatman）将叙事划分为两个方面：故事

---

①“结构”一词在俄语中有多种表达，科日诺夫指出除了 композиция，用于表示文学作品的结构时还使用该词的近义词：архитектоника，построение（строение），структура，конструкция 等（Кожинов，转自 Тамарченко 2004：179）。

②有关 фабула（本事）和 сюжет（情节）这两个概念之间的区别可参见塔马尔琴科（Н. Д. Тамарченко）的《理论诗学》（«Теоретическая поэтика»）一书，其中较为全面地列举了诸位学者对于这两个概念的阐释（Тамарченко 2004：150-154）。总体来说，“本事”是一系列自然发生的事件，而“情节”所反映的事件序列性则是经过艺术性组织的，是在艺术作品中所呈现出来的。

(story)和话语(discourse)①。前者指叙事的“是什么”，是内容方面(content)；后者为“如何”，指故事得以传达的方式，是表达方面(expression)。他这样解释自己的划分：“结构主义理论认为每一个叙事都有两个组成部分：一是故事(story)，即内容或事件(行动、故事)的链条，外加所谓实存(人物、背景的各组件)；二是话语(discourse)，也就是表达，是内容被传达所经由的方式。通俗地说，故事即被描述的叙事中的是什么(what)，而话语是其中的如何(how)”(查特曼 2013：5-6)。

巴尔的叙事三分法和查特曼的叙事二元论②本质上并无二异。查特曼指出“故事是叙事表达之内容，话语是该表达之形式”，他虽然没有使用“文本”这一术语，但是在上述内容之后他紧接着解释道：“我们必须把话语同其物质表现——如用词语、绘画或其他——区别开来。后者显然是叙事表达之质料，即使当表现是独立的符号编码时也是如此”(查特曼 2013：10)。巴尔将“叙事文本”界定为“叙事行动者或主体用一种特定的媒介，诸如语言、形象、声音、建筑艺术，或其混合的媒介向叙述接受者传递(‘讲’给读者)故事的文本”(巴尔 2015：3)。可见，巴尔所言的“文本”包括了查特曼所谓的“话语”及其物质表现“质料”，而且他们都认为叙事表达可以通过除语言以外的绘画、电影等多种媒介来实现。

通过上述分析可以看出，“故事”和“素材”与叙事内容相对应，而“文本”(话语+质料)与叙事表达相对应。因此，叙事结构是一个由内容层面和表达层面构成的统一体。在我们的人称范畴研究中，不对“情节”“故事”或“素材”作出严格区分，因为它们都属于所述内容层面，我们也不强调话语表达的具体质料是什么，因为我们分析的对象只是语言文字，因此，我们将叙事结构分化为“故事层面”(story)和“话语层面”(discourse)，叙事文本(text)是我们实际分析的对象，与读者一样，我们所直接面对的是叙事文本，即一

---

①“故事”与“话语”的区分由法国学者托多罗夫于1966年率先提出，在西方研究界被广泛采纳(申丹 2009：222)。

②查特曼的二元论，实为根据“表达”(expression)与“内容”(content)，“形式”(form)与“质料”(substance)分界交叉得出的四个方面(参见查特曼 2013：9-12)。

部部文学作品。叙事文本蕴含着叙事结构，不同叙事文本在叙事结构上具有一些基本特征，又因所讲述故事的不同内容以及讲述方式上的差异而有不同的具体实现。

这样，叙事文本的主体结构实际上指在叙事文本中所反映出的主体结构，主体结构的构成成分——各个主体，分别来自故事和话语两个层面。

我们说叙事结构是主体结构的上位概念，是因为主体结构的构成成分只是叙事结构的部分成分。叙事结构中故事层面包含的诸成分有："事件""人物""时间"和"地点"；话语层面包含了叙述者、叙述时间、叙述节奏等，叙述者的话语可以是叙述或是非叙述的评论或描写。这里我们只关注与人称范畴研究有关的不同层面所含的主体成分，因此，我们需要划分出故事层面的主体以及话语层面的主体。

"故事层面"与我们在第二章划分出的"所述情景层面"（表述或文本中所反映的语言外的现实存在）相对应，所不同的是，文学文本反映的是作家构建的文学世界，这里的主体是文学世界中的一个个"人物"。"在文学文本中作者通过艺术形象系统来创建虚构的、诗学的世界，其中生活着作者设想的人物，或是现实中存在的但经过作者幻想加工而生活在虚构情景中的人"（Ноздрина 2009：58）。

"话语层面"与我们划分出的"言语交际层面"（言语交际的参与者）相对应。与现实言语行为不同，话语层面反映出的言语交际不是建立在单一的说话人与听话人之间，而是一个复杂的交流模式。话语层面的主体有作者、隐含作者、叙述者、受述者、隐含读者、读者。下图是查特曼列出的叙事交流中的各个主体及叙事文本的"叙事–交流情境示意图"（详见查特曼 2013：135）：

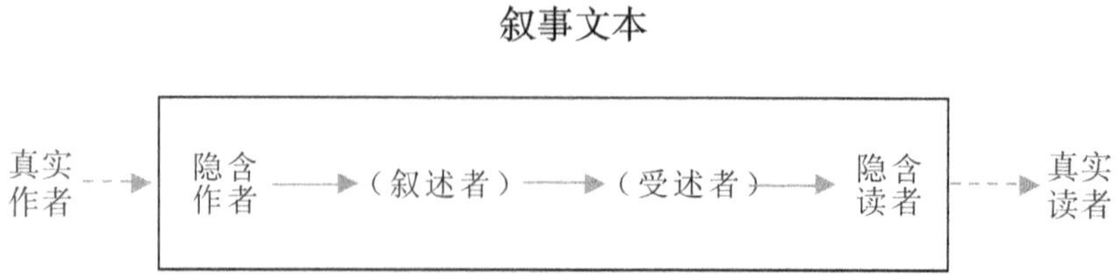

叙事–交流情境示意图

查特曼认为“叙事是一种交流，因此它预设了两个参与者——一个发送者和一个接受者。每一方都包含三个不同的角色。在发送者这一端包含真实作者、隐含作者与叙述者（如果有的话），在接受者这一端则包含真实受众（听众、读者、观众）、隐含受众与受述者”（查特曼 2013：14）。

萨玛尔斯卡娅（Е. Г. Самарская）认为文学文本中存在四种对话方式：1）作者与作品的受众之间；2）文本内各人物之间；3）作者与人物之间；4）人物与读者受众之间。每一类对话都不是独立存在的，而是整个关系综合体的一部分，在这一关系综合体基础上形成“作者（作家）-文本（文学作品）-受话者（读者受众）”交际链（коммуникативная цепочка）（Самарская 2008：24-29，转引自 Савельева 2014：37-38）。

叙事文本的主体结构是一个复杂组织，其复杂性不仅表现为结构中含有多个主体成分，而且体现在主体结构的多层次及主体身份的多重性。

叙事文本主体结构的层次性

主体结构中的成分不仅因“故事—话语”而分为两个方面，而且它们之间有层次上的区别，上文萨玛尔斯卡娅列出的不同主体之间的对话方式并不处于同一层次。查特曼给出的叙事-交流情境示意图已经作出了基本层次划分：隐含作者和隐含读者是内在于叙事中的，叙述者与受述者是可选的（括号内）。真实作者和真实读者就其本身而论是外在于叙事交流的（查特曼 2013：135-136）。

在此基础上，我们以“故事—话语—文本”为分界，根据主体所处的位置，划分出数条交际链：

1）文本外层面

作者—[文本（文学作品）]—读者

真实作者和真实读者之间的交流是外在于叙事文本的。作者与读者之间就作品是间接思想上的交流，当然个别情况也有面对面的言语交流。

2）文本内层面

隐含作者—[故事]—隐含读者

“隐含作者和隐含读者是内在于叙事中的”（查特曼 2013：135）。梅里尼丘克（О. А. Мельничук）的这段描述虽没有采用“隐含作者”“隐含读者”的术语，但显然他指的是二者间的关系：“文学作品是作者与读者的相会之处，这里作者向读者吐露内心深处的思想。作者竭力以求读者接受作品，在读者与作者之间建立对话。在作品创作中发生作者与其模范读者之间的对话，即作者在整个文本中都在构建自己特有的读者模式”（Мельничук 2002：15 转引自 Савельева 2014：37）。

隐含作者不同于作者，“布思的‘隐含作者’主要指作者在创作作品时的‘第二自我’，而在创作不同作品时作者很可能采取不同的立场，因此，同一作者的不同作品就可能隐含不同的作者形象”（申丹 2010：82）。

叙述者—故事—受述者

文本内层面还有一条交际链建立在叙述者与受述者之间。叙述者是讲述故事的人，他的受述对象是受述者。叙述者不同于隐含作者，特别是当二者所持观念、立场不一致时。当叙述者的观念偏离于隐含作者的，这时叙述者被认为是不可靠的，“可靠叙述与不可靠叙述的区分是以隐含作者的规范作为依据”（申丹 2010：82）。

3）故事—话语间层面

人物（故事）— 叙述者（话语）

叙述者与人物之间的交际具有很大的特殊性。叙述者与人物处于不同的层面，叙述者处于话语层面，而人物处于故事层面。在故事内，叙述者与人物是不能发生直接言语交际的，故事内的言语交际仅限于人物与人物之间，人物-叙述者似乎可与故事中某一人物产生对话，但是，与后者对话的不是人物-叙述者的叙述者身份，而是作为故事中的人物身份。在故事之外的话语层面，叙述者与人物同样不存在直接言语交际，因为故事—话语的界限将二者隔离开，他们拥有各自的时空定位，叙述者与人物之间的“交际”是间跨故事与话语两个层面的。

查特曼划分的交流模式仅在于话语层面，因而没有将故事中的人物划入其中。我们这里要划分的是围绕叙事文本所建立的主体结构及其各个层面。

主体之间的交际不仅限于同一层面内各个主体之间的相互作用，还包括不同层面主体之间的相互作用，即发生在不同层面主体之间的“跨层交际”。叙述者与人物之间的“交际”就是一种跨层交际，这种交际建立在故事—话语间层面。

4）故事内层面

人物—人物

故事内人物与人物之间的交际与我们的日常言语交际近似，若不考虑作者的设计因素的话，此外，叙事文本中还出现人物的自白。

主体身份的多重性

这种多重性不仅表现在每种类型的主体成分可以由数个个体来担当，故事里出现多个人物，作者、叙述者也可以是多个人，而且表现在主体身份的可转化性，人物也可以讲述故事，这时该人物的身份转化为次一级故事—话语结构的叙述者，如我国学者赵毅衡所述：“小说可能有几个作者，同一叙述文本可以有几个处于同层次的叙述者，他们可能是复合叙述者的几个成分，也可能是并列的叙述者；一篇叙述更可能有不同层次的几个叙述者，每一个讲出一篇故事。同样，小说中的人物可以分布在同层次和异层次上，这是叙述主体的水平与垂直结合的复杂分布”（赵毅衡 2013：57）。

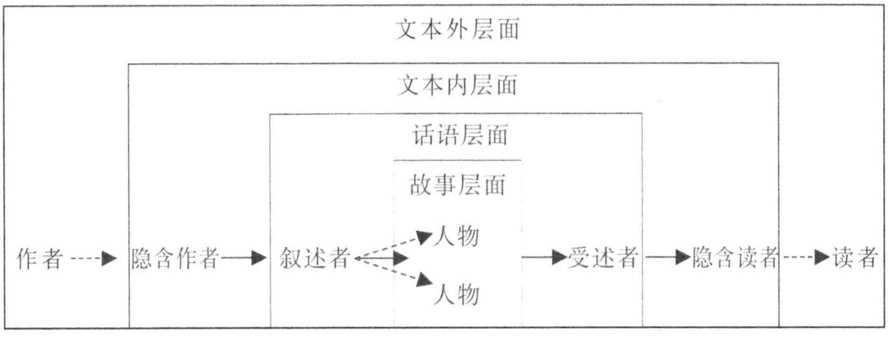

图 5　叙事文本主体结构示意图

搭建叙事文本的主体结构是为了在此基础上进一步对叙事文本中人称范畴的描写服务。叙事交际模式包含了多个参与者，但是对于我们的人称范畴研究，起到影响作用的并非所有的参与者，重要的是层面的划分，层面内部的细分(作者、隐含作者、叙述者)并不对人称类型及形式产生本质性影响。

上述四个交际链中只有第3)与第4)层面，即叙述者与人物以及人物与人物之间的对应关系与叙事文本中人称语义的描写有关，真实作者与读者、隐含作者与隐含读者之间的交际与叙事文本的人称范畴描写没有直接关系。叙述者与受述者之间也存在人称语义，不过这种人称关系在文本中的表现较为简单，叙述者直接以“我”出现，对受述者称呼为“您”“你们”或“亲爱的读者”之类。此外，第4)层面人物与人物之间的交际近似于我们的日常言语交际。所以，本文对于文学叙事框架下人称范畴的描写主要限定在第3)层面——话语—故事间层面，即叙述者与人物之间的相互作用。

与第二章人称语义界定一致，叙事框架下人称范畴包含事态人称与模态人称，在人称语义的对应关系中说话人是核心主体，无论是事态人称还是模态人称，其人称类型的界定均以说话人为参照。因此，在描写叙事框架下人称范畴之前，首先需要明确的是叙事文本中的说话人是谁。

5.2.2 叙事文本的说话人

说话人是言语交际的积极参与者，在人称指示关系中具有核心作用，与日常言语交际不同，叙事文本中扮演说话人的可以是多个主体，也就是说，说话人这一角色发生了分化。这不是指说话人与听话人在交谈中角色的交替，听话人在发话时转换为说话人的情况，而是指说话人这一角色内部出现的分化。

那么，叙事文本中的说话人是谁呢?

对于叙事文本的说话人问题，俄罗斯学者帕杜切娃有所论述(Падучева 1996：201)：

另一方面，文学文本——是言语作品，其特征首先在于自己的言语主体(субъект речи)。在口语语言中这是说话人。似乎，在叙事文本中它应该是文本的作者—创作者。然而情况要复杂得多，口语语言的说话人与文学文本的作者—创作者之间不存在直接的对应。当我们要描写文学作品中语言的语义及功能时，我们只能讲说话人的相似者(аналог говорящего)。

帕杜切娃指出文学文本中说话人不同于日常言语的说话人，而是“说话人的相似者”，他“不是作者本人，而是所谓的‘作者形象’，准确地说，是叙述者”(Падучева 1996：201－202)，在自由间接话语(свободный косвенный дискурс)中他是人物(参见 Падучева 1996：206)。

施密特(В. Шмид)指出叙事作品是一种具有多层次的独特的文学交际。在多层次交际模式中他划分出两个方面：信息发出方(сторона отправителя)和信息接收方(сторона получателя)。复杂的交际结构中包含着作者交际以及叙述者交际，除了这两个基本层面，还可以将人物层面加入，如果人物也起到叙述作用的话(参见 Шмид 2003：39)。在他的交际层面模式图中，我们可以看出，信息发出方包括具体作者、抽象作者、虚拟叙述者和人物(参见 Шмид 2003：40)。

对于叙事文本中说话人的分化现象，我国学者赵毅衡这样描述道：“主体在书面叙述中出现严重的分化现象，作者、叙述者分别具有人格。更复杂的是，叙述文本中还有一部分是人物的话语，因此人物有时也能形成主体”(赵毅衡 2013：57)。

因此，叙事作品的“说话人”这一角色基本上可以由作者、叙述者、人物三个主要主体来担任。这里，结合学者们的相关论述以及上文所划分的“故事—话语—文本”层面，我们对作为说话人的作者、叙述者和人物分别作以阐述。

5.2.2.1 作为说话人的作者

作者、叙述者和人物虽同作为信息发出方，但是它们在叙事文本主体结构中所处的位置是不同的。

作者处于文本外层面①，作者不可能成为叙事文本内的说话人，他不能在文本内直接发声，即使是传记文学文本内的说话人也有别于真实的作者。但是，作者周转于现实世界、文学世界与语言世界之间，他是认知主体、意识主体、观念主体、审美主体，带有自己独特的作者个性，他的思想观念、审美倾向、叙述方式、语言风格等又通过作品反映出来，或是被读者通过文本解读重构出来。作者作为文本外层面的"说话人"只能透过文本间接"发话"。"不管怎么说，要从作品本身确认作者的存在是很困难的事"，但是作者的功能不能被抹杀，作者"是一个不可或缺的功能"(赵毅衡 2013：60)。

作者的"话语"更多的是一种"功能"，他创作文本、创造文学世界、设定叙述者、设置人物、安排各主体之间的关系。"文学作品中的所有人物形象在作者的统一构思下而彼此紧密联系。通过对塑造形象的一定安排以及他们彼此间相互作用的精心设计来实现作者的意图"(Самарская 2008：29)。作者通过自己的"话语"不仅实现自己的创作意图，还影响着读者，如莫斯卡里斯卡娅(О. И. Москальская)认为，可以将文学文本视为作者思维运动形式的反映。"在这里反映现实存在的一切形式都经由作者的艺术构思，并服从于对现实存在的呈现方式的有意识选择，而这种有意识的选择是作家对读者产生影响的手段"(Москальская 1981：63)。

从作者这种外在于文本的、相对于叙事文本只是"功能性存在"的情况来看，作者显然不是我们要寻找的在叙事文本中充当人称语义对应关系的核心主体的说话人。

5.2.2.2 作为说话人的叙述者

叙述者不等同于作者，这已是学界共识。叙述者只存在于作品中，是作

①韦恩·布斯(Wayne C. Booth)提出的"隐含作者"虽归入文本内，作为一个主体他只存在于作品中，而且他依赖于读者，如查特曼所言，他之所以是"隐含"的，是因为"他是读者从叙事当中重构出来的"，"与叙述者不同，隐含作者可能丝毫都没告诉我们什么。他——更准确说是它——没有声音，没有直接的交流手段"(参见查特曼 2013：132-133)。可见，隐含作者的身份与功能显然有别于作者和叙述者，他仅作为主体成分而存在，并不具有说话人的主体性特征。

者虚构出来的主体。叙述者位于话语层面，是话语层面的言语主体，叙述者不进入故事，他不能左右故事(事件)的进程，他所操作的只是讲述故事的方式，因而他是外在于故事的，是话语层面的说话人。即使在第一人称叙事中叙述者与人物重合，依然要区分作为叙述者处于话语层面的主体，以及作为人物处于故事层面的主体，对此我们会在叙事人称部分进一步阐释。当故事内的人物肩负叙述者的功能而讲述一个故事时，同样不能认为叙述者位于故事内，这时该人物作为下一次级故事—话语间层面的叙述者而位于该次级结构的话语层面。

叙述者作为说话人不同于一般言语交际主体的说话人，他具有特殊性：

首先，叙述者是一个虚构主体，他的存在仅仅是为了叙述，他"并不完全意义地存在于任何世界：既不存在于人物所属的虚构世界，也不存在于作者所处的现实世界"(Падучева 1996：203)

其次，他具有非一般说话人的"超能力"。比如：他可以切换视角，可以选择对所述内容的呈现是出于自己的观察角度还是某一人物的。他可以潜入人物的内心世界，对其进行详细的内心分析。他可以"偷听"人物的内心独白将其呈现给读者。

再有，不同于一般说话人，叙述者往往具有很大的隐蔽性，特别是在一些非主观性叙述中，叙述者并不直接使用人称代词"我"来指称自己，判断他的存在不能仅以此为依据，叙事文本中叙述者身份另有"隐性"标记。

最后，叙述者可以是非人主体，文学的虚构性允许叙述者可以是动物、植物，甚至是无生命的事物。

叙事文本不同于一般的日常言语，它在结构上具有很大的复杂性，而作为语篇类型之一同样具有完整性、连贯性等特征，叙述者是叙事文本复杂结构的组织者，如帕杜切娃所言，"传统叙事中保障文本结构完整性的统一意识实现于叙述者"(Падучева 1996：202)。

叙述者有时被分作"第一人称叙述者"及"第三人称叙述者"，这样的划分显然不合乎叙述者作为"说话人"的身份，我们知道，人称的判断是其他主体以说话人为参照的对应关系，说话人是"自我"(эго)的，尽管他的表层实现并不局限于第一人称形式，但究其深层本质他只能是“我”，而不是“他”。有关叙述者的“人称”问题[①]叙事学研究者们作出了阐释：“现身叙述者常被称作‘第一人称叙述者’；隐身叙述者则称作‘第三人称叙述者’。这两个‘俗称’易引起误会，因为任何言语主体凡要提起自己，只能用第一人称（即自称‘我’或‘我’的变体，如‘说书的’），第三人称叙述者只是不说起自己的叙述者”（赵毅衡 2013：23）。“从语法观点来看，这一叙述主体总是‘第一人称’。事实上，‘第三人称叙述者’这一术语是悖理的”（巴尔 2015：18）。

从叙述者的身份与所处层面来看，叙述者可以分为“外在式叙述者”和“与人物相连的叙述者”，这是巴尔所采用的一对术语。她阐明道：“在文本中，当叙述者从未明白地将自身关涉为一个人物时，我们谈到的是一个外在式叙述者（external narrator，EN）。这一术语表明，叙述行动者并不作为一个人物形象在素材中出现。另一方面，如果‘我’与一个人物相等同，从而也作为素材中的行为者，那么我们就称之为一个与人物相连的叙述者（character-bound narrator，CN），即人物叙述者”（巴尔 2015：18）。巴尔对叙述者类型的划分从另一方面明确地反映出叙述者与人物之间的界限，叙述者与人物分处于“话语”及“故事”这两个不同层面，因而对于叙述者类似的描述：“人物化叙述者（персонифицированный повествователь），叙述者作为人物进入文本世界”（Падучева 1996：203）；“叙述者作为一个人物的‘自我人物化职能’”（赵毅衡 2013：21），容易使人混淆了叙述者与人物所处的不同层面，而将二者视为同一。

5.2.2.3 作为说话人的人物

在探讨人物作为说话人这一问题之前，我们首先从文本层面来分析，叙事文本中出现某一人物以“我”自指时，可以有哪几种情况：

1）作为故事中的人物，该人物在与其他人物对话中或是自白中使用

①我们认为，“叙述者的人称”这一说法本身存在问题，对于叙事作品来说只有叙事人称类型，并无叙述者人称类型的划分，相关阐释请详见后文有关叙事人称部分。

“我”，人物的对话可以由叙述者作为直接引语表达出来。

— Помни, Анна: что ты для меня сделала, я никогда не забуду. И помни, что я люблю и всегда буду любить тебя, как лучшего друга!

— Я не понимаю, за что, —проговорила Анна, целуя её и скрывая слёзы. —Ты меня поняла и понимаешь. Прощай, моя прелесть!

(*Л. Толстой. Анна Каренина*)

上文是安娜与多丽之间的一段对话，文中使用的表达“我”的第一人称形式分别属于小说故事中的人物安娜和多丽。

2)作为人物-叙述者的“我”，“我”用于指示叙述者和人物的双重身份。

При сих словах вышла из-за перегородки девочка лет четырнадцати и побежала в сени. Красота ее меня поразила. «Это твоя дочка?»—спросил я смотрителя. (*Пушкин. Станционный смотритель*)

上文是小说《驿站长》中的一段文字，这里的“我”是小说中的一个人物，同时故事也是由该人物来讲述的，因此，“我”也是小说的叙述者。

3)故事中的某一人物展开一个故事，这时该人物转变为次级故事-话语结构中的叙述者“我”，与2)不同，这里的“我”只是整个作品“大故事”中“小故事”的叙述者，“我”可以讲述关于自己的故事，即作为所述故事中的一个人物，也可以讲述关于他人的故事，并不作为故事中的一个人物，也就是说，在次级故事-话语结构中叙述者依然存在“外在式叙述者”和“人物-叙述者”的情况，而2)只是人物-叙述者这一情况。

—Вот (он набил трубку, затянулся и начал рассказывать), вот изволите видеть, я тогда стоял в крепости за Тереком с ротой—этому скоро пять лет. (*Лермонтов. Герой нашего времени*)

在《当代英雄》中《贝拉》这部分的故事是由人物马克西姆·马克西梅奇来讲述的，从上面这段文字可以看出，括号里的文字(*он набил трубку, затянулся и начал рассказывать*)是整部作品的叙述者的话语(该小说的第一层级的人物-叙述者)，相对于这一叙述者而言，马克西姆·马克西梅奇是第三人称的，因而采用第三人称代词*он*，其余话语属于人物马克西姆·马克西梅奇，他给整部作品的人物-叙述者讲起贝拉、毕巧林以及他自己的故事，成为次一层级的人物-叙述者，并使用第一人称代词 *я* 来指示自己。

4) 自由直接引语中的“我”，引语没有引导词，叙述者在讲述时直接采用人物的话语，引语中保留了人物的人称形式“我”。(但是引语属于叙述者话语框架下的，即在人物的“我”之前，还存在叙述者的“我”)

Письмо матери его измучило. Но относительно главнейшего, капитального пункта сомнений в нем не было ни на минуту, даже в то еще время, как он читал письмо. Главнейшая суть дела была решена в его голове и решена окончательно: «Не бывать этому браку, пока я жив, и к черту господина Лужина!»(Достоевский. Преступление и наказание)

母亲的信使他十分痛苦，但是信里所透露出的最主要的事情，他不曾有过片刻的怀疑。甚至正当他读信的时候，事情的最根本点在他的脑子里已经决定，完全决定了：“只要我活着，就决不让这件婚事成功，叫卢仁先生见鬼去吧!”(朱海观，王汶译)

这是《罪与罚》中的一个片段，画线部分是主人公拉斯科尼科夫的内心独白，小说的叙述者在这里使用了自由直接引语将人物的内心思想直接呈现出来，引语中保留了该人物对自我的第一人称指示形式。

我们来依次分析上述四种情况中第一人称形式是如何形成的：第 1) 种情况中安娜和多丽分别以第一人称“我”自指，显然第一人称是该人物在发出言语行为时以自我为参照作出的人称指示，直接引语中的第一人称“我”是以该人物为说话人而形成的；第 2) 种情况小说《驿站长》的人物-叙述者，说话人不是故事中的人物，而是叙述者，这里的人称取决于故事中的人物相对于叙述者的对应关系，故事中的人物与该叙述者同一，因而是第一人称，其他人物相对于叙述者为第三人称；第 3) 种情况需要分层考虑，第一层次的故事-话语结构中以叙述者为参照，马克西姆·马克西梅奇是第三人称，第二层次的故事-话语结构中，该人物兼任叙述者，以自身为参照，在次级结构中为第一人称，但是再进一步看来，这两个层次其实均以该层次的叙述者为参照，因而追根究底是叙述者担任说话人的角色；第 4) 种情况在自由直接引语中，第一人称形式显然不是以叙述者为参照，自由直接引语为主人公拉斯科尼科夫的内心独白，起到说话人作用的是人物。

因此，通过上面的分析可以看出，在人物对话直接引语(包括一般直接引语和自由直接引语)中起到说话人作用的是人物，除此之外起到说话人作用的是叙述者。在间接引语中也会保留体现人物的意识及言语的成分，但是不会直接出现第一人称形式(人称代词、物主代词及动词第一人称形式)，间接引语要求这些第一人称形式转换为第三人称形式。

巴尔的这段话基本概括出了叙事文本的说话人的情况："作者抽身出来，指派一个虚构的发言人，一个在术语上称为叙述者(narrator)的行动者。但是，叙述者并非持续不断地讲述。一旦在文本中出现直接引语，叙述者就暂时地将这一功用转给一个角色。在描述文本层次时，确定谁在叙述就变得十分重要"(巴尔 2015：6)。

但是，正如上文已述，叙述者与人物处于不同的层面，作为说话人的叙述者与作为说话人的人物同样不能等同而视。对此，巴尔划分出叙述层次中第一层次说话人的叙述者以及第二层次说话人的人物；查特曼同样强调叙述者与人物之间所处层面不同，他们言语行为的范围与功能亦不同，"人物的言语行为总是栖止于故事，而不是栖止于主要话语"，人物只能"与其他人物互动"，其诸如道歉、警告之类的言语行为只能指向其他人物，而"叙述者的核心言语行为是叙述"，一些作家笔下的叙述者也可以实施道歉、警告等言语行为，但仅仅是针对受述者，"他们只能为叙事自身而道歉或警告"(参见查特曼 2013：149-150)。

5.3 文学叙事文本中的模态人称与事态人称

5.3.1 模态人称与叙述声音及视角

模态人称反映说话人与其他言语主体之间的对应关系，这种对应关系在叙事文本中建立在叙述者与人物之间。根据上文 5.1 对模态人称的表达方式以及自我模态与他者模态的相互作用的分析，结合叙事学相关理论，这一节我们对模态人称的描写主要集中在叙述声音及叙述视角。

在模态人称的语义分类中，说话人这一言语主体是自我模态，其他言语主体为他者模态，但是叙述者与人物均可作为叙事文本中的说话人，那么叙述者与人物之间孰为“自我”，孰为“他者”呢？

从故事—话语层面的划分来看，叙述者与人物作为“说话人”具有各自严格的界限，叙述者是话语层面的说话人，他自身不能作为故事中的一个行为者而产生与其他人物之间的直接言语行为。即使在第一人称叙事中，与其他人物讲话的是叙述者-人物的人物身份，而不是作为叙述者的身份。人物是故事层面的说话人，他作为说话人的主体性仅体现于故事范围内。这使得叙述者与人物作为“说话人”的身份有着本质上的区别：叙述者是故事的讲述者，故事是所述的内容，话语是讲述故事的方式，操控这一方式的是叙述者，人物是叙述者的所述对象，叙述者与人物之间显然是主客有别的。在叙述者与人物之间的相互关系中，叙述者具有很大的主动性，他可以选择以自己的话语来叙述，也可以选择引入人物的话语，因此，在话语层面人物话语应被视为引述语。而且，“叙述者是视角的控制者”（申丹 2004）。他可以选择从自己的视角出发，还是以人物的视角，是采用全知视角还是有限视角。总之，人物作为“说话人”对叙述者有着很大的“依附性”。如巴尔所言，人物作为第二层次的说话人“是一个由第一层次叙述者所‘引述’的人物”（巴尔 2015：45）。“叙述者文本与行为者文本不处于同等地位”，“行为者文本对于叙述者文本的依赖可视为从句对于主句的依赖”（巴尔 2015：53）。

可见，叙述者与人物虽同可作为言语的发出者，某种感知、观念等的持有者，但是，无论是在叙述话语还是叙述视角上叙述者均具有自我模态的主体性特征，而人物作为一个被“引述”对象，相对于叙述者表现为“他者”。叙述者与人物之间的相互作用带来了叙事文本中模态人称语义关系。

5.1 中我们讲到，在模态人称语义类型中，第一人称与其他人称之间的对立是自我与他者之间的对立，自我模态与他者模态间的相互作用表现在多个方面。5.1.4 中我们分析了单个表述范围内通过插入句法位体现出的自我与他者之间立场的一致与对立，在叙事文本中这一辩证关系主要表现在叙述者与人物的声音及视角上的分离与融合。

上文 5.1.3.1 分析了模态人称的表达手段，那些标记着模态主体身份的表达形式同样适用于叙述者及人物。

1）人称代词

叙述者可以第一人称形式出现在文本中，下文《叶甫盖尼·奥涅金》的叙述者以第一人称代词指示自己：

В начале моего романа

(Смотрите первую тетрадь)

Хотелось вроде мне Альбана

Бал петербургский описать；(*Пушкин. Евгений Онегин*)

在我这部小说的开头

(请你参阅本书第一章)

我本想模仿阿尔巴尼的风格，

把彼得堡的舞会描写一番；(冯春译)

作为说话人的人物在与其他人物的对话中也可使用第一人称指示自己，此外人物的内心独白以及自白也可使用第一人称。这样，在叙事文本中人物的第一人称以直接引语的表达形式出现。

2）模态述体

阿鲁玖诺娃划分出的五种模态类型可以作为叙述声音及视角的标记。具体说来，言语模态可用作叙述声音的标记，而感知模态、心智模态、情感模态、意愿模态可以成为感知视角、观念视角的标记。

在一般直接引语和间接引语中，“行为者①的言语通过一个陈述动词和连接词、或它的一个替代词而被叙述出来”(巴尔 2015：140)。巴尔所谓的“陈述动词”即言语模态述体，如：*сказать*(说)、*спросить*(问)、*ответить*(回

①巴尔将人物在素材层面的对应称为“行为者”。

答)、*предупредить*(警告)、*кричать*(喊叫)、*пробормотать*(低声喃语)、*раздаться окрик*(传来一声叫喊)等，这些表达言说意义的模态述体标志着言语主体的发声，在引语中用作引导词将叙述者的话语与人物的话语作出区分。

Всё проходит, мой друг, — забормотал он. — Любовь, молодость — всё, всё. (*Бунин. Тёмные аллеи*)

上文画线部分是叙述者的话语，其余的直接引语为人物的话语。

一些心智模态也可以作为“陈述动词”，如：*признать*, *анализировать*, *оценить*, *посоветовать*, *рекомендовать*, *критиковать*, *хвалить*, *объяснить* 等，如果不严格区分“言语”和“思想”的话，一些心智模态述体可以用于表达内心的“声音”，如：*думать*, *обдумывать*, *задумывать*, *мыслить*, *знать*, *считать*, *полагать* 等。

感知模态、情感模态等往往是叙述视角的标志，“每一个感知动词(看)在这里都表明一种聚焦活动”(巴尔 2015：140)。

Лизавета Ивановна осталась одна: она оставила работу и стала глядеть в окно. Вскоре на одной стороне улицы из-за угольного дома показался молодой офицер. (*Пушкин. Пиковая дама*)

剩下丽莎白·伊凡诺夫娜一个人：她放下刺绣，开始瞧着窗外。不多一会，在大街对面从拐角的屋子后面走出一个青年军官。(磊然译)

上面一段描述是以人物丽莎的视角来观察的，是她向窗外望去，看见了出现在街对面的青年军官。感知动词 *глядеть*(望、看)标记出该人物的聚焦行为。

需要指出，感知动词并非总能标记视角，前提是“必须区分作为‘聚焦者’的人物感知和作为‘聚焦对象’的人物感知”(申丹 2004)。比如下面的例子：

Только не один Печорин любовался хорошенькой княжной: из угла комнаты на нее смотрели другие два глаза, неподвижные, огненные. Я стал вглядываться и узнал моего старого знакомца Казбича. (*Лермонтов. Герой нашего времени*)

不过，在欣赏这位美丽的郡主的不止毕巧林一个人：另有一双直勾勾、火辣辣的眼睛从角落里注视着她。我定神一看，认出那是我的老相识卡兹比奇(力冈等译)。

这段话语是由马克西姆·马克西梅奇讲述的，他是次级故事-话语结构的人物-叙述者，文中出现了三个感知动词 *любовался*，*смотрели*，*вглядываться*，分别属于毕巧林、卡兹比奇以及马克西姆，毕巧林和卡兹比奇看着贝拉，而马克西姆注意到看着贝拉的不止毕巧林一人，还有卡兹比奇。但是这一系列“看”的行为是通过人物-叙述者马克西姆的视角来观察的，他才是聚焦者，而毕巧林和卡兹比奇只是作为聚焦对象。

3)插入结构

叙述者与人物同为说话人但地位不同。叙述者是第一层次说话人，在话语层面使用插入结构只能是叙述者的操作，人物不可能在叙述者话语中插入自己的话语①，他的言语行为限定在故事之内。自由间接话语中含有人物言语及意识的成分也不能视为人物的插入语，那些是被叙述者所引述的内容。人物只能在自己的言语行为范围内采用插入结构，这些插入成分在文本中只能出现在直接引语中。

叙述者常常在叙述话语中插入自己的解释、评论等。《叶甫盖尼·奥涅金》的叙述者在叙述故事中插入自己对人物以及叙述方式的评述，再如下文列举的《当代英雄》中的一段叙述者话语。

Но, может быть, вы хотите знать окончание истории Бэлы? Во-первых, я пишу не повесть, а путевые записки; следовательно, не могу заставить штабс-капитана рассказывать прежде, нежели он начал рассказывать в самом деле. Итак, погодите, если хотите, переверните несколько страниц, только я вам этого не советую, потому что переезд

①叙述话语中出现人物直接引语或间接引语不能被视为“插入”人物的话语，而是叙述者对人物话语的“引用”。

через Крестовую гору достоин вашего любопытства.

不过，诸位很想知道贝拉的故事的结局吧？首先要说明，我写的不是小说，而是旅途笔记；所以，在上尉实际上未开始往下讲之前，我不能抢先写他怎样讲。那么，就请诸位等一等，或者，翻过几页去看，不过，我奉劝诸位不要这样，因为，翻越十字架山是很值得诸位关注的。(力冈等译)

4)语气及句式结构

叙述者的叙述话语通常是文学性强的标准语，文辞优雅语气冷静，句式结构完整而规范。较之叙述者话语，人物话语带有鲜明的口语色彩，生动鲜活、情感丰沛，常常使用语气词、感叹词以及疑问句、感叹句、不完整的表述等表达形式。

— Отчего это у вас в вагоне так темно? — набросился он на кондуктора. — У вас свечей нет, что ли? Что это за беспорядки? Проучить вас некому! За границей вам задали бы! Не публика для вас, а вы для публики! Чёрт возьми! Не понимаю, чего это начальство смотрит!

Через минуту он требовал от нас, чтобы мы все подвинулись.

— Подвиньтесь! Вам говорят! Дайте мадаме место! (*Чехов. Двое в одном*)

“为什么你们的车里这么黑？”他对售票员发脾气说。“你们没有蜡烛还是怎么的？怎么会乱成这样？可惜没有人来教训你们！要是在国外，你们早就该挨骂了！乘客不是为你们服务的，应该是你们为乘客服务！见鬼！我不明白长官大人对这种事会怎样看！”

过了一分钟，他要求我们大家都挪动一下。

“你们挪动一下，让出地方来！我跟你们说话呐！给这位太太让出个位子来！”(汝龙译)

在上文列举的三段话里，除了中间一段，前后两段基本都是人物的话语，并且使用了一连串的疑问句(反问句)和感叹句，采用了假定式和命令式，句式短小、语气强烈，夹杂俗语(*Чёрт возьми!*)，读者立马能感觉到该人物声色俱厉地大声呵斥的嚣张跋扈形象。中间那句叙述者话语采用了陈述句，语气平和沉静。

5.3.1.1 模态人称与叙述声音

叙述声音(voice)不同于叙述视角(point of view)，对此查特曼作出了明确阐释，声音与表达有关，“是讲话或其他公开手段，通过它们，事件及实存与受众交流”，“视点并不意味着表达，而仅意味着表达基于何种角度而展开”，视点可以“在故事之内(如果它是人物的)，而声音总在其外，在话语当中”(参见查特曼 2013：137-138)。我们也认为声音与视角不同，话语层面有时仅仅涉及叙述者的自我言语与人物的他者言语之间的鉴别，而不涉及叙述视角的问题。叙述声音讨论“谁在说”，而叙述视角讨论“谁在看”“谁的观念”。

叙述话语中有叙述者的话语(“我”说)，也有人物的引语(“他”说)，模态人称在叙事文本中的一个表现就是叙述者的自我言语与人物的他者言语之间的相互作用，具体来说，是叙述者话语与人物话语的融合与分离。人物话语的表达有多种方式(参见申丹 1991；1999)，其中直接引语和间接引语(包括言语和思想)属于“标签化”(tagged)文体①，因而是人物话语的典型表达形式，而在自由文体中，人物的话语与叙述者话语往往混合在一起，特别是自由间接话语②中二者和声程度很高，难以辨别，“在这种情况下，叙述层次开始彼此纠结，甚至混合在一起”(巴尔 2015：48)。因此，叙述者话语与人物话语之间的融合与分离表现在叙述话语中既有二者的“独唱”，又有二者的“和声”，在和声中人物话语的参与程度又有差异，“叙述者文本与行为者文本的互渗可以用极为不同的比例出现”(巴尔 2015：52)。

直接引语将人物的话语原原本本展现出来，人物话语具有最大辨识度。间接引语因为有引导句作为标识，因而也能从中区别出所述内容出自人物的

---

①有关标签化文体与自由文体可参见查特曼 2013：185。

②自由间接引语(free indirect speech)、自由间接话语(free indirect discourse)，“德国批评家 Gertrand Lerth 称之为‘准直接引语’”(申丹 1991)。在俄语中与之相应的两个术语都有使用：несобственная прямая речь(准直接引语)、свободный косвенный дискурс(自由间接话语)。

言语或思想，但是已经含有叙述者编辑的痕迹，这不仅反映在人称及时间等指示成分的转换上（比如，人物的第一人称形式转换为以叙述者为参照的第三人称形式），而且在词汇及修辞上有时也会作出调整，“正规的间接引语中因叙述者采用自己冷静、客观的言辞常压抑人物的声音”（申丹 1999）。自由直接引语如果表现为大段大段的人物内心独白，比如在陀思妥耶夫斯基的小说《罪与罚》中，而且使用了第一人称形式指示人物自己，那么所述内容也较为容易地辨识为人物的内心思想。如果自由直接引语短小而且不带有人称形式，删略了“‘他想’这样的标签以及代词‘我’”（参见查特曼 2013：168）时，那么判断叙述是否为人物的自由直接引语则具有难度，需要根据上下文语境仔细辨识。一般来说，自由直接引语带有人物话语的特征，“能自由地表现人物话语的内涵、风格和语气，……使读者能在无任何准备的情况下，直接接触人物的‘原话’”（申丹 1991）。比如：

①*Как ни был поврежден и запылен портрет, но когда удалось ему счистить с лица пыль, он увидел следы работы высокого художника.* ②*Портрет, казалось, был не кончен; но сила кисти была разительна.* (*Гоголь. Портрет*)

①肖像虽然处处损伤，蒙着灰尘，可是从脸上把灰尘抹掉，他就看出这是位伟大艺术家的手笔。②肖像还没有画完；但笔力是令人惊奇的。（满涛译）

上文句①为叙述者的话语，但是句②以自由直接引语的方式表达出人物恰尔特科夫的内在话语。对这幅肖像画出自大师手笔的判断是恰尔特科夫的，而不是叙述者的。恰尔特科夫是一位年轻画家，这句话是在他擦去画上浮尘，看到画作之后内心自然流露出的想法。因为缺少引导句，它和叙述者的话语连接在一起而难以分辨。

当叙述话语中使用了自由间接引语时，叙述的内容虽然是人物的言语或思想，但是引语特征没有鲜明地体现出来，人物作为言语主体的身份十分隐蔽，而且，人称、时间等指示成分是以叙述者为参照（通常为第三人称及过去时），叙述者与人物的声音常常融为一体，难以分离。

Он всегда возбужден, взволнован и напряжен каким-то смутным, неопределенным ожиданием. Достаточно малейшего шороха в сенях или крика на дворе, чтобы он поднял голову и стал прислушиваться: не за ним ли это идут? Не его ли ищут? И лицо его при этом выражает крайнее беспокойство и отвращение. (*Чехов. Палата №6*)

他总是怀有一种模糊和不确定的担心，为此而激动、焦躁、紧张。只要前堂里有一点点窸窣声，或者院子里有人叫一声，他就抬起头来，竖起耳朵：是不是有人来抓他了？是不是有人在找他？遇到这种时候，他脸上就出现极其不安和憎恶的神情。(汝龙 译)

文中两个疑问句*не за ним ли это идут? Не его ли ищут?*是人物的话语，相当于*он думал/спрашивал, что не за ним ли это идут? Не его ли ищут?*(他想/他问，是不是有人来抓他了？是不是有人在找他？)叙述者将人物伊万内心担忧而暗自思忖的话语以自由间接引语的方式呈现出来，删去引导句，引语以独立问句穿插在叙述者的话语中。

叙述者话语与人物话语的融合程度可以表现不一，上面列举的《第六病室》中的这一例人物话语以完整的句子出现，而在下面的摘自《带小狗的女人》这一例中人物的话语则只有部分引用。

①*Ему казалось, что он достаточно научен горьким опытом, чтобы называть их как угодно,* ②*но всё же без «низшей расы» он не мог бы прожить и двух дней.* (*Чехов. Дама с собачкой*)

①他认为他已经受够了沉痛的经验教训，可以随意骂她们了，②可是话虽如此，只要他一连两天身边没有那个“卑贱的人种”，他就过不下去。(汝龙译)

句①是一个间接思想表达，而句②在叙述者阐述对于人物古罗夫的评论时，使用了“卑贱的人种”这一表达，从小说上文可以得知这是古罗夫对女人的称呼，而不是叙述者的观点。因此，在句②的叙述者自我言语中混入了“卑贱的人种”这一人物的他者言语。

有时叙述者与人物的声音完全融合，查特曼称之为“中立化”(neutralization)或“统一”(unfication)，这显然是叙述者与人物声音融合的最大程度，“此类陈述暗示着人物与叙述者如此贴近、如此同情，以至于我们把陈述派定给哪一方都没有关系”(查特曼 2013：191)。

Герой романа уже начинал достигать своего английского счастия, баронетства и имения, и Анна желала с ним вместе ехать в это имение, как вдруг она почувствовала, что ему должно быть стыдно и что ей стыдно этого самого. Но чего же ему стыдно? «Чего же мне стыдно?»—спросила она себя с оскорбленным удивлением. (*Л. Толстой. Анна Каренина*)

小说主人公已开始得到他英国式的幸福，有了男爵爵位和领地，安娜想和他一起到这片领地去，这时她忽然感到他应该羞愧，而她也为此而感到羞愧。不过，为什么他要羞愧呢？“我又为什么要羞愧呢？”她委屈而惊异地问自己。

上文中有两个问句，后一个问句«*Чего же мне стыдно?*»(“我又为什么要羞愧呢？”)是一句直接引语，鲜明地表示出这是人物安娜的话语。前一个问句*Но чего же ему стыдно?*(为什么他要羞愧呢？)没有带引号，这为它的理解带来了另外的可能性：从这一段的开始几句来判断，前几句均是叙述者的话语，因而“为什么他要羞愧呢？”可以理解为安娜觉得小说主人公和自己都应感到羞愧，叙述者在这里为小说主人公觉得委屈——这缘何干小说主人公的事啊？他有什么可羞愧的？是叙述者不明白因而在发问；这一句还可以理解为一个自由直接引语，是安娜在内心暗自思忖：*Но чего же ему стыдно?*(— *она думала.*)，(她想：)为什么他要羞愧呢？这样，两个问句都可视为安娜的话语，第一个问句为自由直接引语，表示安娜心里默默的想法，第二个问句为直接引语，使用了引号有加强音响效果的作用①，突显了安娜在为自己辩解的强烈的语气。因此，*чего же ему стыдно?*(为什么他要羞愧呢？)既可以视为叙述者的发问，也可以视为安娜的发问，叙述者与人物的声音在这

①“有引号的直接引语带有相对较强的音响效果，而无引号的自由直接引语则音响效果相对较弱”(申丹 1999)。

里达到了统一。

5.3.1.2 模态人称与叙述视角

叙述视角①是“指叙述时观察故事的角度”(申丹 2004)。查特曼区分出三类视点：感知(perceptual)视点、观念(conceptual)视点及利益(interest)视点(参见查特曼 2013：136-137)。与“声音”和“视角”有别一样，叙事学强调“叙述者”与“感知者”的分离。与此相同，交际语法的主体透视理论强调言语主体(субъект речи)与意识主体(субъект сознания)的区分。叙述者不仅作为言语主体具有叙述功能，他也可以作为感知主体、观念主体传达自身的叙述视角，此外，具有聚焦功能的还可以是故事中的人物。

叙述视角是一个复杂的问题，结合我们的模态人称描写，我们仅关注叙述者与人物作为聚焦者在感知视角和观念视角上的相互关系，具体来说是叙述者对叙述视角在自身与人物之间(包括不同人物之间)转移的这一操作以及叙述者与人物在视角上的融合与分离。

叙述者与人物分别可以作为聚焦者(focalizor)。聚焦者，即聚焦的主体，是诸成分被观察的视点(参见巴尔 2015：141)。他既可以是所述内容的感知者，也可是所述观点、思想、情感等的持有者，前者表达感知视角，后者体现观念视角。“叙述者是视角的控制者”(申丹 2004)，他可以选择聚焦的方式(内聚焦或外聚焦)以及由谁来承担聚焦功能，是采用叙述者的自我视角(“我”看、“我”觉得)，还是人物的他者视角(“他”看、“他”觉得)。无论是感知视角，还是观念视角都必须通过叙述话语表达出来，叙述话语中往往混合着叙述者和人物的视角。叙事文本中模态人称的自我模态与他者模态之间的对立统一关系的另一表现形式是叙述者与人物作为聚焦者之间的相互作用。

①“视角”这一术语在俄文中表达为 точка зрения，英语中与之相关的表达有：point of view(视点、视角)，viewpoint(视点)，angle of vision(视角)，seeing eye(观察之眼)，filter(过滤器)，focalization(聚焦)，focus of narration(叙述焦点)，narrative perspective(叙述透视)(参见申丹 2004)。

叙述者采用自我视角来感知

一般在小说开篇部分，对故事中人物的引入，故事场景的描述以及情节的展开都是以叙述者的视角来进行的。比如，契科夫的《第六病室》开篇对于医院的环境以及医院里的看守人和病人的描写、普希金的《黑桃皇后》对牌场的描写、托尔斯泰的《安娜·卡列尼娜》开篇对奥勃朗斯基家里的混乱情形都是通过小说叙述者的视角来展开叙述的。

叙述者的视角与叙述者主体自身在文本中的表达方式一样，十分隐蔽，在第三人称叙事中叙述者作为说话人并不以“我”的直接形式出现，因而叙述者的视角也不会通过“我看见”“我知道”“我记得”等之类的字眼体现出来。

叙述者采用人物的他者视角来感知

叙述者的叙述有时不是从自我的观察视角出发，而是采用故事中某一人物的视角来叙述，这样，对故事内容的讲述以人物的“第三人称有限视角”来进行。文本中通常使用“他看见”“他听到”“他觉得”等之类的模态主体+感知模态述体、心智模态述体等作为人物视角的标记，不过，有时视角的表达没有明显的标记。

Дня через два, выходя с графиней садиться в карету, она опять его увидела. Он стоял у самого подъезда, закрыв лицо бобровым воротником: черные глаза его сверкали из-под шляпы. (*Пушкин. Пиковая дама*)

大约过了两天，她陪伯爵夫人出门上马车的时候，又看到他。他就站在大门口，用海龙皮大衣领遮着脸：他的乌黑的眼睛在帽子下面发亮。(磊然译)

这段内容是叙述者采用故事中的人物丽莎所看到的一幕来叙述的，对于这一神秘的陌生男子的衣着及外貌是通过丽莎的眼睛观察出来的，文中“她又看到他”的“看”在这里起到视角标记的作用，因此，后文可以理解为：*Она увидела, что он стоял у самого подъезда...* (她看到，他就站在大门口……)

叙述者与人物观念视角的一致

叙述者与人物同可作为意识主体，二者在所述内容上持有的观点态度可以有一致或对立的关系。

С того времени не проходило дня, чтоб молодой человек, в известный час, не являлся под окнами их дома. Между им и ею учредились неусловленные сношения. Сидя на своём месте за работой, она чувствовала его приближение, —подымала голову, смотрела на него с каждым днём долее и долее. Молодой человек, казалось, был за то ей благодарен: она видела острым взором молодости, как быстрый румянец покрывал его бледные щеки всякий раз, когда взоры их встречались. Через неделю она ему улыбнулась… (*Пушкин. Пиковая дама*)

从那时起，每天到了一定的钟点，那个年轻人一定出现在她们家的窗下。在他和她之间建立了一种不期而然的联系。她坐在座位上刺绣，就感到他在近旁，——便抬起头来看他，注视他的时间一天长过一天。年轻人，似乎，为此对她心怀感激：凭着青年人敏锐的目光，她发现每当他们目光相遇时，他苍白的脸颊立刻泛上了红晕。过了一个星期，他对她微笑了一下……

上文中间这一句耐人寻味：*Молодой человек, Ø казалось, был за то ей благодарен*（年轻人，似乎，为此对她心怀感激），句中动词 *казалось*（似乎，好像）的模态主体为零形式，因而单从形式上难以判断该模态主体的人称，从整个段落来看，这段话是叙述者的叙述，因而省略的模态主体可以是说话人，即叙述者，那么该零形式就可以替换为 *мне казалось*，叙述者认为：似乎这个年轻人为此对她心怀感激。但是，从该句出现的上下文来分析，前面的两个句子：*Сидя на своем месте за работой, она чувствовала его приближение, — подымала голову, смотрела на него с каждым днем долее и долее.* 以感知动词 *чувствовала*（感觉），*смотрела*（看）为标记体现出人物丽莎的视角，该句的下一句：*она видела острым взором молодости, как быстрый румянец покрывал его бледные щеки всякий раз, когда взоры их встречались.* 依然使用感知动词 *видела*（看到）表达了丽莎的视角。因此，这里省略的模态主体也可以是人物丽莎，该零形式可以替换为 *ей казалось*，她（丽莎）认为：似乎这个年轻人为此对她心怀感激。而利用这一模态主体零形式也可以巧妙地表达出叙述者与人物观念视角的一致。

叙述者与人物观念视角的对立

Деревня, где скучал Евгений,
Была прелестный уголок;
Там друг невинных наслаждений
Благословить бы небо мог. (*Пушкин. Евгений Онегин*)

叶甫盖尼过得百无聊赖的村庄，
却是一个山明水秀的地方，
那些喜欢逍遥自在的朋友，
在那里一定会衷心赞美上苍。(冯春译)

上文模态动词 *скучать*(感到无聊)体现出人物叶甫盖尼的观念视角，他认为这个村庄是个百无聊赖的地方，而第二句中具有评价意义的形容词 *прелестный*(美好的、迷人的)则表达出叙述者的观念视角，叙述者却认为这个村庄是一个山明水秀的好地方。采用具有正面评价意义和负面评价意义的词汇体现出叙述者与人物之间观念视角的对立。

叙述视角的切换

叙述者将视角在自身与人物之间以及不同人物之间的转移。

①*Лизавета Ивановна осталась одна: она оставила работу и стала глядеть в окно.* ②*Вскоре на одной стороне улицы из-за угольного дома показался молодой офицер.* ③*Румянец покрыл ее щеки: она принялась опять за работу и наклонила голову над самой канвою.* ④*В это время вошла графиня, совсем одетая.* (*Пушкин. Пиковая дама*)

①剩下丽莎白·伊凡诺夫娜一个人：她放下刺绣，开始瞧着窗外。②不多一会，在大街对面从拐角的屋子后面走出一个青年军官。③她的两颊泛起了红晕，她又做起活计，头几乎低到绣布上。④这时伯爵夫人已经穿戴完毕，走了进来。(磊然译)

上面一段中句①是叙述者的话语，而且叙述视角也为叙述者所有。句②显然是人物丽莎望向窗外看到的一幕，聚焦者为丽莎。句③视角又回到了叙述者这里，句④动词 *вошла*(走进来)表明聚焦者的位置在屋内，这可以是丽莎的感知视角，也可以是叙述者的感知视角，人物和叙述者的视角融合为一。在这一段文字中叙述者始终像一个在场的旁观者默默地观察着发生的事情。

叙述视角的转移不仅在叙述者与人物(“自我”与“他者”)之间，而且可以在不同人物(“他者”与“他者”)之间。

Ещё в то время, как он подходил к Анне Аркадьевне сзади, он заметил с радостью, что она чувствовала его приближение и оглянулась было и, узнав его, опять обратилась к мужу. (*Л. Толстой. Анна Каренина*)

他从后面向安娜·阿尔卡季耶芙娜走去时，就欣喜地发现，她已经感觉到他在接近她，她本想回头望一眼，但知道一定是他，就又去和丈夫说话了。(高惠群 傅石球 译)

“她感觉到了他的接近”是从渥伦斯基的感知视角来讲的，这里感知模态动词 *заметить*(发现、注意)标志出渥伦斯基的视角，意为：*Он заметил, что она чувствовала его приближение.* [他(渥伦斯基)注意到，她感觉到了他的接近]。而“她本想回头望一眼，但知道一定是他，就又去和丈夫说话了”则是从安娜的视角来叙述的，心智模态动词 *узнать*(得知、知道)标记出安娜的视角，意为：*Анна узнала, что это он, и опять обратилась к мужу.* (安娜料想到一定是他，就又去和丈夫说话了)。

视角切换与句法单位的界限没有关系，上面一例中安娜与渥伦斯基之间视角的转移是在一个复合句范围内，而下文例子表明视角的切换可以发生于数个句子之间。

①*Лицо её, казалось, устало, и не было на нём той игры просившегося то в улыбку, то в глаза оживления;* ②*но на одно мгновение при взгляде на него что-то мелькнуло в её глазах, и, несмотря на то, что огонь этот сейчас же потух, он был счастлив этим мгновением.* ③*Она взглянула на мужа, чтоб узнать, знает ли он Вронского.* ④ *Алексей Александрович смотрел на Вронского с неудовольствием, рассеянно вспоминая, кто это.* ⑤

Спокойствие и самоуверенность Вронского здесь, как коса на камень, наткнулись на холодную самоуверенность Алексея Александровича. (*Л. Толстой. Анна Каренина*)

①她脸上有些倦容，那时时从微笑中和眼神里流露出来的生气不见了；②不过，在她向他的一瞥中，她的眼睛里有一种火光，这火光马上就熄灭了，但这一瞬间却使他感到幸福。③她望望丈夫，想知道他是否认识渥伦斯基。④阿列克谢·亚历山德罗维奇不高兴地望着渥伦斯基，心不在焉地回忆着他是谁。⑤渥伦斯基的沉着自信在这里碰上了阿列克谢·亚历山德罗维奇的冷冰冰的自信，就像镰刀碰在石头上一样。（高惠群 傅石球 译）

这一段所描写的场景是安娜从莫斯科坐火车回到彼得堡，而渥伦斯基也追随她来到彼得堡，在火车站安娜见到前来接她的丈夫，而这时渥伦斯基追上前来同他们打招呼。句①和句②具有相同的聚焦者，这里有两种可能，是渥伦斯基追上安娜夫妇时对安娜的观察，他发现她脸上有些倦容，但是他又察觉到安娜眼里有瞬间闪动的火光，他为此感到幸福；也可以是叙述者对安娜的观察，叙述者不仅观察了安娜的状态同时也察觉到渥伦斯基的心理状态，因而这里可以视为叙述者与人物渥伦斯基视角的混合。句③视角转换为安娜的，而句④又转换为丈夫阿列克谢·亚历山德罗维奇的，句⑤叙述视角又回到叙述者这里。

叙述话语中往往在短小的篇幅内是叙述视角和叙述声音复杂形式的综合运用，“角度与表达不需要寄寓在同一人身上，而可能有多种结合方式”（查特曼 2013：138）。

比如在普希金的《黑桃皇后》中同一段落内叙述者与人物的声音和视角交叠在一起。

Покойный дедушка, сколько я помню, был род бабушкина дворецкого. Он её боялся, как огня; однако, услышав о таком ужасном проигрыше, он вышел из себя, принёс счёты, доказал ей, что в полгода они издержали полмиллиона, что под Парижем нет у них ни подмосковной, ни саратовской деревни, и начисто отказался от платежа. Бабушка дала ему пощёчину и легла спать одна, в знак своей немилости. (*Пушкин. Пиковая дама*)

已故的祖父，就我所知，是祖母家的管家。他怕她，就像怕火一样；可是一听到她输掉这么一笔惊人的数目，不禁大怒，他拿来账册，向她证明，说半年来他们花掉了五十万，还说在巴黎他们没有像莫斯科近郊和萨拉托夫乡下那样的田产，因此坚决拒绝支付债款。祖母给了他一记耳光，独自躺下睡了，以此表示自己的不悦。

这一段基本为小说次级故事-话语结构的人物-叙述者托姆斯基的叙述话语，不过，言语模态动词 *доказать, что…* (证明道)引出了祖父的话语，采用了间接引语的形式，“向她证明，说半年来他们花掉了五十万，还说在巴黎他们没有像莫斯科近郊和萨拉托夫乡下那样的田产”，这些是祖父的话语，而不是叙述者托姆斯基的话语。本段在叙述视角上较为复杂，从段首叙述者的视角转为祖父的视角，最后一句又转到祖母的视角。其中形容词 *ужасный* (可怕的、惊人的)可以是多重视角，反映了祖父的内心感受，也可是托姆斯基的内心感受，借由这一词告知他的听众们这是一笔惊人巨款。从后文我们得知这故事其实是托姆斯基的伯父讲给他的(*Но вот что мне рассказывал дядя, граф Иван Ильич, и в чем он меня уверял честью.*)，因而 *ужасный* 反映的内部视角不仅属于人物-叙述者的自我模态，他者视角中还可以包括托姆斯基的伯父伊凡·伊里奇伯爵。

На другой день она велела позвать мужа, надеясь, что домашнее наказание над ним подействовало, но нашла его непоколебимым. В первый раз в жизни она дошла с ним до рассуждений и объяснений; думала усовестить его, снисходительно доказывая, что долг долгу розь и что есть разница между принцем и каретником. — Куда! дедушка бунтовал. Нет, да и только! Бабушка не знала, что делать. (*Пушкин. Пиковая дама*)

第二天她吩咐把丈夫叫来，指望这家法对他能奏效，哪知他竟毫不动摇。生平第一次她退到和他商量、解释的地步；想让他感到于心有愧，好声好气地同他证明，说欠债与欠债不一样，王子与马车匠不一样。“不行!”祖父造反了。不行，就是不行！祖母不知该怎么办了。

这一段主要表达了祖母的思想意识，中间穿插了祖父的直接引语“不行!”，而“好声好气地同他证明，说欠债与欠债不一样，王子与马车匠不一样。”这句是祖母的间接引语。整段基本采用了祖母的内部视角来叙述，通过心智模态动词 *надеяться*（希望），*знать*（知道）和 *думать*（想）（分别占据框架句法位和内部句法位）以间接思想的形式表达出祖母的内心想法。动词 *бунтовать*（造反）一词也显然是叙述者从祖母的立场视角来说的，是祖母认为祖父造反了。有意思的是，*Нет*，*да и только*！（不行，就是不行!）这句话很微妙，从形式本身无法判断它出自于谁，它没有引导句，也没有破折号或引号之类标记引语的形式，这样就造成了多义性。它可以被视为自由直接引语，是祖父说：“不行，就是不行!”意思为不管祖母怎么好说歹说，祖父还是坚决拒绝了，或者是祖母说：“不行，就是不行!”是叙述者直接引用了祖母的话，无论祖母怎么劝说，可就是没劝成。还可以是叙述者自己的话，是托姆斯基在向牌友们说：“不行，就是不行!”，祖父与祖母之间终究没有谈拢，这样就造成了三重声音混合的效果。

5.3.2 事态人称与叙事人称

第一人称和第三人称是叙事作品中运用的两种叙述形式（повествовательная форма）。对于叙事文本是以第一人称还是第三人称来叙事的，并不存在判断困难，但是对于第一人称叙事及第三人称叙事在划分依据的解释上学者们各执一词。我们大致总结出了以下三种观点：

第一种观点认为第一人称叙事还是第三人称叙事根据叙述者的人称来判断。此类观点的理据是：叙述者采用第一人称或是第三人称来讲述故事，因而区分出“第一人称叙述者”和“第三人称叙述者”，这一类观点对叙事人称的判断是单从叙述者的人称类型来判断，持此类观点的学者不在少数。

与此相似，有学者采用“自我-叙述者”（Я-повествователь）和“他者-叙述者”（Он-повествователь）的术语，其划分标准是看叙述者是否如其他人物一样生活在所述虚构世界中，如果在，那就是自我-叙述者，如果在虚构世界之外，则为他者-叙述者（参见 F. K. Stanzel，转自 Тамарченко 2004：

201）。

第二种观点则认为在第一人称叙事、第三人称叙事的判断中起决定作用的并非叙述者的人称，而是主要人物的人称。比如，俄罗斯语言学家帕杜切娃指出，在诗学研究中第一人称和第三人称叙事（нарратив 1-го и 3-го лица）的划分不是很准确，她认为更准确地说应该“指的是主要人物的人称”，并指出在自由间接话语中“叙述者被完全或部分地去除，而主要人物的人称（形式上为第三人称，本质上为第一人称）不起本质性的作用”（Падучева 1996：204）。

第三种观点认识到了叙事人称与叙述者及人物二者之间均有关系，认为第一人称是叙述者自身人物化。比如：叙述者具有“作为一个人物的‘自我人物化职能’”（赵毅衡 2013：21）；“叙述者将自身关涉为一个人物”，“叙述者被人格化为个人”（巴尔 2015：18）；“人物化叙述者是叙述者作为人物进入文本世界”（Падучева 1996：203）；第一人称叙事中采用讲述人（субъект-рассказчик）的人物化叙述（персонифицированное повествование），而第三人称叙事采用非个性叙述（внеличностное повествование）（Т. Ф. Приходько，转自 Тамарченко 2004：199）。

对于上述三种观点，我们借用巴尔和查特曼的例句来分析。

巴尔在解释第一人称与第三人称在叙事上的区分时，举了下面两个例子（参见巴尔 2015：18）：

① 明天我将二十一岁。

② 伊丽莎白明天将二十一岁。

下面一组是查特曼的例句（参见查特曼 2013：138）：

③ 我感觉自己坠下山去。

④ 我看到杰克坠下山去。

⑤ 玛丽，可怜的亲亲，看见杰克坠下山去。

⑥ 玛丽看见杰克坠下山去。

⑦ 杰克坠下山去。

在上述七个句子中，我们很容易根据句子中出现的人称形式——人称代词“我”以及“伊丽莎白”“玛丽”“杰克”表人主体的名词用于表达第三人称来判断出叙事人称的类型：句①③④为第一人称，句②⑤⑥⑦为第三人称。

但是，当我们把上文例句置于叙事学框架下来分析，将例句中的各个主体关涉为叙述者、聚焦者、人物时，我们可以发现语言表层(文本层面)的人称形式带来的迷惑性。

句①和句②中人物分别为“我”和“伊丽莎白”，句①中第一人称代词“我”不仅指涉人物，而且标示了说话人(叙述者)，句②中叙述者没有得到表达，但这并不意味着该句没有叙述者，任何一个叙述事件都不可能脱离叙述者而独立存在。句①和句②都可以表达为：“(我说：)明天我/伊丽莎白将二十一岁”，如巴尔解释：“两个句子都由一个说话主体‘我’讲出来。区别在于讲述的对象”是讲述关于自身的情况，还是关于另一人的情况”(巴尔 2015：18)。

叙述者的“我说”同样可以添加给查特曼的各个例句，句③④⑤⑥⑦都有一个潜在的体现叙述者发声的引导句“我说”，只是在文本层面叙述者的“我说”不通过语言形式表达出来，但是叙述者作为话语层面的说话人始终存在着，自我模态在不做专门强调时通常可以表达为零形式，而他者模态需要与自我模态相区别，通常不能表达为零形式，在文本层面必须标记出“他说”，“他想”之类，自由引语正是缺少了他者模态标记从而产生了与叙述者话语和声的效果。

句③第一人称代词“我”指涉了三个主体，分别为行为者(人物)、感知者(聚焦者)、叙述者；句④中行为者(人物)为杰克，是第三人称，“我”分别指涉了叙述者和聚焦者(我看到)，感知动词“看”的行为发出者不是作为叙述者的“我”，而是作为聚焦者的“我”，这说明“我”还是一个在场目击者，是故事中的一个人物。这样，在句④所描述的情景中除了人物杰克，还有一个人物“我”；句⑤与其他例句均不同，文本层面出现了叙述者的话语“可怜的亲亲”，这一插入结构不是来自故事层面的所述内容，而是话语层面叙述者的操作，相比其他各句叙述者的身份得到了外显表达；句⑥与句⑤不同之处就在于句⑥叙述者没有公开露面，是一个隐身叙述者，句⑤和句⑥的所述情景(故事层面)中都分别有两个人物：杰克和玛丽，此外，句⑤和句⑥都分别含有一个聚焦者玛丽以及一个叙述者“我”。与句④的聚焦者“我”不同，句⑤和句⑥的聚焦者不与叙述者重合，为第三人称。句⑦中文本层面只表达了行为者杰克，而聚焦者和叙述者均未提及，对于该句的聚焦者查特曼解释道：“不清楚是谁(假如有一个人的话)感知到它(或者感知不是问题)”(查特曼 2013：138)。巴尔对于类似情况[巴尔的例句：玛丽参加集会(笔者注)]的聚焦解释为：“我们认定有一个素材之外的外部聚焦者。它可以是一个外在式聚焦者或人物聚焦者(‘我’)，它在这一句子中没有指明，但在别处显露出来”(巴尔 2015：151)。在叙事文本中对于所述情景的感知是通过人物或叙述者来实现的，有时也可是叙述者与人物的共同感知，在具体文本中句⑦如果不是人物的感知，那可以是外在叙述者的感知，按照巴尔的术语是外在式聚焦者，这样，句⑦可以理解为叙述者的“自看”“自说”。句⑦与句④不同，句④文本层面标记出的“我看到”表明“我”是一个素材之内的内部聚焦者，是在场目击者。

我们将上述七个例句的叙述者、聚焦者及行为者的人称类型汇编为下表：

	行为者	聚焦者	叙述者
①明天我将二十一岁。	第一人称	第一人称	第一人称
②伊丽莎白明天将二十一岁。	第三人称	第一人称	第一人称
③我感觉自己坠下山去。	第一人称	第一人称	第一人称
④我看到杰克坠下山去。	第三人称	第一人称	第一人称
⑤玛丽，可怜的亲亲，看见杰克坠下山去。	第三人称	第三人称	第一人称
⑥玛丽看见杰克坠下山去。	第三人称	第三人称	第一人称
⑦杰克坠下山去。	第三人称	第一人称	第一人称

根据上文对于这些例句叙事人称类型的判断：句①③④为第一人称，句②⑤⑥⑦为第三人称，结合上表对各个主体的人称划分，我们再来看看学者

们有关叙事人称判断依据的讨论。

第一种观点认为叙事人称取决于叙述者的人称类型显然是不正确的，术语“第一人称叙述者”“第三人称叙述者”是不恰当的①。从上表可以看出，叙事人称与叙述者自身的人称没有关系，因为任何叙事中叙述者均为第一人称，叙述者是叙述行为的发出者，是讲述故事的叙述主体，是话语层面的说话人。而且，这种观点已经受到一些学者们的指正。“叙述主体总是‘第一人称’。事实上，‘第三人称叙述者’这一术语是悖理的：一个叙述者并不是一个‘他’或‘她’”(巴尔 2015：18)。“任何言语主体凡要提起自己，只能用第一人称(即自称‘我’或‘我’的变体，如‘说书的’)，第三人称叙述者只是不说起自己的叙述者”(赵毅衡 2013：23)。叙述者作为自我模态，只能是第一人称，他可以公开现身，也可以隐匿自身，所谓的“第三人称叙述者”应该是指“隐蔽的叙述者”。“在纯粹的隐蔽性叙述中，叙述者完全不会提及他自己，因而它也就与‘第一人称叙述’没有相似点。在后者中，叙述者真正通过第一人称代词提到他本人。但在前者中，用第三人称代词指代的是人物——叙述者完全不提及自身”(查特曼 2013：193)。

第二种观点似乎是对的，人物的人称类型与叙事人称类型是一致的，其中句④叙事人称为第一人称，虽然行为者杰克为第三人称，但是故事不是以第三人称来叙述的，因为故事中还有一个在场目击者“我”，第一人称代词“我”还指涉了一个与人物相关联的叙述者，即“人物-叙述者”，因此句④为第一人称叙事是以人物“我”为主要关联的，而不是第三人称的杰克，故事讲述的是“我”的所见所闻。

但是，我们是如何得知一个人物的人称类型的呢？是从文本中使用的人称形式“我”或“他”来判断的么？对此，我们以叙事作品的实际语料来分析

①同样，我们认为“自我-叙述者”“他者-叙述者”这样的术语也不恰当。自我与他者的划分，应该是一种以一定主体为参照而反映出的不同主体间的对比关系，只有在相互关系的对比中才能有“自我”与“他者”之别。以叙述者是否生活在虚构世界中为判断依据，只是在讨论叙述者的位置问题，并没有反映出叙述者的自我与人物的他者之间的对比关系，而且认为“自我-叙述者”生活在所述虚构世界中，这种看法混淆了故事层面与话语层面，没有认清叙述者的所在位置，而“他者-叙述者”的说法更是抹杀了叙述者作为说话人的主体性特征。

看看。«*Я дурная женщина, я погибшая женщина, —думала она, … Убей он меня, убей он Вронского, я бы уважала его. Но нет, ему нужны только ложь и приличие*», —*говорила себе Анна…* (*Л. Толстой. Анна Каренина*)“我是个坏女人，我是个堕落的女人，”她想，…… 假如他杀了我，杀了渥伦斯基，我倒会尊敬他。可是他不会的，他需要的只是谎言和面子，”安娜自语道。(高惠群、傅石球 译)这是从小说《安娜·卡列尼娜》中摘选的一个片段，人称代词 *я*，*меня* 和 *она* 指代小说女主人公安娜，人称代词 *он*，*его*，*ему* 指代安娜的丈夫卡列宁。片段中丈夫卡列宁为第三人称是一目了然的，但是对于安娜的指示文本中既使用了第一人称代词“我”，还使用了第三人称代词“她”。我们知道，《安娜·卡列尼娜》整部小说采用的是第三人称叙事，尽管文本中出现第一人称“我”，但是并不能以此为据判断小说为第一人称叙事。如果我们从“故事—话语”层面以及“叙述者话语”和“人物话语”来分析文本层面出现的人称形式，就不难理解为什么指代人物安娜的人称代词既可以为第一人称又可以是第三人称了。引号内的话语是安娜的直接引语，人物安娜是(且只能是)故事层面的说话人，该直接引语所述情景中的主体(各个人物)的人称是以说话人安娜为参照的，因而指示安娜自己为“我”，指示卡列宁为“他”。而上文引号之外的话语，引导句“她想”，“安娜自语道”是叙述者的话语，叙述者是话语层面的说话人，叙述话语中对人物的人称指示是以叙述者为参照的，安娜相对于叙述者为第三人称，因而使用了第三人称代词“她”来指代。

可见，对叙事人称类型的判断虽与人物的人称类型相关，但是人物人称类型的判断是以叙述者为参照的，这一前提必不可少，叙事人称的划分依据必需引入话语层面，叙事人称建立在故事层面与话语层面的相互关系上，是故事层面主体——人物相对于话语层面主体——叙述者的对应关系，如果人物与叙述者的对应关系表现为重合，则是第一人称叙事，如果人物与叙述者的对应关系为不重合，则是第三人称。而上述第一、第二种观点要么以叙述者的人称，要么以人物的人称单一方面作为判断依据是不合理的。

第三种观点虽然认识到叙事人称与叙述者及人物双方主体均相关，但是混淆了二者所处的层面。这种观点将第一人称叙事中叙述者与人物的身份不做严格区分，将叙述者与人物视为一体，只看到了二者主体的同一性，而没有强调作为不同层面主体间的区别，因而错误地认为叙述者进入故事层面成为其中的一个人物，将故事中人物的“我”与叙述者的“我”等同而视①。

通过上述分析我们可以看出，叙事文本框架下叙事人称类型的划分属于事态人称范畴。事态人称建立于所述情景层面与言语交际层面之间，是情景主体与作为言语主体的说话人之间的对应关系。与事态人称的界定一致，叙事人称建立于故事层面与话语层面之间，是故事中的人物与作为话语层面说话人的叙述者之间的对应关系。

本章结语

瑞士语言学家巴利在句子的逻辑分析中引入了“диктум”(事态)和“модус”(模态)一对概念，将句子分作两个组成部分：一是“与构成表象的过程相对应”的事态；二是“表达思想主体所产生的相应活动的情态”，被称为模态。事态与模态的划分不仅适用于句子逻辑语义分析，而且对作为言语产品的表述或语篇也同样适用，俄罗斯交际语法学派提出了“表述(语篇)的主体透视”思想，划分出表述(语篇)中含有若干主体类型的事态层面和模态层面，其创始人之一奥尼边科将这一理论用以对人称范畴的研究，划分出“事态人称”和“模态人称”。本章对于俄语人称范畴的描写正是基于这一理论背景而展开的。

在本书第二章及第三章中已经对俄语事态人称的概念、语义类型及核心与边缘表达手段作了较为详细的阐述，本章的主要任务之一是对俄语模态人

①故事中人物的“我”与叙述者的“我”并非同一主体，这一点仅从二者分别具有各自的视角就可以初步看出，第一人称叙事中叙述者的“我”具有回忆性视角，而故事中人物的“我”具有经历故事中所述事件的视角，对此可参见申丹教授的论文《论第一人称叙述与第三人称有限视角叙述在视角上的差异》。

称在概念、语义类型及表达方式等方面作出相应描写。本章的另一主要任务是将人称范畴置于文学叙事框架下来观察，将叙事学与语言学理论相结合，探讨与叙事文本分析有关的俄语人称范畴问题。

与第二章观点一致，模态人称语义关系本身产生于语言外部，只是在语言层面找到自身的表达形式。与事态人称语义关系建立于所述情景层面与言语交际层面之间不同，模态人称语义关系产生于言语交际层面内部，形成于各个言语主体之间。不同言语主体之间的相互作用不仅体现在单个表述中，更为鲜明地反映在语篇中，特别是蕴含复杂主体结构的文学叙事文本。本章分别以单个表述(5.1.4)以及叙事文本语篇片段(5.3)为例，描写了说话人与其他言语主体之间的相互作用，包括“自我”与“他者”立场的对立统一、叙述者与人物在叙述声音及叙述视角上的融合与分离。

为了解决本章的研究任务，我们主要做了以下方面的工作：

第一，探讨了“模态人称”问题的研究背景，概括介绍了其他学者的相关研究。根据本书对人称语义界定层面的划分，为“模态人称”作了较为明确的定义；

第二，举例说明了模态人称所含的语义类型，并绘制出包含事态人称及模态人称在内的完整的人称范畴语义类型图；

第三，从模态人称的表达手段与占据的句法位两个方面描述了模态人称的表达方式；

第四，对插入句法位的模态人称问题作了较为详细的研究；

第五，根据叙事学相关理论划分出叙事文本中主体所处的不同层面、不同层次，搭建出叙事文本的主体结构；

第六，将本章对叙事框架下俄语人称范畴研究的范围限定在“故事—话语间层面”，相应的模态人称与事态人称分析主要界定在叙述者与人物之间；

第七，在人称语义的对应关系中说话人是核心主体，本章结合语言学家及叙事学研究者们有关“说话人”的论述，对叙事文本中说话人问题作了阐释；

第八，以俄罗斯文学作品为语料，综合语言学及叙事学相关理论对叙事文本中的模态人称和事态人称问题作了进一步分析。

本章研究的新意：

第一，对插入句法位的模态人称问题作了较为详细的分析。通过举例说明了插入句法位上一些动词只能具有固定的人称形式、表达固定的模态人称类型；一些动词的人称形式与该句法位模态主体的人称类型之间并没有直接关系；一些插入语根据不同的上下文语境可以表达多种模态人称；通过插入语介入的言语主体与基本结构的言语主体均作为独立的意识主体，二者在立场上具有对立统一关系。

第二，本章在文学叙事框架下描写俄语人称范畴，不是以俄语人称代词和动词人称形式为研究对象，分析人称形式在文学文本中的具体意义和用法，而是对文学叙事框架下人称语义的复杂构成作出揭示。

第三，搭建了叙事文本的主体结构。根据叙事学理论，本章首先将叙事文本中的主体划分为故事层面的主体和话语层面的主体，接着指出这些主体处于不同的层次，以“故事—话语—文本”为分界，根据主体所处的位置，划分出若干交际链，最终绘制出叙事文本的主体结构图。

第四，明确了叙事人称的划分依据。将学者们对叙事人称划分依据的不同观点归为三类，通过例句分析证明了这三种观点不恰当之处，指出叙事人称属于事态人称范畴，它建立于故事层面与话语层面之间，叙事人称是根据人物相对于叙述者的对应关系来确定的。

结　论

本项研究以《现代俄语人称范畴的多维研究》为题，探讨俄语人称范畴在语法、语义、语用及文学叙事视角下的各种特征。与俄语传统语法对人称范畴的描写只涉及动词人称形式及人称代词，且在描写方向上遵循从形式到意义的原则不同，本书对俄语人称范畴的研究更多的是从人称语义出发，分析人称语义的内涵、类型及其各种表达手段。此外，从说话人表达人称意义的需求出发，具体言语交际中人称语义的表达并非总是采用与该人称语义相对应的典型表达手段，不同人称表达手段的使用是说话人结合交际语境及意图进行主观选择的结果，这使得言语交际中人称范畴的使用呈现出动态变化性的特征。在叙事框架下，人称范畴的描写与叙事文本的主体结构及其各个主体成分紧密相关，特别是叙述者与人物之间的相互关系。因此，本书对俄语人称范畴的研究综合了语法、语义、语用及文学叙事等不同领域的理论知识及描写方法，旨在对该范畴作出较为全面的分析。

本书对俄语人称范畴的研究主要涉及以下一些问题：

第一，什么是人称范畴，人称的概念如何界定；

第二，俄语人称范畴包含哪些语义类型，各个语义类型之间的关系是怎样的；

第三，俄语语言系统中人称语义的表达手段有哪些；

第四，说话人对人称表达手段的选取具有怎样的主观作用；

第五，叙事框架下人称范畴具有怎样的特殊性。

这里，我们对全文的主要内容及观点的概括也主要围绕以上五个方面。

第一，“人称”概念的界定

在对俄罗斯学者的相关研究文献进行阅读与分析的过程中，我们发现想要回答什么是“人称范畴”这一问题，存在两方面的困难：第一，现有研究对“人称范畴”这一概念没有给出一个统一而明确的界定；第二，术语方面，俄语中所使用的与“人称范畴”有关的表达有：категория лица，категория личности/безличности，категория персональности。

对于上述两方面的问题，本书分别作出了阐释与说明。第二章引出了什维多娃、邦达尔科以及奥尼边科等诸位学者有关人称范畴的定义及论述，在此基础上，我们将“人称范畴”视为一种对应关系，并为人称语义的对应关系的建立划分出三个层面：所述情景层面、言语交际层面以及语言层面。通过举例分析，本文论证了人称语义源自所述情景层面及言语交际层面，与语言层面并无直接关系，后者只是人称范畴在语言中的形式体现。但是，语言形式是人称范畴表达的主要媒介，对该范畴的研究离不开语言层面的分析。

我们认为，人称范畴是一种对应关系，确切地讲，是不同主体之间的对应关系，这与俄罗斯交际语法学派在主体透视思想下对人称范畴的描写相近似。所不同的是，我们对人称范畴的界定并非从语言层面出发，因而认为人称范畴不能解释为句子主体与言语行为参与者说话人之间的对应关系，句子主体只是构成人称范畴的核心表达手段。对于人称与句子主体之间的关系，我们从两方面作出了说明，解释了人称之所以被误认为是句子主体与言语行为参与者间的对应关系，主要有两方面的原因：第一，人称语义在语言层面的主要表达手段就是句子主体，句子述体所说明的对象往往就是所述情景中的主要参与者，句子主体与情景中的主要参与者往往重合；第二，传统语法中单部句的类型是从句子的主要成分的形态角度来划分的，其中确定人称句、不定人称句、泛指人称句、无人称句及不定式句对句子主体在主语及谓语人称形式上的表达均有一定要求。

我们认为，人称语义建立于所述情景层面与言语交际层面之间以及言语交际层面内部，这样，人称范畴的界定涉及所述情景层面的主体（我们称之为“情景主体”）以及言语交际层面的主体（我们称之为“言语主体”）。较为完整的“人称”定义包含两个方面：一方面，人称是所述情景主体与言语主体，首先是说话人的对应关系（事态人称）；另一方面，人称是不同言语主体相对于说话人的对应关系（模态人称）。本文对俄语人称范畴的描写也包含事态人称和模态人称两个方面。

在人称范畴的俄文术语表达方面，我们分别对 категория лица, категория личности/безличности 以及 категория персональности 进行了阐释。最早对于俄语人称范畴的研究始于动词人称形式及人称代词，采用的术语为 категория лица，因此，总体来说，категория лица 是一个语法范畴，主要描写对象为动词的人称形式及人称代词。不过，随着语言学研究的发展，对人称范畴的研究也不断深入，一些学者对人称范畴的研究远远突破了传统语法对人称范畴的描写范围，但是在术语使用上依然采用了 категория лица，比如交际语法学派创始人之一奥尼边科对 категория лица 的描写并不限于动词及代词等人称形式，而是包含了事态人称（лицо диктума）和模态人称（лицо модуса）两个方面。术语 категория личности/безличности 的提出源自人们对动词聚合形式在实际言语使用中的观察，категория личности 包含三种人称及其单复数共为六种词尾变化形式，而有些俄语动词在实际使用中却只有第三人称单数中性这一种形式，这类动词被称为“无人称动词”，随着对句法及语义研究的不断深入，категория личности/безличности 的更多方面被揭示出来，二者作为一组对立范畴在动词词形、词汇语义及句法结构上均具有一定的特征。通过归纳总结，我们可以看出 категория личности/безличности 具有重要的分类功能：第一，从动词的词汇和语法特征的角度区分出人称动词和无人称动词；第二，从行为与语法主体（主语）相关性角度区分出简单句的双部句和单部句；第三、从句子主体所指确定性等级的角度区分出确定人称、不定人称、泛指人称和无人称。术语 категория персональности 由俄罗斯功能语法学派创始人邦达尔科引入，用以表达作为功能-语义范畴的人称范畴。邦达尔科明确指出，人称功能-语义范畴与传统语法中的人称范畴相区别，是从人称语义出发，联合了语言系统不同层面包括词法、词汇、句法、上下文成分等各种不同表达手段，而传统语法中的人称范畴只构成人称功能-语义范畴的核心表达手段。本书对俄语人称范畴的描写，综合采纳了交际语法学派的奥尼边科以及功能语法学派的邦达尔科的思想，在研究对象与范围上包含了事态人称和模态人称两个方面，在描写的方向上则主要遵循从意义到形式的原则，即在划分俄语人称语义类型的基础上进一步收集整理其各种语言表达手段。本书对人称范畴采用的术语为категория лица，对它的界定不仅限于传统语法中的人称范畴，而是一个包含着事态人称和模态人称及其下辖各个人称语义次类型和表达手段的综合体。

第二，俄语人称范畴的语义类型及其相互关系

我们对于俄语人称范畴的描写首先分为事态人称和模态人称。其中，事态人称是对人称范畴的一般性理解，俄语人称范畴的现有研究主要围绕事态人称问题，事态人称也是本书着重研究的对象，本书第二章、第三章及第四章主要讨论了俄语事态人称。就语义类型来说，事态人称包含六种人称语义：第一人称、第二人称、第三人称、不定人称、泛指人称和无人称。第一人称反映情景主体与说话人的对应关系；第二人称反映情景主体与听话人的对应关系；第三人称反映情景主体与说话人及听话人之外的确定的第三方的对应关系；不定人称表示行为主体为不确定的表人主体；泛指人称表示行为主体是包含说话人在内的任何表人主体；无人称的语义内涵比较复杂，通过对阿鲁玖诺娃、加尔金娜-菲多鲁克等学者有关无人称语义的阐释，我们概括出无人称行为主体所具有的一些基本特征：在语义上具有最小的明确性、与行为主体本身关联程度很低、表现为无施事或被理解为某种自发的力，无人称中缺少积极的行为发出者，所述行为本身具有自发性、无意识性和不可控性。在相互对立关系上，第一人称、第二人称及第三人称作为确定人称与不定人称、泛指人称和无人称相对立，第一人称、第二人称及第三人称具有的共性是行为主体的确定性，而泛指人称、不定人称和无人称的共性是行为主体的不确定性，即行为主体缺少明确的所指。在确定性到不确定性等级上，六种事态人称语义类型依次排列为：第一人称 > 第二人称> 第三人称 > 不定人称 > 泛指人称 > 无人称。第一人称因与说话人的对应而具有最大程

度的确定性，无人称行为主体则具有最大程度的不明确性，在句法结构上无人称句的主语得到最大程度的消除。在确定人称内部，第一人称、第二人称和第三人称之间依然存在对立关系：第一人称和第二人称与言语行为的积极参与者——说话人和听话人有关，而第三人称处于言语行为积极参与者范围之外。因此，第一人称和第二人称与第三人称相对立，是“我”和“你”与“他”之间的对立；第一人称反映说话人的主体性，说话人是言语行为的发出者，在言语交际中显然占据特殊地位。第一人称具有第二人称和第三人称所不具备的特性，因此，第一人称对立于第二人称和第三人称，这种对立是“我”与“非我”之间的对立。

模态人称尽管先见于沃斯托科夫、列冈特和拉夫连季耶夫等学者的论著中，奥尼边科正式提出人称范畴包含着事态人称和模态人称两个方面，并为它们明确了术语表达。但是，模态人称是人称范畴中尚未被充分研究的方面，相关研究论著依然鲜见。本书在第二章人称概念的基本内涵部分为模态人称给出界定，并在第五章专门讨论了模态人称问题产生的由来，它与事态人称间的关系，模态人称的语义类型及其表达方式，并结合叙事学理论探讨了叙事文本中的模态人称问题。就模态人称的语义类型来说，它可以划分为五种：第一人称、第二人称、第三人称、不定人称以及泛指人称。第一人称表示言语主体与说话人同一；第二人称表示言语主体与听话人同一；第三人称表示言语主体是说话人和听话人之外的确定的第三方；不定人称表示言语主体是表人的不定主体；泛指人称表示言语主体是表人的泛指主体。事态人称在所指方面的特征也同样适用于模态人称，在确定性到不确定性等级上五种模态人称语义类型依次排列为：第一人称> 第二人称> 第三人称 > 不定人称 > 泛指人称。由此，我们得出了包含着六种事态人称语义类型和五种模态人称语义类型的较为完整的人称范畴语义类型(见第五章的图 3)。在模态人称的不同语义类型之间的对立关系方面，我们主要阐述了说话人与其他言语主体之间的对立，说话人具有主体性，而其他言语主体不具有主体性，他们之间的对立是“我”与“非我”间对立的另一体现，属于“自我”与“他者”之间的对立。

第三，不同人称语义类型的表达手段

本书第三章依据邦达尔科的功能-语义场理论对事态人称的表达手段作了较为系统的整理。我们将事态人称下辖的六种人称语义类型分别视为人称功能-语义场的各个子场，并为每一个子场划分出核心及边缘表达手段。其中核心表达手段是该人称语义类型的典型、基本表达手段。对于第一人称、第二人称和第三人称来说是句子的主体，由占据主语位的一格形式的人称代词和(或)谓语动词的人称形式来表达。对于泛指人称和不定人称而言，核心表达手段是泛指人称句和不定人称句的单部句类型；边缘表达手段是该人称语义类型的非典型、辅助性表达手段。对于第一人称、第二人称和第三人称而言，是人称代词的间接格形式、物主代词、词汇手段以及上下文成分等。泛指人称和不定人称的边缘表达手段是除泛指人称句及不定人称句单部句类型之外的其他一些能够表达该人称语义类型的句法结构，比如带有不定代词做主语的双部句(*Кто-то постучал в дверь. — В дверь постучали.*)、一些被动结构(*Вопрос был обсуждён. — Вопрос обсудили.*)和无人称结构(*Никакой беседы не велось. — Никакой беседы не вели.*)等可以表达不定人称意义。无人称的核心表达手段是谓语动词为纯无人称动词构成的无人称句，纯无人称动词自身在语义和形式上均要求参与构建的句子无主语，即它们仅用于构成无人称句(*Меня тошнит.*)。无人称的边缘表达手段是人称动词用以表达无人称意义的情况，即所谓人称动词的无人称用法，这类无人称句很容易转换为人称句(*Холодным ветром дует с севера. — Холодный ветер дует с севера*)，翻译为汉语时二者间的差异难以体现。

本书第五章依据拉夫连季耶夫以及奥尼边科的有关论述，我们分别讨论了模态人称的表达手段及其句法位的问题。与事态人称一样，模态人称的表达手段不仅限于带有人称标记的人称代词(*Я подумал, что…*)、动词类的模态述体(*Думаю, что…*)和部分插入语(*по-моему*)，还可以是不带人称标记的其他表达手段，如：副词、形容词及名词等词类的模态述体(*Видно, что…*)、一些插入结构(…，*видно*，…)、语气词(*же, ведь*)等，此外，模态人称还可以通过零形式来表达。本书着重阐述了插入句法位的模态人称问题，比如：俄语中一些动词用作插入语时常常具有惯用或是固定的人称形式（…，*признаюсь*，…；…，*повторяю*，…）；一些动词做插入语采用的人称形式与其所表达的模态人称语义并无关系（比如动词 *разумеется* 作为插入语采用第三人称单数形式，但是表达第一人称模态人称的语义）；一些插入语则需要根据上下文来判断其模态人称类型；插入语是说话人的操作，通常属于自我言语范畴，因此第一人称模态人称可以采用零形式表达，其他模态人称往往必须通过附以人称标记来与说话人的自我言语相区别；一些插入语倾向于某一类模态人称意义，比如 *известно* 通常表达泛指人称，如果表达第一人称时，反而需要带有第一人称标记，如 *как мне известно*，*насколько мне известно*。

第四，说话人对人称表达手段的选取具有的主观作用

说话人是言语行为的发出者，具有主体性。说话人对人称表达手段依据交际语境和交际目的等主观因素可以作出自主性的选择。本书第四章通过两个问题来说明说话人在人称表达时的主观作用：一是，说话人对所述情景主体的认知加工。情景主体在进入语言层面时，不是直接对应的转换关系，而是经过说话人的主观意识的过滤。说话人可以将类似情景表达为不同的语言形式，从而使用不同的人称形式；另一是，说话人可以采用各种表达方式来进行自指，说话人有时并不采用第一人称形式来指示自己，而是通过第二人称、第三人称、不定人称等人称形式来表示。我们结合指示中心的设定问题解释了说话人自我指示的多种表达方式。

第五，叙事框架下人称范畴的特殊性

叙事框架下人称范畴具有不同于日常言语的特征，日常言语交际反映现实的世界，而文学作品体现的是虚构的文学世界。日常言语交际的参与者为现实的说话人和听话人，而叙事框架下交际参与者构成了复杂的叙事交流模式，含有作者、叙述者、受述者、读者等多个主体。叙事文本中蕴含复杂的主体结构，主体结构中的成分处于不同的层面，而且每种主体成分还可以由数个个体来担任，主体身份也可以发生转化。所有这些都为叙事框架下的人称范畴描写带来复杂性和不同于日常言语交际的特殊性。在人称语义对应关

系中，说话人具有核心地位，叙事文本中的说话人分化为作者、叙述者以及人物，其中作者处于文本之外，他的说话人身份更多的是作品思想性的创作、表达手法的设定等的功能性存在。整个故事总体来说是由叙述者来讲述的，因此说话人这一身份应当归属于叙述者。人物也可以在自己的话语中引出一个故事，这时该人物的身份转换为次级故事-话语结构的叙述者，此外，话语层面也可以出现人物的话语，但是它不过是叙述者所引述的内容。叙事框架下模态人称体现在叙述者和人物作为不同言语主体之间的相互关系，本文主要描写了叙述者与人物在叙述声音和叙述视角上的对立统一关系。对于叙事框架下的事态人称问题，我们只选取了叙事人称形式这一问题，通过对例证的比较与分析，论证了第一人称叙事和第三人称叙事的划分依据既不是叙述者的人称，也不是人物的人称，而是二者之间的对应关系，即故事中的人物与作为话语层面说话人的叙述者之间的对应关系。

本书对俄语人称范畴进行了较为全面的研究，特别是人称语义类型及其各种表达手段的分类总结。不过限于时间和篇幅，对于一些问题还只是涉及了主要方面，比如人称范畴在言语交际中的动态变化性还有待进一步观察和分析、叙事框架下人称范畴的研究也有待进一步深入，这些是我们未来研究工作开展的方向。此外，本书对于人称范畴概念的界定以及人称语义类型的划分等问题的阐述并不局限于俄语这一语种，同样适用于对汉语、英语等语言的分析。从这一研究基础出发，我们可以观察和对比不同语言中人称语义类型的表达手段具有的共性及特性。对于模态人称及叙事框架下人称范畴的描写同样不局限于俄语语料，也可以采用汉语、英语的叙事类文学作品。

参考文献

1. 埃米尔·本维尼斯特(著)，王东亮等(译)，《普通语言学问题》，北京：生活·读书·新知三联书店，2008.

2. Н. Д. 阿鲁玖诺娃(著)，赵爱国、周民权(译)，《语言与人的世界(下)》，北京：北京大学出版社，2012.

3. 何兆熊，《新编语用学概要》，上海：上海外语教育出版社，2000.

4. 何自然、冉永平，《新编语用学概论》，北京：北京大学出版社，2009.

5. 姜望琪，什么是 deixis，《语言学研究》，2002 年第 6 期，29-37 页 .

6. 兰盖克(著)，牛保义等(译)，《认知语法基础(第一卷)：理论前提》，北京：北京大学出版社，2013.

7. 李勤，论句子语义中的命题，《燕山大学学报》，2006 年第 1 期，1-6 页 .

8. 米克·巴尔(著)，谭君强(译)，《叙述学：叙事理论导论》，北京：北京师范大学出版社，2015.

9. 申丹，小说中人物话语的不同表达方式，《外语教学与研究》，1991 年第 1 期，13-18 页 .

10. 申丹，有关小说中人物话语表达形式的几点思考，《外语与外语教学》，1999 年第 1 期，33-37 页 .

11. 申丹，视角，《外国文学》，2004 年第 3 期，52-61 页 .

12. 申丹，也谈"叙事"还是"叙述"，《外国文学评论》，2009 年第 3 期，

219-229 页.

13. 沈家煊，三个世界，《外语教学与研究》，2008 年第 6 期，403-408 页.

14. Н. Ю. 什维多娃(著)，宁琦(译)，《俄语新论：语法·词汇·意义(上)》，北京：北京大学出版社，2011.

15. 文旭、熊荣敏，参照点与空间指示，《外语学刊》，2010 年第 1 期，24-30 页.

16. 吴贻翼、宁琦，《现代俄语模型句法学》，北京：北京大学出版社，2001.

17. 西摩·查特曼(著)，徐强(译)，《故事与话语：小说和电影的叙事结构》，北京：中国人民大学出版社，2013.

18. 徐烈炯，《语义学》，北京：语文出版社，1995.

19. 杨明天，《俄语主观情态的语用研究》，上海：上海外语教育出版社，2002.

20. 杨佑文、管琼，语言的主观性与人称指示语，《外语学刊》，2015 年第 3 期，46-52 页.

21. 张会森，《当代俄语语法》，北京：商务印书馆，2012.

22. 赵毅衡，《苦恼的叙述者》，成都：四川文艺出版社，2013.

23. Fillmore Ch. Santa Cruz lectures on Deixis 1971. Bloomington: Indiana University Linguistic Club, 1975.

24. Levinson S. C. Pragmatics. Cambridge University Press, 1983.

25. Lyons J. Semantics. Cambridge, etc.: Cambridge University Press, 1977.

26. Адмони В. Г. Основы теории грамматики. Л., Наука, 1964.

27. Апресян Ю. Д. Основания системной лексикографии //Языковая картина мира и системная лексикография. М., Языки славянских культур, 2006.

28. Арутюнова Н. Д. Предложение и его смысл. М., Наука, 1976.

29. Арутюнова Н. Д. Язык и мир человека. 2-е изд., испр. М., Языки

русской культуры, 1999.

30. Ахманова О. С. Словарь лингвистических терминов. М., Советская энциклопедия, 1966.

31. Бабайцева В. В. Система односоставных предложений в современном русском языке. М., Дрофа, 2004.

32. Балли Ш. Общая лингвистика и вопросы французского языка. Перевод с третьего французского издания. М., Издательство иностранной литературы. 1955.

33. Белинский В. Г. Основания русской грамматики для первоначального обучения, СПб., 1837.

34. Бенвенист Э. Общая лингвистика. М., Прогресс, 1974.

35. Бойко Г. И. Категория лица как лингвопрагматический феномен в оценочном познании мира (на материале немецкоязычного художественного дискурса). Дис. ... канд. филол. наук. М., 2008.

36. Большой энциклопедический словарь. Языкознание. Главный редактор В. Н. Ярцева. 2-е изд. «Лингвистического энциклопедического словаря» 1990, М., Научное издательство «Большая Российская энциклопедия», 1998.

37. Бондарко А. В., Буланин Л. Л. Русский глагол. Л., Просвещение, 1967.

38. Бондарко А. В. Грамматическая категория и контекст. Л., Наука (Ленинградское отделение), 1971.

39. Бондарко А. В. Теория функциональной грамматики. Персональность. Залоговость. СПб., Наука, 1991.

40. Бондарко А. В. Теория значения в системе функциональной грамматики. М., Языки славянской культуры, 2002.

41. Булыгина Т. В., Шмелев А. Д. Референциальные, коммуникативные и прагматические аспекты неопределенноличности и обобщенноличности//

Теория функциональной грамматики: Персональность. Залоговость. СПб., Наука, 1991.

42. Буслаев Ф.И. Историческая грамматика русского языка. М., Государственное учебно-педагогическое издательство Министерства просвещения РСФСР, 1959.

43. Василенко Л.И. Модальные слова как средство авторизации текста//Научн. докл. высш. шк.:Филол. науки, 1984.

44. Виноградов В.В. Русский язык (грамматическое учение о слове). М., Государственное учебно-педагогическое издательство Министерства просвещения РСФСР, 1947.

45. Виноградов В.В. Избранные труды. Исследования по русской грамматике. М., Наука, 1975.

46. Востоков А.Х. Русская грамматика. СПб., 1938.

47. Востоков В.В. «Синтаксическое лицо» в сопоставлении с понятиями «субъект» и «деятель»//Слово и словосочетание как компоненты структуры предложения: линг. сборник. М., МОПИ им. Крупской, 1978.

48. Гак В.Г. Неопределенноличность в плане содержания и в плане выражения//Теория функциональной грамматики: Персональность. Залоговость. СПб., Наука, 1991.

49. Гак В.Г. Языковые преобразования. М., Школа «Языки русской культуры», 1998.

50. Галкина-Федорук Е.М. Безличные предложения в современном русском языке. 2-е изд. М., Книжный дом «ЛИБРОКОМ», 2012.

51. Грамматика русского языка. АН СССР, Т. II. М., 1954.

52. Грамматика современного русского литературного языка. М., Наука, 1970.

53. Гуревич В.В. О семантике неопределенности//Научные доклады высшей школы. «Филологические науки». 1983. №1. стр. 54-60.

54. Есперсен О. Философия грамматики: пер. с англ. 3-е изд. М., КомКнига, 2006.

55. Золотова Г. А. Очерк функционального синтаксиса русского языка. М., Наука, 1973.

56. Золотова Г. А. Грамматика как наука о человеке//Русский язык в научном освещении. М., Языки славянской культуры. 2001.

57. Золотова Г. А., Онипенко Н. К., Сидорова М. Ю. Коммуникативная грамматика русского языка. М., 2004.

58. Золотова Г. А. Коммуникативные аспекты русского синтаксиса. 6-е изд. М., КомКнига, 2010.

59. Ильенко С. Г. Русистика: Избранные труды. СПб., Изд. РГПУ им. А. И. Герцена, 2003.

60. Исаченко А. В. Грамматический строй русского языка в сопоставлении со словацким. Морфология. Т. II. Братислава, Издательство словацкой академии наук, 1960.

61. Клобуков Е. В. О соотношении центра и периферии в функционально-семантическом поле персональности//Традиционное и новое в русской грамматике. Сб. статей. М., ИНДРИК, 2001.

62. Кустова Г. И. Лицо (2011)//Русская корпусная грамматика. http://www.rusgram.ru.

63. Кубрякова Е. С. Эволюция лингвистических идей во второй половине XX века (опыт парадигмального анализа)//Актуальные проблемы современной лингвистики: (электронный ресурс) учеб. пособие / сост. Л. Н. Чурилина. 6-е изд., стереотип. М., Флинта: Наука, 2011.

64. Лабов У. Структура денотативных значений: пер. с англ. Н. В. Перцова//Новое в зарубежной лингвистике: вып. (14). Проблемы и методы лексикографии / общ. редакция и вступ. ст. Б. Ю. Городецкого. сост. Т. С. Зевахиной. М., Прогресс, 1983.

65. Лаврентьев В. А. Синтаксическое лицо как многоаспектная категория//Известия ВГПУ. 2010. №10 (54). стр. 76–79.

66. Лаврентьев В. А. Односоставные предложения с дезагенсным значением синтаксического лица//Вестник ТГУ. Гуманитарные науки. Филология. 2011. №5 (97). стр. 272–278.

67. Лаврентьев В. А. Категория синтаксического лица в современном русском языке. Дис. …доктора филол. наук. М., 2013.

68. Лайонз Д. Введение в теоретическую лингвистику: пер. с англ. 2-е изд. М., Едиториал УРСС, 2010.

69. Лекант П. А. К вопросу о синтаксическом субъекте//Вопросы филологии. М., 1969. стр. 197–204.

70. Лекант П. А. Грамматическая форма простого предложения и система его структурно-семантических типов в современном русском языке. Дис. … доктора филол. наук. М., 1971.

71. Лекант П. А. Типы и формы сказуемого в современном русском языке. М., Высшая школа, 1976.

72. Лекант П. А. Синтаксис простого предложения в современном русском языке. 3-е изд. , испр. и дополн. М., Высшая школа, 2004.

73. Лекант П. А. Грамматические категории слова и предложения. М., МГОУ, 2007.

74. Мельчук И. А. Курс общей морфологии. Т. II: пер. с фр. Москва-Вена, Языки русской культуры, Венский славистический альманах, 1998.

75. Миниярова И. М. Функционально-семантическое поле персональности в современном русском языке. Дис. … канд. филол. наук. Уфа, 1993.

76. Моисеев А. И. Что значит «у него нет книги» и «у него есть книга»: (семантические компоненты и пресуппозиции)//Исследования по семантике. Вып. 5. Семантические связи языковых единиц. Уфа, 1980.

77. Москальская О. И. Грамматика текста. М., Высшая школа, 1981.

78. Никитевич В. М. Грамматические категории в современном русском языке. М., Учпедгиз, 1963.

79. Ноздрина Л. А. Взаимодействие грамматических категорий в художественном тексте (на материале немецкого языка). Дис. … доктора филол. наук. М., 1997.

80. Ноздрина Л. А. Интерпретация художественного текста. Поэтика грамматических категорий: учеб. пособие для лингвистических вузов и факультетов. М., Дрофа, 2009.

81. Норман Б. Ю. Лингвистическая прагматика. Минск., БГУ, 2009.

82. Онипенко Н. К. Модель субъектной перспективы и проблема классификации эгоцентрических элементов//Проблемы функциональной грамматики. Принцип естественной классификации. М., Языки Славянской Культуры, 2013а.

83. Онипенко Н. К. Категория лица в грамматике и в тексте// Глагольные и именные категории в системе функциональной грамматики. СПб., Нестор-История, 2013б.

84. Падучева Е. В. Семантические исследования (Семантика времени и вида в русском языке; Семантика нарратива). М., Школа «Языки русской культуры», 1996.

85. Падучева Е. В. Наблюдатель: типология и возможные трактовки// Компьютерная лингвистика и интеллектуальные технологии. М., 2006.

86. Падучева Е. В. Неопределенно - личное предложение и его подразумеваемый субъект// Вопросы языкознания. 2012. №1. стр. 27-41.

87. Петров А. В. Категория безличности в современном русском языке. Дис. … доктора филол. наук. Архангельск, 2007.

88. Пешковский А. М. Русский синтаксис в научном освещении. 7-е изд. М., Государственное учебно-педагогическое издательство Министерства просвещения РСФСР, 1956.

89. Потебня А. А. Из записок по русской грамматике. М. ,Государственное учебно-педагогическое издательство Министерства просвещения РСФСР, 1958.

90. Распопов И. П. Строение простого предложения в современном русском языке. М., Просвещение, 1970.

91. Рассел Б. Человеческое познание. М., Издательство иностр. лит. , 1957.

92. Русская грамматика Т. I. М., Наука, 1980.

93. Русская грамматика Т. II. М., Наука, 1980.

94. Савельева Е. Г. Дейксис и анафора как элементы актуализации авторской позиции. Дис. … канд. филол. наук. М., 2014.

95. Самарская Е. Г. Автобиографическое представление как репрезентант личности персонажа в художественном тексте: Дис. … канд. филол. наук. Краснодар, 2008.

96. Сердюк М. А. Категория лица и ее художественные функции в русской народной лирической песне. Дис. … канд. филол. наук. Воронеж, 2002.

97. Серебренников Б. А. Роль человеческого фактора в языке. Язык и мышление. М., Наука, 1988.

98. Серебрякова А. Ю. Особенности представления категории персональности в философских текстах И. Канта и их переводах на русский язык. Автореф. дис. … канд. филол. наук. Челябинск, 2005.

99. Степанов Ю. С. Методы и принципы современной лингвистики. М., Наука, 1975.

100. Степанов Ю. С. Имена, предикаты, предложения (Семиологическая грамматика). М., Наука, 1981.

101. Степанов Ю. С. В трехмерном пространстве языка. М., Наука, 1985.

102. Степанов Ю. С. Безличность и неопределенная референция// Язык: система и функционирование. Сборник научных трудов. М., Наука,

1988.

103. Стратийчук Е. Ю. Персональность как текстообразующая категория художественного текста (на материале русского и английского языков). Автореф. дис. ... канд. филол. наук. Ростов-на-Дону, 2006.

104. Тамарченко Н. Д. Теоретическая поэтика. М., Издательский центр «Академия», 2004.

105. Тарланов З. К. Родительный неопределенного количества как один из системных факторов категории безличности в русском языке// Филологические науки. 2006. №3. стр. 32-40.

106. Харабаева В. И. Функционально-семантическая категория персональности в якутском языке. Дис. ... канд. филол. наук. Якутск, 2015.

107. Химик В. В. Предикативная безличность предложения и персональность высказывания//Строение предложения и содержание высказывания. М., МОПИ, 1986.

108. Химик В. В. Категория субъективности и ее выражение в русском языке. Л., Изд. Ленинградского университета, 1990.

109. Шалютин С. М. Язык и мышление. М., Знание, 1980.

110. Шахматов А. А. Очерк современного русского литературного языка. М., Учпедгиз, 1941.

111. Шахматов А. А. Синтаксис русского языка. 5-е изд. М., ЛКИ, 2011.

112. Шведова Н. Ю. Русский язык: Избранные работы / Росс. акад. наук; Отд-е историко-филолог. наук; Ин-т русского языка им. В. В. Виноградов. М., Языки славянской культуры, 2005.

113. Шелякин М. А. Русские местоимения (значение, грамматические формы, употребление): Материалы по спецкурсу «Функциональная грамматика русского языка». Тарту, 1986.

114. Шелякин М. А. О семантике неопределенно-личных предложений// Теория функциональной грамматики: Персональность. Залоговость. СПб.,

Наука, 1991.

115. Шмелев А. Д. Определенность/неопределенность в аспекте теории референции//Теория функциональной грамматики. Субъектность. Объектность. Коммуникативная перспектива высказывания. Определенность/неопределенность. СПб., Наука, 1992.

116. Шмид В. Нарратология. М. , Языки славянской культуры, 2003.

117. Щерба Л. В. Избранные работы по русскому языку. М.,Учпедгиз, 1957.

118. Юдин А. А. Категория лица глагола в современном русском языке. Учеб. Пос. Рязань, Издательство Рязанского госуд. пед. института, 1976.

119. Якобсон Р. О. Шифтеры, глагольные категории и русский глагол// Принципы типологического анализа языков различного строя. М., Наука, 1972.